わかるを
つくる

中学

社会

問題集

GAKKEN PERFECT COURSE

SOCIAL STUDIES

JN021341

Gakken

はじめに

　問題集の基本的な役割とは何か。こう尋ねたとき，多くの人がテスト対策や入試対策を一番に思い浮かべるのではないでしょうか。また，問題を解くための知識を身につけるという意味では，「知識の確認と定着」や「弱点の発見と補強」という役割もあり，どれも問題集の重要な役割です。

　しかしこの問題集の役割は，それだけにとどまりません。知識を蓄積するだけではなく，その知識を運用して考える力をつけることも，大きな役割と考えています。この観点から，「知識を組み合わせて考える問題」や「思考力・表現力を必要とする問題」を多く収録しています。この種の問題は，最初から簡単には解けないかもしれません。しかし，じっくり問題と向き合って，自分で考え，自分の力で解けたときの高揚感や達成感は，自信を生み，次の問題にチャレンジする意欲を生みます。みなさんが，この問題集の問題と向き合い，解くときの喜びや達成感をもつことができれば，これ以上嬉しいことはありません。

　知識を運用して問題を解決していく力は，大人になってさまざまな問題に直面したときに，それらを解決していく力に通じます。これは，みなさんが将来，主体的に自分の人生を生きるために必要な力だといえるでしょう。『パーフェクトコース　わかるをつくる』シリーズは，このような，将来にわたって役立つ教科の本質的な力をつけてもらうことを心がけて制作しました。

　この問題集は，『パーフェクトコース　わかるをつくる』参考書に対応した構成になっています。参考書を活用しながら，この問題集で知識を定着し，運用する力を練成していくことで，ほんとうの「わかる」をつくる経験ができるはずです。みなさんが『パーフェクトコース　わかるをつくる』シリーズを活用し，将来にわたって役立つ力をつけられることを祈っています。

学研プラス

この問題集の特長と使い方

特長

本書は, 参考書『パーフェクトコース わかるをつくる 中学社会』に対応した問題集です。
参考書とセットで使うと, より効率的な学習が可能です。
また, 3ステップ構成で, 基礎の確認から実戦的な問題演習まで,
段階を追って学習を進められます。

構成と使い方

STEP01 要点まとめ

その章で学習する基本的な内容を, 穴埋め
形式で確認できるページです。重要語句を
書き込んで, 基本事項を確認しましょう。問
題にとりかかる前のウォーミングアップとし
て, 最初に取り組むことをおすすめします。

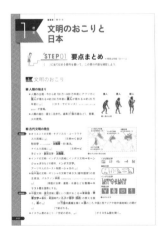

STEP02 基本問題

その章の内容の理解度を, 問題を解きなが
らチェックするページです。サイドに問題を
解くヒントや, ミスしやすい内容についての注
意点を記載しています。行き詰まったときは,
ここを読んでから再度チャレンジしましょう。

STEP03 実戦問題

入試レベルの問題で, ワンランク上の実力をつけるページです。表やグラフを読み解く, 思考力を使って結論を導くなど, 新傾向の問題も掲載しているので, 幅広い学力が身につきます。

アイコンについて

よく出る
定期テストや入試でよく出る問題です。

難問
やや難易度が高い問題です。

超難問
特に難易度が高い問題です。

思考力
資料の読解力, 思考力などが問われる問題です。

新傾向
資料の読解力, 思考力などが問われる問題で, 近年注目の話題を扱うなど, 今までにない手法を使った問題です。

 入試予想問題

高校入試を想定した, オリジナルの問題を掲載しています。地理, 歴史, 公民の分野をまたいだ実力が問われます。実際の入試をイメージしながら, 取り組んでみましょう。

別冊 解答・解説

解答は別冊になっています。詳しい解説がついていますので, 間違えた問題や理解が不十分だと感じた問題は, 解説をよく読んで確実に解けるようにしておきましょう。

※**入試問題について**…●編集上の都合により, 解答形式を変更したり, 問題の一部を変更・省略したりしたところがあります。(「改」または「一部省略」と表記)。●問題指示文, 表記, 記号などは, 問題集全体の統一のため, 変更したところがあります。●問題の出典の「H30」などの表記は, 出題年度を示しています。(例:H30⇒平成30年度に実施された入試で出題された問題)

学研パーフェクトコース
わかるをつくる 中学社会問題集

目次

地理編

重要度｜★★★

世界と日本の地域構成

STEP01 要点まとめ　➡解答は別冊01ページ

（　　）に当てはまる語句や数字を書いて，この章の内容を確認しよう。

1 世界の地域構成

1 地球の海洋と陸地

- 海洋と陸地の面積比は 01（　　：　　）。
- **POINT** 六大陸…最大は 02（　　　　　　　　）。
- 三大洋…太平洋，03（　　　　　），インド洋。

❶六大陸と三大洋

2 緯度と経度

- **POINT** 緯度…04（　　　　　　）を0度として，南北を90度ずつ分けたもの。同じ緯度を結んだ線が**緯線**。
- 経度…イギリスのロンドンを通る 05（　　　　　　　）を0度として，東西に180度ずつ分けたもの。同じ経度を結んだ線が**経線**。

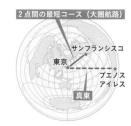

❶中心からの距離と方位が正しい地図

3 世界地図と地球儀

- 世界地図…地球はほぼ球体➡平面の地図では陸地の形や面積，距離，方位などすべてを正確に表すことができない。使う目的に応じて，さまざまな地図がある。
- 地球儀…地球の形をそのまま小さく縮めた模型➡陸地の形や面積などがほぼ正しい。

❶6つの州と主な国々

4 世界の地域区分と世界の国々

- **POINT** 世界は6つの州に分けられる。
- 面積が最大の国…06（　　　　　　　　），面積が最小の国…**バチカン市国**[➡イタリアのローマ市内にある]。
- **島国（海洋国）**…国土の周りを海に囲まれている国。日本やマダガスカルなど。
- **内陸国**…国土がまったく海に面していない国。スイスやモンゴルなど。

❶アジア州の地域区分

2 ▶ 日本の地域構成

1 日本の位置と国の領域

- ●国の領域…**領土**，**領海**，07( )か
  らなる。沿岸から 200 海里以内の海域を
  08( )という。
  [→択捉島，国後島，色丹島，歯舞群島からなる]

POINT
- ●領土をめぐる問題…09( )はロ
  シア連邦，**竹島**は韓国が不法に占拠。
  [領土（れんぽう）] [竹島（たけしま）] [韓国（かんこく）] [占拠（せんきょ）]

2 時差のしくみ

- ●日本の**標準時子午線は東経**10( )度の経線。
  [子午（しご）] [東経（とうけい）]

POINT
- ●時差の求め方…2 つの都市間の標準時子午線の
  経度差 ÷15

3 都道府県と地方区分

- ●**都道府県**…1 都 1 道 2 府 43 県。**地方区分**…大
  きく 7 つに区分される。

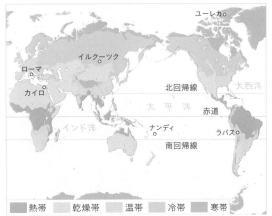

❶日本と同緯度・同経度の地域

❶日本の領域と排他的経済水域

3 ▶ 世界各地の生活と環境

1 世界のさまざまな気候と暮らし

- ●**寒帯**…**イヌイット**は，冬の狩りのとき
  にイグルー[→雪や氷のかたまりでつくられる住居]で生活。
- ●**冷帯（亜寒帯）**…冬は極寒。針葉樹の
  森林 [11( )] が広がる。
  [亜（あ）] [極寒（ごっかん）]
- ●12( )…一年中気温が高く雨が
  多い。高床の住居➡湿気を防ぐため。
  [高床（たかゆか）] [湿気（しっけ）]
- ●13( )…雨がほとんど降らない。
- ●**温帯**…温暖で四季の変化がある。
- ●高山気候…標高が高いため，同緯度地域
  より低温。**リャマ**や**アルパカ**を飼育。
  [→アンデス山脈]

2 世界の宗教

- ●三大宗教…**仏教**[→主に東・東南アジアで信仰]，
  14( )[→主にヨーロッパ，南北アメリカで信仰]，
  イスラム教[→主に西アジア，北アフリカで信仰]。

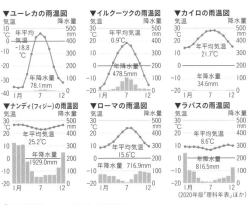

❶世界の気候区分

❶各気候帯のおもな都市の雨温図

1 世界と日本の地域構成

2 世界の諸地域①

3 世界の諸地域②

4 世界と日本の自然・人口

5 世界と日本の資源・産業・結びつき

6 日本の諸地域①

7 日本の諸地域②

8 身近な地域の調査

STEP02 基本問題 → 解答は別冊 01 ページ

学習内容が身についたか，問題を解いてチェックしよう。

1 右の地図を見て，次の各問いに答えなさい。

(1) 地図中の a ～ d のうち，赤道にあたる緯線（せきどう）（いせん）を 1 つ選びなさい。
（　　　　　）

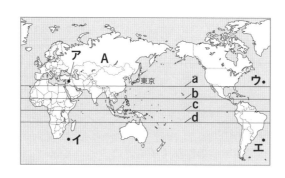

(2) 地図中の A の大陸名を書きなさい。
（　　　　　）

よく出る
(3) 地球上で，東京の正反対にあたる地点を，地図中の ア～エ から 1 つ選びなさい。（　　　　　）

くわしく🔍
(2) A の大陸は地球の陸地面積（りく）の約34％を占（し）めている。

ミス注意❗
(3)地球の中心を通って反対側に行くと，どのあたりかを考える。

2 右の地図を見て，次の各問いに答えなさい。

(1) 右の地図中の A の県名を書きなさい。また，A の県の県庁所在地名を，次の ア～エ から 1 つ選びなさい。
ア 盛岡市（もりおか）　イ 仙台市（せんだい）
ウ 水戸市（みと）　エ 宇都宮市（うつのみや）
　県名（　　　　　）
　　　記号（　　　　　）

よく出る
(2) 地図中の東京が 12 月 10 日午前 9 時であるとき，アメリカ合衆国のデンバーの日時は 12 月何日の何時であるか。その日時を午前，午後の区別をつけて書きなさい。なお，東京は東経（とうけい）135 度の経線，デンバーは西経 105 度の経線を標準時子午線（けいせん）としている。〈香川県〉
（12 月　　日　　　時）

ヒント💬
(2)東京とデンバーの経度差は，両都市の標準時子午線の経度を足して求める。

1
世界と日本の地域構成

2
世界の諸地域①

3
世界の諸地域②

4
世界と日本の自然・人口

5
世界と日本の資源・産業・結びつき

6
日本の諸地域①

7
日本の諸地域②

8
身近な地域の調査

③ **右の地図を見て，次の各問いに答えなさい。**

(1) 右の**グラフ1**の**ア**，**イ**は，それぞれ地図中の**a**，**b**のいずれかの都市の気温と降水量を示したものである。**ア**，**イ**に当てはまる都市を，**a**，**b**から1つずつ選びなさい。〈秋田県・改〉

ア（　　　）イ（　　　）

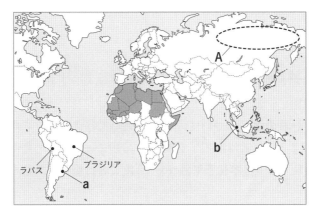

ラパス　ブラジリア

グラフ1

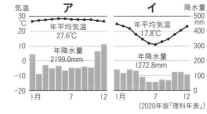

気温　ア　イ　降水量
°C
年平均気温 27.6°C
年降水量 2199.0mm
年平均気温 17.8°C
年降水量 1272.8mm
(2020年版「理科年表」)

(2) 地図中の ● のアフリカの国々では，人口の6割以上の人々がある宗教を信仰している。この宗教を何というか，書きなさい。〈茨城県・改〉

（　　　　　　）

ヒント
(2)この宗教は西アジアでも信仰がさかんである。

(3) 地図中の**A**の地域が属する気候帯の様子について述べた文として正しいものを，次の**ア〜エ**から1つ選びなさい。（　　　）

　ア　温暖で，四季の変化がある。

　イ　一年を通して気温が高く，降水量が多い。

　ウ　タイガと呼ばれる針葉樹の森林が広がっている。

　エ　日干しれんがの住居が見られる。

ヒント
(3)**A**の地域はシベリアと呼ばれる地域で，永久凍土と呼ばれる凍った土が広がっている。

(4) 右の**グラフ2**は，地図中のラパスとブラジリアの気温と降水量を示したものである。**グラフ2**について述べた次の文中の **B** に当てはまる語句を書きなさい。

（　　　　　　）

ヒント
(4)ラパスはアンデス山脈にある高山都市であることから考える。

　ラパスはブラジリアとほぼ同緯度に位置しているが，ブラジリアよりも **B** ため，ブラジリアに比べて年平均気温が低くなっている。

グラフ2

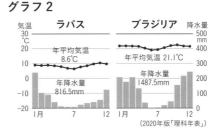

気温　ラパス　ブラジリア　降水量
°C
年平均気温 8.6°C
年平均気温 21.1°C
年降水量 816.5mm
年降水量 1487.5mm
(2020年版「理科年表」)

1 右の地図１は，緯線と経線が直角に交わった地図である。また，地図２は，ロンドンを中心とした世界地図の一部分を抜き出したもので，ロンドンからの距離と方位が正しく示されている。これらの地図について，次の各問いに答えなさい。なお，地図１は，緯線は赤道から 15 度ごと，経線は本初子午線から 20 度ごとに引いてある。また，地図２は，緯線は省略しており，経線は本初子午線から 20 度ごとに引いてある。〈神奈川県〉

(1) 次の文中の　A　，　B　に当てはまるものの組み合わせとして正しいものを，あとの**ア〜エ**から１つ選びなさい。

> 地図１にある　A　で示した線は，赤道である。日本の緯度は，赤道を基準として北緯で示し，日本の経度は，本初子午線を基準として　B　経で示す。

ア A－a　B－西
イ A－a　B－東
ウ A－b　B－西
エ A－b　B－東

（　　　　）

地図１

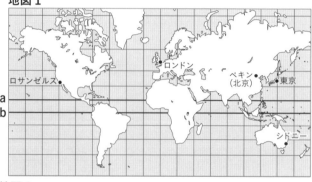

地図２

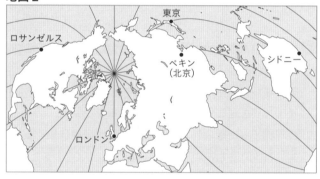

(2) 次の文中の　C　，　D　に当てはまるものの組み合わせとして正しいものを，あとの**ア〜エ**から１つ選びなさい。

> 地図１および地図２にあるシドニーは，ロンドンから見てほぼ　C　の方位に位置する。また，ロンドンから東京へ航空機を利用して最短のコースで飛行すると途中　D　の上空を通過する。

ア C－北東　D－大韓民国（韓国）
イ C－北東　D－スウェーデン
ウ C－南東　D－大韓民国（韓国）
エ C－南東　D－スウェーデン

（　　　　）

(3) **地図1**および**地図2**にあるペキン（北京）に住む高校生が，シドニー，ロンドン，ロサンゼルスのそれぞれに住む3人の高校生に呼びかけてインターネット通信を利用した会議を行った。次の文は，会議に参加した高校生の感想である。なお，会議は，ペキンの現地時間で午後1時に始まり，1時間で終了した。文中の生徒c，生徒dが住む都市名の組み合わせとして正しいものを，あとの**ア〜カ**から1つ選びなさい。なお，サマータイムの設定はないものとする。

> 生徒c：私は，夕食をとった後，会議に参加しました。自分とは違う考えに触れることができ，有意義な時間になりました。会議は午後10時に終わりました。
>
> 生徒d：私は，朝早く起きて，会議に参加しました。いろいろな意見が出てとてもおもしろかったです。午前6時に会議が終了し，それから学校へ行きました。
>
> 生徒e：僕は，先生やクラスメートとともに，学校のコンピュータールームで午後3時から始まる会議に参加しました。また参加したいと思います。

ア 生徒c－ロンドン 　　　生徒d－ロサンゼルス
イ 生徒c－ロンドン 　　　生徒d－シドニー
ウ 生徒c－ロサンゼルス　生徒d－ロンドン
エ 生徒c－ロサンゼルス　生徒d－シドニー
オ 生徒c－シドニー　　　生徒d－ロンドン
カ 生徒c－シドニー　　　生徒d－ロサンゼルス　　　　　　　（　　　　　）

2 次の地図中の**X〜Z**は，それぞれ20度間隔で引いた緯線と経線に囲まれた範囲を示している。この地図に関して，あとの各問いに答えなさい。〈静岡県・改〉

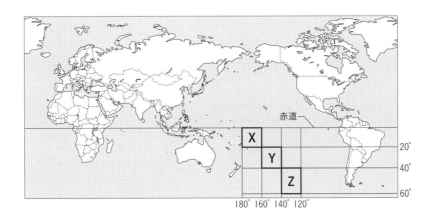

(1) **X**の地球上の正反対の範囲には，六大陸のうちの1つと三大洋（三海洋）のうちの1つがある。その大陸と大洋（海洋）の名称をそれぞれ書きなさい。

大陸（　　　　　　　　）大洋（　　　　　　　　）

(2) **X〜Z**の地球上の実際の面積について述べた文として正しいものを，次の**ア〜エ**から1つ選びなさい。

　ア **X**の面積が最も小さい。　　**イ** **Y**の面積が最も小さい。
　ウ **Z**の面積が最も小さい。　　**エ** **X**，**Y**，**Z**の面積はすべて同じである。　（　　　　　）

1 世界と日本の地域構成
2 世界の諸地域①
3 世界の諸地域②
4 世界と日本の自然・人口
5 世界と日本の資源・産業・結びつき
6 日本の諸地域①
7 日本の諸地域②
8 身近な地域の調査

3 次の各問いに答えなさい。

(1) 次の**A～D**の地図中に示した**a～d**の県庁所在地のうち，中部地方との境界に接する県の県庁所在地で，県庁所在地名と県名とが異なるものを1つ選びなさい。また，その県庁所在地名を書きなさい。〈福岡県〉　記号（　　　）　県庁所在地名（　　　　　）

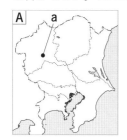 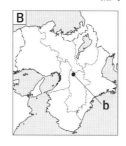 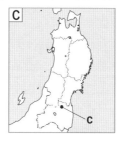 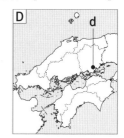

(2) 次の**表1**は，右の地図中の東京都の東西南北端それぞれの経度と緯度を示したものである。東京都最西端の島名を書きなさい。〈開成〉
（　　　　　）

表1

	東端	西端	南端	北端
東経	153°59′	136°04′	136°04′	139°01′
北緯	24°17′	20°26′	20°26′	35°54′

(3) 右の地図中の　　　　で示した県に共通することを，「県名」の語句を用いて，簡潔に書きなさい。

[　　　　　　　　　　　　　　　　　　　　　　　　]

(4) 右の**表2**の**ア～ウ**は，オーストラリア，カナダ，ブラジルのいずれかの国である。**表2**を見て，次の問いに答えなさい。〈富山県〉

①　次の文中の　X　に当てはまる語句を書きなさい。（　　　　　）

> オーストラリア，カナダ，ブラジルの排他的経済水域の面積は，領土の面積よりも小さいが，日本の排他的経済水域の面積は，領土の面積よりも大きい。それは，日本は，国土が海に囲まれ，海の上に国境がある　X　であり，沖ノ鳥島や南鳥島のような離島もあるからである。

表2

国	領土の面積（万km²）	排他的経済水域の面積（万km²）
ア	998	470
イ	851	317
ウ	769	701
日本	38	447

※排他的経済水域の面積には領海を含む。
（「海洋白書2009」ほか）

②　**ウ**の国名を書きなさい。（　　　　　）

地 理

1
世界と日本の地域構成

2
世界の諸地域①

3
世界の諸地域②

4
世界と日本の自然・人口

5
世界と日本の資源・産業・結びつき

6
日本の諸地域①

7
日本の諸地域②

8
身近な地域の調査

4 次の各問いに答えなさい。

(1) 右の地図中のケープタウン，テヘラン，ホーチミン，ウェリントンおよびオタワの5つの都市のうち，2つの都市は同じ気候帯に属している。その2つの都市が

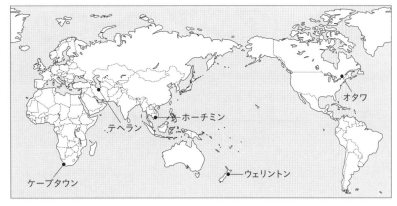

属している気候帯として正しいものを，次のア〜エから1つ選びなさい。〈千葉県〉

ア　熱帯　　　　イ　乾燥帯（かんそう）　　　ウ　温帯　　　エ　冷帯（亜寒帯）（あ）　　　　（　　　　）

(2) 次のア〜エのグラフは，世界の気候を熱帯，乾燥帯，温帯，冷帯（亜寒帯），寒帯の5つの気候帯に区分し，ユーラシア大陸，オーストラリア大陸，北アメリカ大陸，南アメリカ大陸における各気候帯の割合をそれぞれ示したものである。オーストラリア大陸に当てはまるものを，ア〜エから1つ選びなさい。〈高知県〉　　　　（　　　　）

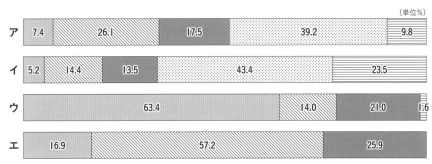

（単位%）

ア	7.4	26.1	17.5	39.2	9.8
イ	5.2	14.4	13.5	43.4	23.5
ウ	63.4		14.0	21.0	1.6
エ	16.9	57.2		25.9	

■熱帯　▨乾燥帯　■温帯　▨冷帯（亜寒帯）　▤寒帯

（2020 年「データブック オブ・ザ・ワールド」）

(3) Sさんの班では，観光客に提供する料理のメニューを考えることにした。その話し合いの中で，先生から次のようなアドバイスがあった。なぜ，先生はこのようなアドバイスを行ったのか。その理由について，「宗教」という語句を用いて，簡潔に書きなさい。〈山口県〉

【先生のアドバイス】
　海外からの観光客のことも考えると，豚肉（ぶたにく）や牛肉など食材については，注意する必要があります。

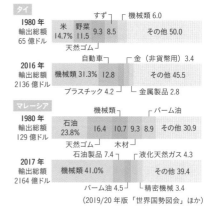

重要度 ★★★

2 地理

世界の諸地域①（アジア,ヨーロッパ,ロシア）

STEP01 要点まとめ

→ 解答は別冊 03 ページ

（　　）に当てはまる語句を書いて，この章の内容を確認しよう。

1 アジア州

地図：アジア州の自然環境

カザフスタン / モンゴル / モンゴル高原 / 北朝鮮 / 日本 / イラン / サウジアラビア / ヒマラヤ山脈 / チベット高原 / 韓国 / 中国 / アラビア半島 / アラビア海 / インド / デカン高原 / 長江 / 太平洋 / ペルシャ湾（ペルシア）/ ガンジス川 / ベンガル湾 / 南シナ海 / メコン川 / タイ / フィリピン / キャラワジ川 / マレーシア / 赤道 / シンガポール / インドネシア / インド洋

❶ アジア州の自然環境

1 アジア州の自然環境

● 地形…01（　　　　　　　　　）が中国とネパールの国境付近に連なる。中国には，**黄河（こうが）**（ホワンホー）や 02（　　　　　　　　）が流れる。

● 気候…アジア州の東部や南部の気候は，03（　　　　　　　　）の影響（えいきょう）を受ける。東南アジアは主に熱帯，西アジアは主に乾燥帯（かんそう）。

2 アジア州の人口

● アジア州の人口は，世界の総人口の**約6割（し）**を占める。

● 中国…人口を抑制（よくせい）→ 04（　　　　　　　　）→夫婦一組の子どもの数を制限 を実施（じっし）していた。総人口の約9割は**漢民族（かん）**（漢族），約1割は少数民族。

円グラフ：米の国別生産量の割合

計 7.7 億 t

中国 27.6% / インド 21.9 / インドネシア 10.6 / バングラデシュ 6.4 / ベトナム 5.6 / その他 27.9

(2017年)(2019/20年版「世界国勢図会」)

❶ 米の国別生産量の割合

3 アジア州の農業

POINT

● アジア州の東部や南部で稲作（いなさく）がさかん。

● 中国…北部で畑作，南部で 05（　　　　　　），西部（内陸部）で牧畜（ぼくちく）がさかん。

● 東南アジア…同じ耕地で米を一年に2回つくる 06（　　　　　　）や，植民地時代に開かれた 07（　　　　　　）（大農園）で油やし，天然ゴムを栽培。

4 アジア州の工業

POINT

● 中国…沿岸部に 08（　　　　　　　）→外国企業を誘致 を設置。内陸部と沿岸部の経済格差がある。

● 東・東南アジア…近年，工業化が進む。韓国（かんこく），台湾（たいわん），ホンコン，シンガポールは**アジアNIES（ニーズ）**（新興工業経済地域）と呼ばれる。

● インド…バンガロールで**ICT（情報通信技術）**産業。

表：タイ，マレーシアの輸出品目の変化

タイ						
1980年 輸出総額 65億ドル	米 14.7%	野菜 11.5	9.3	8.5	すず 機械類 6.0	その他 50.0

天然ゴム

2016年 輸出総額 2136億ドル	機械類 31.3%	12.8			自動車 金（非貨幣用）3.4	その他 45.5

プラスチック 4.2 / 金属製品 2.8

マレーシア						
1980年 輸出総額 129億ドル	石油 23.8%	16.4	10.7	9.3	機械類 パーム油 8.9	その他 30.9

天然ゴム / 木材

2017年 輸出総額 2164億ドル	機械類 41.0%				石油製品 7.4 液化天然ガス 4.3	その他 39.4

パーム油 4.5 / 精密機械 3.4

(2019/20年版「世界国勢図会」ほか)

❶ タイ，マレーシアの輸出品目の変化

1 世界と日本の地域構成

2 世界の諸地域①

3 世界の諸地域②

4 世界と日本の自然・人口

5 世界と日本の資源・産業・結びつき

6 日本の諸地域①

7 日本の諸地域②

8 身近な地域の調査

5 アジア州の結びつき

● 東南アジアの10か国が 09(　　　　　)を，西アジアなどの産油国が 10(　　　　　)を結成。

2 ヨーロッパ州，ロシア

1 ヨーロッパ州の自然環境

● 地形…スカンディナビア半島西部に氷河の侵食（しんしょく）でできた 11(　　　　)が見られる。**ライン川**などが流れ，12(　　　　)[→イタリア北部の山脈]などが連なり，**地中海**（ちちゅうかい）が広がる。

POINT
● 気候…西部は，**暖流**の**北大西洋海流**（きたたいせいよう）の上空をふく 13(　　　)の影響で，高緯度（こういど）のわりに温暖。

❶ ヨーロッパ州の自然環境

2 ヨーロッパ州の文化

● 言語・民族…南部に 14(　　　)系，北部に**ゲルマン系**，東部に**スラブ系**が分布。
● キリスト教の宗派➡主に南部で**カトリック**，北部で 15(　　　　)，東部で**正教会**を信仰。

3 ヨーロッパ州の農業

POINT
● 地中海式農業…乾燥（かんそう）する夏に 16(　　　)[→ワインの原料]やオリーブなどの果樹を栽培し，雨の降る冬に小麦を栽培。
● 17(　　　　)…穀物（こくもつ）や飼料用作物の栽培と，家畜の飼育の組み合わせ。
● 酪農（らくのう）…乳牛を飼育し，乳製品をつくる農業。
　[→牛乳，チーズなど]

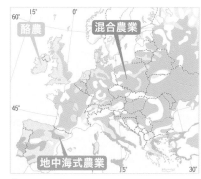
❶ ヨーロッパ州の農業地域

4 ヨーロッパ州の工業

● ドイツ…かつて鉄鋼業が発達し，**ルール工業地域**を形成。周辺各国と**航空機**を共同生産。

POINT ## 5 ヨーロッパ州の結びつき

● 1967年に**ヨーロッパ共同体**（**EC**），1993年に 18(　　　　)発足。加盟国の多くで 19(　　　)を導入。加盟国間の**経済格差**が課題。
　[→共通通貨]

6 ロシア

● 近年，石油や天然ガスなどの鉱産資源（こうさんしげん）を利用し工業化。急速に経済成長をとげた**BRICS**（ブリックス）の一員。
　[→パイプラインでヨーロッパ諸国に輸出]

❶ EU加盟国とイギリスの一人当たりの国内総生産（GDP）

学習内容が身についたか，問題を解いてチェックしよう。

1 **右の地図を見て，次の各問いに答えなさい。**

(1) 地図中の ■ で産出がさかんな鉱産資源の名を書きなさい。
（　　　　　）

(2) 地図中に **X** で示した山脈の名を書きなさい。
（　　　　　）

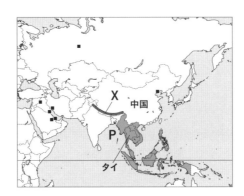

ヒント

(1) ■ はペルシア湾に多く分布していることが読み取れる。

(3) **資料**は，地図中の **P** の周辺地域における1月と7月の風向きを示したものである。このように風向きが変わる風の名称を書きなさい。〈奈良県〉
（　　　　　）

資料

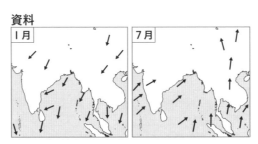

(4) 地図中の中国について，次の問いに答えなさい。

① 次の文は，中国における農業の様子について述べたものである。文中の A ， B ， C に当てはまる語句の組み合わせとして正しいものを，右の**ア～エ**から1つ選びなさい。〈千葉県〉（　　　　　）

> 東北・華北など降水量の少ない北部では A が中心，華中・華南など降水量の多い南部では B が中心，乾燥した西部(内陸部)では C が中心となっている。

ア A：畑作　B：牧畜　C：稲作
イ A：稲作　B：畑作　C：牧畜
ウ A：畑作　B：稲作　C：牧畜
エ A：稲作　B：牧畜　C：畑作

② 地図中の ◎ に設置されている，中国が外国企業を誘致している地区を何というか，書きなさい。（　　　　　）

くわしく

(4)② ◎ の地区に進出した外国企業は，原材料の輸入や工業製品の輸出における税金面で優遇される。

(5) 地図中の ⬭ で示した国々が加盟している東南アジア諸国連合の略称をアルファベットで書きなさい。（　　　　　）

2 右の地図を見て，次の各問いに答えなさい。

(1) 地図中の**A**の半島に見られる，氷河の侵食（しんしょく）によってできた地形を何というか，書きなさい。〈徳島県〉

（　　　　　　　　　）

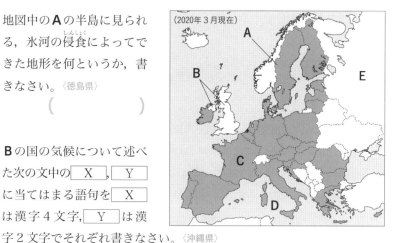

（2020年3月現在）

ヒント
(1)**A**の半島はスカンディナビア半島。

よく出る

(2) **B**の国の気候について述べた次の文中の　X　，　Y　に当てはまる語句を　X　は漢字4文字，　Y　は漢字2文字でそれぞれ書きなさい。〈沖縄県〉

ミス注意
(2)**Y**には，一年を通じて西からふく風が当てはまる。

> 高緯度（こういど）に位置する**B**の国の気候が温暖な理由は，暖流の　X　海流と　Y　風が寒さをやわらげているからである。

X（　　　　　　　）　Y（　　　　　　　）

(3) **資料**は，地図中の**C**の国にある航空機メーカーでの，航空機の生産の様子を示したものである。**資料**を参考に，この航空機メーカーの航空機生産の特徴（とくちょう）を簡潔に書きなさい。〈佐賀県〉

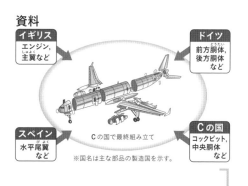

資料

イギリス　エンジン，主翼（しゅよく）など

ドイツ　前方胴体（どうたい），後方胴体　など

スペイン　水平尾翼（びよく）など

Cの国で最終組み立て

Cの国　コックピット，中央胴体　など

※国名は主な部品の製造国を示す。

ヒント
(3)「分担」という語句を用いて書いてみよう。

[　　　　　　　　　　　　　　　　　　　　　　　　]

よく出る

(4) 地図中の**D**の海の沿岸地域でさかんな農業で，夏と冬に栽培される農作物を，次の**ア**～**エ**から1つずつ選びなさい。

ア 米　　**イ** 小麦　　**ウ** ぶどう　　**エ** 綿花

夏（　　　　　）　冬（　　　　　）

(5) 地図中の**E**の国から石油などをヨーロッパ諸国へ輸出する際に使われる主な手段を，次の**ア**～**エ**から1つ選びなさい。〈長崎県〉

ア 航空機　　**イ** タンカー　　**ウ** 鉄道　　**エ** パイプライン

（　　　　　）

よく出る

(6) 地図中の　　　で示したEU加盟国の多くで導入されている共通通貨を何というか，書きなさい。

（　　　　　）

1 世界と日本の地域構成

2 世界の諸地域①

3 世界の諸地域②

4 世界と日本の自然・人口

5 世界と日本の資源・産業・結びつき

6 日本の諸地域①

7 日本の諸地域②

8 身近な地域の調査

1 次の各問いに答えなさい。

(1) 太郎さんは，インドの主要な産業の1つであるICT（情報通信技術）産業における，インドとアメリカの企業の結びつきについて調べ，次のようにまとめた。**太郎さんのまとめ**の中の下線部のように，アメリカのICT企業とインドのICT企業が効率的に仕事を行うことができるのはなぜだと考えられるか。**太郎さんのまとめ**の中の地図をもとに，簡潔に書きなさい。〈広島県〉

太郎さんのまとめ

右の地図中の**A**・**B**は，それぞれインドとアメリカでICT企業が集まっている主な地域を示している。地域**B**にあるアメリカの企業が，インターネットを使って，地域**A**にあるインドの企業にソフトウェアの開発などを発注し，翌日にインドの企業からインターネットを使って納品を受けるなど効率的に仕事を行っている。

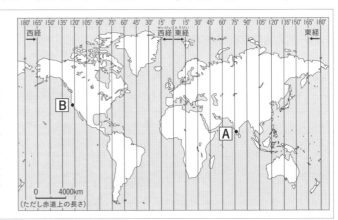

[ ]

(2) アラブ首長国連邦は，特定の資源をもとに発展しており，**表**，**グラフ**はその資源について示したものである。また，アラブ首長国連邦は，その資源に頼らない経済を目指して，**資料**に見られるように商業や観光に力を入れているが，この理由を，**表**，**グラフ**をもとにして，簡潔に書きなさい。ただし，その資源名を明らかにして書くこと。〈鹿児島県〉

表

埋蔵量	1兆7297億バレル
年生産量	346億バレル
可採年数	50年

※埋蔵量と年生産量は世界全体の数値（2018年）であり，可採年数は，埋蔵量を年生産量で割った値を示す。

（表，グラフは2020年版「データブック オブ・ザ・ワールド」）

グラフ　1バレル当たりの価格

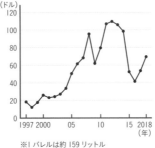

※1バレルは約159リットル

資料　ドバイの高層ビル

（ピクスタ）

[ ]

1 世界と日本の地域構成

2 世界の諸地域①

3 世界の諸地域②

4 世界と日本の自然・人口

5 世界と日本の資源・産業・結びつき

6 日本の諸地域①

7 日本の諸地域②

8 身近な地域の調査

2 次の各問いに答えなさい。

(1) 次の表は，インドネシア，タイ，中国の米の生産量と輸出量を示したものである。**X～Z**に当てはまる国の組み合わせとして正しいものを，右の**ア～カ**から1つ選びなさい。〈愛光〉（　　　）

（単位：万トン）

	生産量	輸出量
X	21,268	117
Y	3,338	1,162
Z	8,138	0.2

(2017年)（「FAOSTAT」）

ア　X－インドネシア　Y－タイ　　Z－中国
イ　X－インドネシア　Y－中国　　Z－タイ
ウ　X－タイ　　　　　Y－中国　　Z－インドネシア
エ　X－タイ　　　　　Y－インドネシア　Z－中国
オ　X－中国　　　　　Y－タイ　　Z－インドネシア
カ　X－中国　　　　　Y－インドネシア　Z－タイ

難問

(2) 次の**地図1**は，2016年における日本と東南アジア諸国連合（ASEAN）加盟国それぞれの国との貿易額について，日本の輸出額から日本の輸入額を引いた差を示したものである。**地図2**は，2016年における日本と東南アジア諸国連合（ASEAN）加盟国それぞれの国との貿易額について，日本の輸入額が最も多い品目を，「医薬品」，「衣類と同付属品」，「鉱産資源」，「電気機器」に分類して示したものである。下の文で述べている国に当てはまるものを，あとの**ア～エ**から1つ選びなさい。〈東京都 H30〉（　　　）

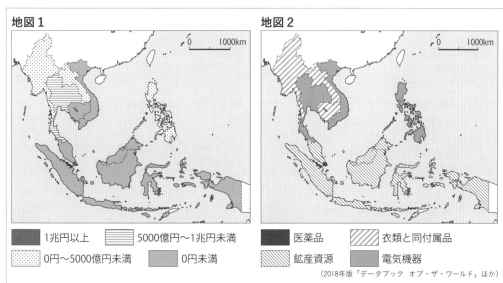

地図1

1兆円以上　　5000億円～1兆円未満
0円～5000億円未満　　0円未満

地図2

医薬品　　衣類と同付属品
鉱産資源　　電気機器

(2018年版「データブック オブ・ザ・ワールド」ほか)

　　フランスから1953年に独立した。2000年代に入り，遺跡群を活用した観光業に加え，工業化を推進している。

　　1990年代までのこの国からの日本の輸入品は木材などの一次産品が最も多く，日本の貿易黒字が継続する傾向であったが，この国の工業化の進展に伴って変化が見られた。2000年代からは日本の貿易赤字が継続する傾向に転じ，2016年における日本の最大の輸入品は衣類などであり，日本からこの国への輸出額は333億円，日本のこの国からの輸入額は1310億円であった。

ア タイ　　**イ** カンボジア　　**ウ** ミャンマー　　**エ** ベトナム

3 次の各問いに答えなさい。

思考力 (1) 下の地図中の都市**A〜D**は，いずれも国内で人口が一番多い都市である。都市**A〜D**のうち，もっとも標高の高い都市の市域人口（統計年次は 2011〜17 年）および雨温図を，右の①〜④から 1 つ選びなさい。〈東京学芸大附属〉　　　　　　　　　　　（　　　　　）

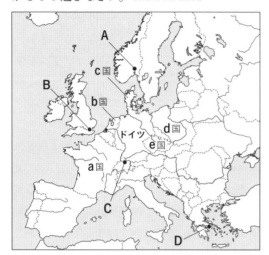

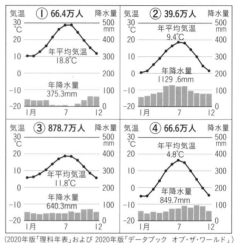

（2020年版「理科年表」および 2020年版「データブック オブ・ザ・ワールド」）

(2) 地図中の**a**国〜**e**国について述べた文として正しいものを，次の**ア〜エ**から 1 つ選びなさい。

〈東大寺学園〉

ア 国民の信仰する宗教を見たとき，**a**国・**b**国はカトリック，**c**国・**d**国・**e**国はプロテスタントが多数を占める。

イ 国民の使用する言語を見たとき，**b**国・**c**国はゲルマン系の言語，**a**国・**d**国・**e**国はスラブ系の言語が多数を占める。

ウ 人口を比較したとき，ドイツよりも多いのは**a**国と**d**国であり，残りの 3 か国はいずれもドイツより少ない。

エ 5 か国はすべて EU（ヨーロッパ連合）加盟国であるが，**d**国と**e**国の加盟は比較的新しく，2000 年以降のことであった。

（　　　　　）

(3) 次の**表**は，EU と日本，中国，アメリカ合衆国の GDP，人口，面積の組み合わせを表したものである。EU に当てはまるものを，**表**の**ア〜エ**から 1 つ選びなさい。〈沖縄県〉

表

	GDP（兆ドル）	人口（億人）	面積（万㎢）
ア	12.2	14.2	960.0
イ	19.5	3.3	983.4
ウ	17.3	5.1	437.4
エ	4.9	1.3	37.8

※ EU は，イギリスが離脱する前の 28 か国。　　　（2017 年）（2019/20 年版「世界国勢図会」）

（　　　　　）

4 次の各問いに答えなさい。

(1) ヨーロッパ連合（EU）は発足（ほっそく）以来，経済的・政治的な統合が進み，加盟国を増やしてきた。その中で，ドイツやフランスの企業が東ヨーロッパ諸国に工場を移転する動きが見られる。その理由を，**表**を参考にして，簡潔に書きなさい。〈富山県〉

表　EU諸国の1か月あたりの最低賃金

国名	最低賃金（ユーロ）
オランダ	1636
ベルギー	1594
ドイツ	1584
フランス	1539
ポーランド	611
クロアチア	546
チェコ	575
ルーマニア	466

(2020年1月)（「EUROSTAT」）

 (2) 次の**ア〜エ**は，イギリス，オランダ，フランス，スペインの食料自給率を品目別に示したものである。このうち，フランスに当てはまるものを，**ア〜エ**から1つ選びなさい。〈青森県〉

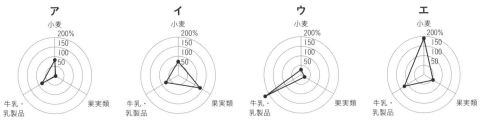

(2013年)（食料需給表平成30年度）

（　　　　　）

 (3) 右の図は，アメリカ合衆国・中国・日本・EUについて相互の貿易額を示したものである。アメリカ合衆国と日本に当てはまるものを，図中の**ア〜エ**からそれぞれ選び，アメリカ合衆国→日本の順に記号で答えなさい。〈東大寺学園〉

（　　　→　　　）

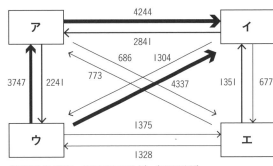

（数値の単位は億ドル。統計年次は2018年）。（JETRO資料）

重要度 | ★★★

3 地理 世界の諸地域②（アフリカ，南北アメリカ，オセアニア）

STEP01 要点まとめ
→ 解答は別冊 05 ページ

（　）に当てはまる語句を書いて，この章の内容を確認しよう。

1 アフリカ州

1 アフリカ州の自然環境

● 地形…北部に 01（　　　　　）**砂漠**が広がる。中部から

北部にかけて 02（　　　　　）が流れる。

● 気候…赤道付近は 03（　　　　　），南北に乾燥帯➡温帯。

2 アフリカ州の歴史・文化

● 19世紀末に多くがヨーロッパ諸国の**植民地**となる。

● 北部で 04（　　　　　）の信仰がさかん。

3 アフリカ州の産業

● 農業…植民地時代に開かれた 05（　　　　　）（大農園）で，カカオ豆，茶の栽培。

● 鉱業…ナイジェリアで石油，ザンビアで銅の産出がさかん。近年，マンガン，コバルトなど [➡ガーナなど] [➡ケニア]

埋蔵量が非常に少ない 06（　　　　　）の採掘が進む。

POINT ● 特定の鉱産資源や農産物の輸出に依存した

07（　　　　　）経済の国が多い➡経済が

不安定になりやすい。

❶アフリカ州の自然環境

2 北アメリカ州

1 北アメリカ州の自然環境

● 西部に 08（　　　　　）が連なる。アメリカ合

衆国中部に 09（　　　　　）が流れる。

● カリブ海やメキシコ湾周辺では，8・9月に

10（　　　　　）[➡熱帯低気圧] が発生。

2 アメリカ合衆国の民族

● 近年，メキシコなどからの移民である

11（　　　　　）[➡スペイン語を話す] が増加。

❶北アメリカ州の自然環境

3 アメリカ合衆国の農業

POINT
- 各地域の気候や土壌に合った農作物を栽培する 12( ) が行われている。

4 アメリカ合衆国の工業

POINT
- 北緯37度以南の 13( ) で工業が発達。サンフランシスコ郊外の 14( ) で，**ICT**（**情報通信技術**）**産業**がさかん。
  [⇒ IT（情報技術）]

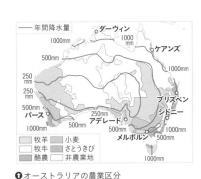

小麦　綿花
放牧　酪農
各種作物
とうもろこし・大豆　野菜・果物など　非農業地

❶アメリカ合衆国の農業区分…西経100°より西は降水量が少なく，農作物の栽培に向かない

3 南アメリカ州

1 南アメリカ州の自然環境

- 北部を 15( ) が流れ，流域に 16( ) がしげる。主に北部は**熱帯**，南部は**温帯**など。

2 南アメリカ州の歴史・民族

- 16世紀にスペインやポルトガルの**植民地**となる。
- **メスチソ**（メスチーソ）[⇒先住民とヨーロッパ系の混血] が増加。

3 南アメリカ州の産業

POINT
- ブラジル…**焼畑農業**やコーヒー豆の栽培➡近年，大豆の栽培や，さとうきびなどの植物を原料とする
  [⇒森林を焼いてできた灰を肥料に作物を栽培]
  17( ) の生産が増加。カラジャス鉄山で鉄鉱石を産出。

❶南アメリカ州の自然環境

ベネズエラ
コロンビア　ギアナ高地
リャノ　アマゾン川
赤道
ペルー　セルバ　▲カラジャス鉄山
ブラジル
カンポ
太平洋　大西洋
チリ　アルゼンチン
ラプラタ川
パンパ

4 南アメリカ州の開発と環境保全

- 16( )の伐採➡農地や牧場を開拓。経済発展と環境保全の両立が課題。

4 オセアニア州

1 オセアニア州の自然環境

- 地形…太平洋上の島々は火山島や**さんご礁**の島。
- 気候…太平洋上の島々は熱帯，オーストラリア中央部は乾燥帯，オーストラリア東部やニュージーランドは温帯。

2 オセアニア州の歴史・民族

POINT
- オーストラリア…先住民の 18( ) が生活➡イギリスの**植民地**➡19( ) [⇒ヨーロッパ系以外の移民を制限した政策] 廃止後，アジアからの移民が増加➡**多文化社会**へ。
- ニュージーランド…先住民の**マオリ**の文化の尊重。

3 オーストラリアの産業

- 農業…20( ) [⇒ニュージーランドでも放牧がさかん] や肉牛の放牧，小麦の栽培。
- 鉱業…**鉱産資源** [⇒石炭は東部，鉄鉱石は西部で主に産出] が豊富で，地表を直接削る 21( ) で採掘。

年間降水量
ダーウィン　1000mm
1000mm
500mm　ケアンズ
250mm　1000mm
250mm
500mm
パース　ブリズベン
500mm　アデレード　シドニー
1000mm　250mm　1000mm
メルボルン　500mm
500mm　1000mm

牧羊　小麦
牧牛　さとうきび
酪農　非農業地

❶オーストラリアの農業区分

1 世界と日本の地域構成
2 世界の諸地域①
3 世界の諸地域②
4 世界と日本の自然・人口
5 世界と日本の資源・産業・結びつき
6 日本の諸地域①
7 日本の諸地域②
8 身近な地域の調査

STEP02 基本問題 → 解答は別冊 05 ページ

学習内容が身についたか，問題を解いてチェックしよう。

1 次の地図を見て，あとの各問いに答えなさい。

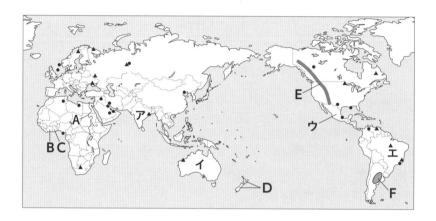

(1) 地図中の**A**で示した世界でもっとも長い河川，**E**で示した山脈の名称を
それぞれ書きなさい。 **A**（　　　　　　　　） **E**（　　　　　　　　）

(2) 右のグラフは，地図中の**B**
や**C**の国で生産がさかんな
ある農作物の国別生産量の
割合を示したものである。
この農作物を，次の**ア～エ**から１つ選びなさい。
（　　　　　　　　）

	ナイジェリア インドネシア				カメルーン	
計 520 万 t	B 39.1%	C 17.0	12.7	6.3	5.7	その他

(2017 年)（2019/20 年版「世界国勢図会」）

ア コーヒー豆　　**イ** バナナ　　**ウ** 茶　　**エ** カカオ豆

(3) 地図中の**D**の国の先住民の名称を書きなさい。 （　　　　　　　　）

(4) 地図中の**F**は，小麦の栽培や牛の放牧がさかんな草原を示している。**F**
の草原の名称をカタカナで書きなさい。 （　　　　　　　　）

(5) 地図中の●，▲で産出がさかんな鉱産資源の組み合わせとして正しいも
のを，次の**ア～エ**から１つ選びなさい。 （　　　　　　　　）

ア ●－石炭　▲－鉄鉱石　　**イ** ●－石炭　▲－銅
ウ ●－石油　▲－鉄鉱石　　**エ** ●－石油　▲－銅

(6) 次の文は，地図中の**ア～エ**の国のうち，いずれかの国について述べたも
のである。この文はどの国について述べたものか，正しいものを**ア～エ**
から，１つ選びなさい。〈千葉県〉 （　　　　　　　　）

　　かつて，イギリスの植民地であったこの国では，1970 年代までヨ
ーロッパ系の白人以外の移民を制限する政策をとっていた。現在では，
多文化主義に基づく社会づくりを進めている。

くわしく

(2)B，Cの国々は，ヨ
ーロッパの植民地時
代に開かれたプラン
テーションによる農
業を現在でも行って
いる。

ミス注意

(3)オーストラリアの先
住民と混同しないよ
うに注意する。

ヒント

(5)●はペルシア（ペル
シャ）湾やメキシコ
湾，▲はオーストラ
リア西部やブラジル
に分布していること
に着目する。

2 次の各問いに答えなさい。

(1) アフリカ州について，次の各問いに答えなさい。

① アフリカ州では，マンガンやコバルトなどのように，埋蔵量が非常に少ない金属の産出がさかんである。このような金属を総称して何というか，カタカナで書きなさい。（　　　　　　）

② アフリカ州に位置するナイジェリアやザンビアなどの国々は，モノカルチャー経済の状態にある。このモノカルチャー経済とは，どのような経済か。「依存」の語句を用いて，簡潔に書きなさい。〈新潟県・改〉

[　　　　　　　　　　　　　　　　　　　　　　　　　　　　]

(2) 右の地図1を見て，次の①，②の問いに答えなさい。

① 地図1中のXは，主にどのような農業が行われている地域か，次のア～エから1つ選びなさい。〈富山県・改〉

ア　放牧　　　　　イ　酪農
ウ　綿花の栽培　　エ　大豆の栽培

（　　　　）

地図1

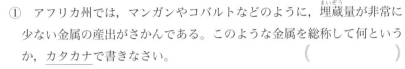

② 地図1中の北緯37度より南側では，コンピューターや航空機・宇宙産業などの先端技術（ハイテク）産業がさかんである。この地域を何というか，書きなさい。〈富山県〉

（　　　　　　　）

(3) 近年，ブラジルで生産がさかんな，さとうきびなどの植物を原料としてつくられるアルコール燃料を何というか，書きなさい。

（　　　　　　　）

(4) 右の地図2は，オーストラリアの農業地域と年間降水量線（等降水量線）を示したものである。X，Y，Zに当てはまる農業地域として正しいものを，次のア～ウから1つずつ選びなさい。〈熊本県・改〉

地図2

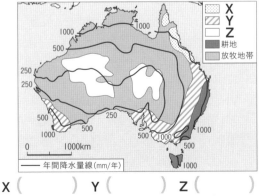

年間降水量（mm/年）

X（　　）　Y（　　）　Z（　　）

ア　小麦や牧羊地帯　　イ　森林地帯　　ウ　荒れ地・砂漠

くわしく
(1)①漢字では希少金属と書く。コンピューターや携帯電話などの電子機器に多く使われている。

ヒント
(2)①アメリカ合衆国西部の気候を考えよう。

くわしく
(3)この燃料は，成長過程で二酸化炭素を吸収する植物を原料としているため，燃やしても大気中の二酸化炭素の総量は変わらないと考えられることから，地球温暖化対策となる新しいエネルギーとして注目されている。

STEP03 実戦問題

入試レベルの問題で力をつけよう。

---

1 次の各問いに答えなさい。

(1) 家畜の種類とその飼育頭羽数は，それぞれの国の文化，歴史や産業とも密接に関係している。右の**表**は，日本，ドイツ，エジプト，オーストラリアの 4 か国の，2017 年における牛，豚，羊，にわとりの飼育頭羽数を国ごとに示したものである。エジプトに当てはまるものを，**表**中の**ア〜エ**から 1 つ選びなさい。また，その記号を選んだ理由を，宗教の特色に関連付け，簡潔に書きなさい。〈奈良県〉

表

国	牛 （千頭）	豚 （千頭）	羊 （千頭）	にわとり （百万羽）
ア	12281	27578	1580	160
イ	26176	2486	72125	95
ウ	3822	9346	15	314
エ	5065	9	5698	156

（2019/20 年版「世界国勢図会」）

記号 （　　　）

理由 [　　　　　　　　　　　　　　　　　　　　　]

(2) 次のグラフは，世界におけるダイヤモンドなどの鉱産資源の生産国とその割合をそれぞれ示したものである。グラフ中の**X〜Z**には右の地図中の**①〜③**の国のいずれかが当てはまる。**X〜Z**に当てはまる国の組み合わせとして正しいものを，あとの**ア〜エ**から 1 つ選びなさい。〈北海道〉

地図

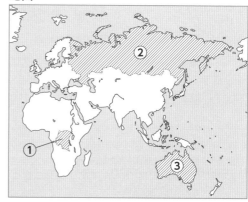

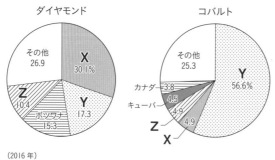

ダイヤモンド

その他 26.9
X 30.1%
Z 10.4
ボツワナ 15.3
Y 17.3

（2016 年）

コバルト

その他 25.3
Y 56.6%
カナダ 3.8
4.5
キューバ 4.9
Z 4.9
X

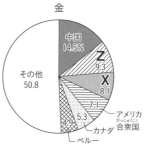

金

中国 14.5%
Z 9.3
その他 50.8
X 8.1
7.1
アメリカ合衆国
4.9 5.3
カナダ
ペルー

（2019/20 年版「世界国勢図会」）

ア X−① Y−② Z−③　　**イ** X−② Y−③ Z−①

ウ X−② Y−① Z−③　　**エ** X−③ Y−① Z−②

（　　　）

2 次の各問いに答えなさい。

難問

(1) 次の**表**は，アメリカ合衆国の各州の人口に占めるアジア系，アフリカ系，ヒスパニックの割合が高い３州とその比率を示したものである。**表**中の（**A**）～（**C**）に当てはまるものの組み合わせとして正しいものを，あとの**ア～カ**から１つ選びなさい。なお，州の位置は右の**地図**を参考にすること。ただし，**地図**にはアラスカ州とハワイ州は示されていない。〈お茶の水女子大附属〉

表　　　　　　　　　　　　　　単位：%

（ **A** ）		（ **B** ）		（ **C** ）	
ニューメキシコ	48.9	ミシシッピ	38.0	ハワイ	42.8
テキサス	39.4	ルイジアナ	33.1	カリフォルニア	16.7
カリフォルニア	38.9	ジョージア	33.0	ワシントン	10.9

(2020年版「データブックオブ・ザ・ワールド」)

地図

ア　**A**－アジア系　　　**B**－アフリカ系　　**C**－ヒスパニック

イ　**A**－アジア系　　　**B**－ヒスパニック　　**C**－アフリカ系

ウ　**A**－アフリカ系　　**B**－アジア系　　　**C**－ヒスパニック

エ　**A**－アフリカ系　　**B**－ヒスパニック　　**C**－アジア系

オ　**A**－ヒスパニック　**B**－アジア系　　　**C**－アフリカ系

カ　**A**－ヒスパニック　**B**－アフリカ系　　**C**－アジア系

（　　　　）

(2) 次の**資料**は，人口約400万人を抱えるロサンゼルス市が，最低賃金の変更を市民に周知するために作成したポスターである。これらのポスターは，伝えている内容はすべて同じだが，異なる点がある。このようにロサンゼルス市がポスターを作成する理由を説明する場合，どのような資料が必要か。これらのポスターから読み取れる違いにふれて，簡潔に書きなさい。〈岩手県〉

資料

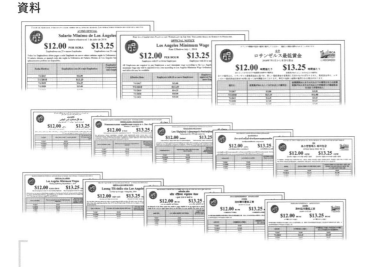

3 次の各問いに答えなさい。

地図

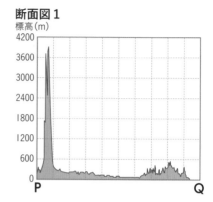

思考力(1) 右の**断面図1，2**は，それぞれ**地図**の線**X**，**Y**のいずれかの断面を示しており，**説明文**中の**a**，**b**は，それぞれ線**X**，**Y**のいずれかの付近の特徴（とくちょう）を述べたものである。線**Y**に当てはまる断面図と説明文の組み合わせとして正しいものを，あとの**ア～エ**から1つ選びなさい。〈佐賀県〉

説明文

> **a** 東側は西側に比べ標高が高く，キリンやゾウなどの野生動物が生息している地域や茶の栽培（さいばい）がさかんに行われている地域がある。
>
> **b** 西側には標高の高い山脈がみられ，その斜（しゃ）面（めん）の畑ではじゃがいもやとうもろこしなどが栽培されたり，リャマやアルパカなどの家畜が放牧されたりしている地域がある。

ア 断面図1・a　　　イ 断面図1・b
ウ 断面図2・a　　　エ 断面図2・b

（　　　　　）

断面図1
標高(m)

断面図2
標高(m)

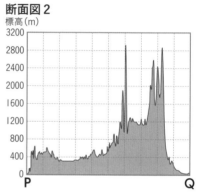

※注：断面図1，2は
高さを強調している。

(2) 次の**グラフ1**は，ブラジルの森林面積の推移を，**グラフ2**は，ブラジルの牛肉の生産量の推移を示したものである。**グラフ1**のようにブラジルの森林面積が変化してきた理由を，**グラフ2**と関連させて，簡潔に書きなさい。〈福島県〉

グラフ1
ブラジルの森林面積の推移

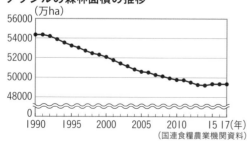

グラフ2
ブラジルの牛肉の生産量の推移

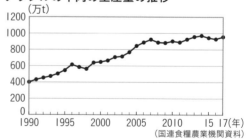

4 次の各問いに答えなさい。

表1

	穀物の収穫量 （万 t）
1980 年	1,640
1990 年	2,300
2000 年	3,540

表2

	穀物が収穫され た面積（万 ha）
1980 年	1,600
1990 年	1,300
2000 年	1,800

（表1，表2とも「国際農林水産統計 2002」）

思考力

(1) 右の**表1**は，オーストラリアにおける，穀物の収穫量の推移を示したものである。また，**表2**は，オーストラリアにおける，穀物が収穫された面積の推移を示したものである。オーストラリアにおける，穀物の収穫量と穀物が収穫された面積には，どのような傾向が見られるか，その1つとして考えられることを，**表1**，**表2**から読み取れることをもとにして，「穀物が収穫された面積1ha当たり」の語句を用いて，簡潔に書きなさい。〈三重県〉

[ ]

超難問

(2) 次の**図2**中の**X〜Z**は，**図1**の◆で示したアリススプリングス，ウェリントン，パースのいずれかの都市の1月の降水量，7月の降水量，1月の平均気温，7月の平均気温を示したものである。都市名と**X〜Z**の組み合わせとして正しいものを，あとの**ア〜カ**から1つ選びなさい。

〈大阪教育大附属（池田）・改〉

図1

図2

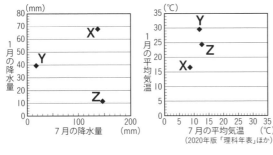

（2020年版「理科年表」ほか）

	ア	イ	ウ	エ	オ	カ
アリススプリングス	X	X	Y	Y	Z	Z
ウェリントン	Y	Z	X	Z	X	Y
パース	Z	Y	Z	X	Y	X

（ ）

世界と日本の自然・人口

STEP01 要点まとめ

➡解答は別冊 07 ページ

（　　　）に当てはまる語句を書いて，この章の内容を確認しよう。

1 世界と日本の自然環境

❶ 世界の地形

● 世界には，01（　　　　　　　　　）造山帯と 02（　　　　　　　　　）➡アルプス山脈など 造山帯がある。
➡ロッキー山脈やアンデス山脈

❷ 日本の地形

❶日本の主な地形

● 山地…01（　　）造山帯に位置し，国土の約 4 分の 3 が山地。本州の中央部に 03（　　　　　　　）が連なり，その東側に 04（　　　　　　　）➡大きな溝状の地形 が位置する。

● さまざまな地形…盆地周辺に扇状地，河口付近に 05（　　　　　　　）を形成。三陸海岸などには，複雑に入り組んだ 06（　　　　　　　）が見られる。
➡土砂が扇状に堆積

● 近海…太平洋側を流れる暖流の 07（　　　　　　　）と寒流の 08（　　　　　　　）が出合う潮目がある。
（潮境）

❸ 日本の気候と気候区分

● 気候…ほとんどの地域は，温帯のうちの 09（　　　　　　　）気候。夏と冬で風向きが変わる 10（　　　　　　　）の影響を受ける。
➡夏は南東，冬は北西からふく

POINT

● 気候区分…6 つの気候区に分けられる。

太平洋側の気候 宮崎	日本海側の気候 上越（高田）	中央高地(内陸)の気候 松本	瀬戸内の気候 高松	北海道の気候 札幌	南西諸島の気候 那覇
年平均気温 17.4℃ 年降水量 2508.5mm	年平均気温 13.6℃ 年降水量 2755.3mm	年平均気温 11.8℃ 年降水量 1031.0mm	年平均気温 16.3℃ 年降水量 1082.3mm	年平均気温8.9℃ 年降水量 1106.5mm	年平均気温 23.1℃ 年降水量 2040.8mm
夏に雨が多い。	冬に雪や雨が多い。	一年を通して降水量が少なく，冬は低温。	一年を通して降水量が少なく，冬でも温暖。	夏でも冷涼で降水量は少ない。冬の寒さがきびしい。	冬でも温暖で，一年を通して雨が多い。

（2020年版「理科年表」）

❶日本の各気候区の雨温図

4 日本の自然災害，防災への取り組み

● 自然災害…**地震**や**津波**，**梅雨**や**台風**などによる**洪水**や**土石流**，火山の噴火による**火砕流**など。2011 年 3 月 11 日には

11(   )が発生。

● 防災への取り組み…各市（区）町村では，被害が出そうな場所を予測し，避難所や避難経路などを示した

12(   )を作成している。

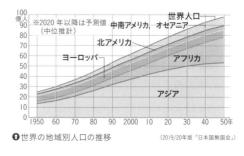

❶東京都江戸川区の水害ハザードマップ

2 世界と日本の人口

1 世界の人口

● 世界の総人口は**約 77 億人**（2019 年現在）。アジア州やアフリカ州を中心に，急激に人口が増加する 13(   )が起こる➡食料不足や住宅不足などの問題が発生。

❶世界の地域別人口の推移   (2019/20年版「日本国勢会」)

● 人口の分布の特色

・**人口密度**の高い地域➡東・東南・南アジアの平野部，ヨーロッパの都市部など。

・**人口密度**の低い地域➡乾燥した地域や寒冷な地域。

● 人口構成の特色…国や地域の人口を年齢別・男女別に示した 14(   )で表す。発展途上国は**富士山型**，先進国は**つぼ型**になる。

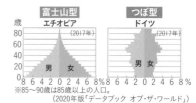

❶エチオピアとドイツの人口ピラミッド
※85〜90歳は85歳以上の人口。
(2020年版「データブック オブ・ザ・ワールド」)

2 日本の人口

POINT

● 人口構成…14( )が**富士山型**➡**つりがね型**➡**つぼ型**へと変化。総人口に占める子どもの割合が低く，高齢者の割合が高い

15(   )社会➡労働力の不足や社会保障費の増大。

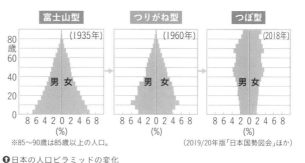

❶日本の人口ピラミッドの変化
※85〜90歳は85歳以上の人口。
(2019/20年版「日本国勢図会」ほか)

POINT

● **東京・大阪・名古屋**の

16(   )など…人口が過度に集中する 17(   )地域。

〈問題点〉…交通渋滞や地価の上昇，大気汚染，ごみ処理の問題など。

〈対策〉…郊外に**ニュータウン** [➡計画的に建設された市街地] を造成し，都市部への人口集中を緩和。

● 山間部や離島など…人口の減少により 18(   )地域が増加。

〈問題点〉…公共交通機関の廃止，学校や病院の閉鎖など地域社会の維持が困難に。

〈対策〉…地域の特性をいかした 19(   )で，地域の活性化を図る。

1 世界と日本の地域構成
2 世界の諸地域①
3 世界の諸地域②
4 世界と日本の自然・人口
5 世界と日本の資源・産業・結びつき
6 日本の諸地域①
7 日本の諸地域②
8 身近な地域の調査

学習内容が身についたか，問題を解いてチェックしよう。

1 右の地図1，2を見て，次の各問いに答えなさい。

(1) 地図1中のア～オの山脈のうち，環太平洋造山帯に位置する山脈を，2つ選びなさい。

（　　，　　）

地図1

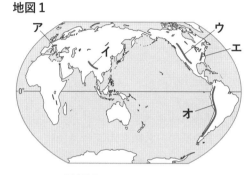

(2) 地図2中のX，Yの海流の組み合わせとして正しいものを，次のア～エから1つ選びなさい。〈栃木県〉

（　　）

ア X－日本海流　Y－千島海流
イ X－日本海流　Y－リマン海流
ウ X－対馬海流　Y－千島海流
エ X－対馬海流　Y－リマン海流

(3) 地図2中のAの盆地に見られる，河川によって運ばれてきた土砂が，山地から平地に出たところに堆積してできた地形を何というか，書きなさい。

（　　）

(4) 地図2中のBで示した「日本の屋根」とも呼ばれる，3つの山脈をまとめて何というか，書きなさい。〈和歌山県〉

（　　）

(5) 右の雨温図に当てはまる都市を，地図2中のア～エから1つ選びなさい。

（　　）

(6) 右の写真は地図2中の福岡市の公園の地下につくられた防災施設である。この施設の目的について述べた次の文の　　　　に当てはまる適切な内容を，施設の機能と防ぎたい自然災害にふれて，簡潔に書きなさい。〈青森県〉

大雨が降ったときに，　　　　ための施設としてつくられた。

地図2

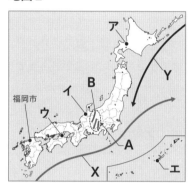

福岡市

気温　降水量
年平均気温 23.1℃
年降水量 2040.8mm
（2020年版「理科年表」）

（朝日新聞社）

2 次の各問いに答えなさい。

(1) 右の表は，1950 年から 2019 年における世界の人口の推移を，6 つの州別に示したものであり，表中の**P〜R**は，それぞれアジア，ヨーロッパ，アフリカのいずれかに当てはまる。**P〜R**に当てはまる州の組み合わせとして正しいものを，次の**ア〜エ**から 1 つ選びなさい。〈愛媛県〉

（単位：百万人）

州 ＼ 年	1950	1970	1990	2010	2019
P	1,404	2,138	3,221	4,194	4,585
Q	229	366	635	1,049	1,320
R	549	657	722	737	743
北アメリカ	228	326	429	545	593
南アメリカ	114	193	297	395	432
オセアニア	13	20	27	37	42
合計	2,537	3,700	5,331	6,957	7,715

(注) ロシアは，ヨーロッパに含めている。

(2019 年版「世界の統計」)

ア **P**−アフリカ　**Q**−アジア　　　**R**−ヨーロッパ

イ **P**−アフリカ　**Q**−ヨーロッパ　**R**−アジア

ウ **P**−アジア　　**Q**−アフリカ　　**R**−ヨーロッパ

エ **P**−アジア　　**Q**−ヨーロッパ　**R**−アフリカ

（　　　　）

(2) 次の**ア〜ウ**は，1935 年，1960 年，2018 年のいずれかの日本の人口ピラミッドを示したものである。年代の古い順に記号を並べかえなさい。

（　　　　→　　　　→　　　　）

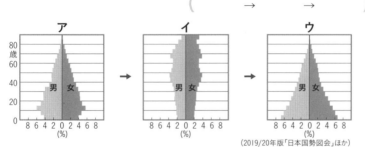

(2019/20 年版「日本国勢図会」ほか)

(3) 次の文を読んで，あとの各問いに答えなさい。

> 日本には，東京大都市圏，大阪（京阪神，関西）大都市圏，__A__ 大都市圏の三大都市圏が形成されており，これらの大都市圏は，人口が過度に集中した過密地域となっている。

① 文中の __A__ に当てはまる語句を書きなさい。（　　　　）

② 文中の下線部について，過密地域で起こりやすい問題として誤っているものを，次の**ア〜エ**から 1 つ選びなさい。（　　　　）

ア 大気汚染　　イ 鉄道路線の廃止

ウ 交通渋滞　　エ 住宅地の不足

(4) 中国山地の山間部などで見られる，人口が都市部へ流出することにより減少し，地域社会を支える活動が困難になることを何というか，書きなさい。〈石川県〉（　　　　）

---

1 世界と日本の地域構成

2 世界の諸地域①

3 世界の諸地域②

4 世界と日本の自然・人口

5 世界と日本の資源・産業・結びつき

6 日本の諸地域①

7 日本の諸地域②

8 身近な地域の調査

ヒント

(1)アフリカは20世紀後半から人口爆発が起こった。各州の総人口にも注目。

ヒント

(2)日本は現在，少子高齢社会となっている。

くわしく

(3)①②かつて，過密問題を避けるため，人々が都心から郊外へ移住したことにより，都心の人口が減り，郊外の人口が増えるドーナツ化現象が起こった。

くわしく

(4)中国山地の山間部や離島などには，地域の人口の半数以上を 65 歳以上の高齢者が占める限界集落が見られる。

1 次の各問いに答えなさい。

地形		地形の割合	地形別人口の割合
山地		75	20
平野	台地	11	30
	低地	14	50

表1　　　　　　　　　単位（％）

（注）盆地は平野に含めている。
（「中学校社会科地図　帝国書院」）

思考力 (1) 右の**表1**は，日本の地形の割合と地形別人口の割合を示したものである。地形と人口の分布にはどのような特徴があるか，**表1**をふまえ，適切な数値と「平野」の語句を用いて，「国土の」に続けて，簡潔に書きなさい。〈徳島県〉

［国土の

(2) 次の**表2**は，利根川，石狩川，北上川，信濃川の４つの河川の長さ，流域面積，その河川が流れている都道府県数を示したものである。**表2**中の**ア〜エ**のうち，利根川に当てはまるものを，１つ選びなさい。〈岩手県〉　　（　　　　　）

表2

	河川の長さ	流域面積	その河川が流れている都道府県数
ア	367km	11,900km²	3
イ	322km	16,840km²	6
ウ	268km	14,330km²	1
エ	249km	10,150km²	2

（国土交通省資料）

新傾向 (3) 日本では，河川の氾濫により生じる被害をできるだけ小さくするため，古くからさまざまな対策がなされてきた。右の**図**は，伝統的な堤防の１つである霞堤の模式図を示したものである。霞堤はどのような効果を期待してつくられたか，川の流れ方と霞堤の効果の説明として正しいものを，次の**ア〜エ**から１つ選びなさい。〈お茶の水女子大附属〉　　（　　　　　）

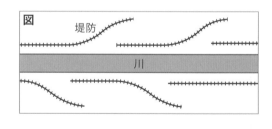

図　堤防　川

ア 川は左から右へ流れ，水位が上昇するとともに水をゆるやかに外側にあふれさせ，水位が下降すると水が川に戻る。

イ 川は左から右へ流れ，川の外側に降った雨水が集まって急激に川に流れ込む。

ウ 川は右から左へ流れ，水位が上昇すると徐々に水が外側にあふれ，水位が下降すると水が川に戻る。

エ 川は右から左へ流れ，川の外側に降った雨水が一度に川に流れ込むのを防ぐ。

1 世界と日本の 地域構成

2 世界の諸地域①

3 世界の諸地域②

4 世界と日本の 自然・人口

5 世界と日本の 資源・産業・結びつき

6 日本の諸地域①

7 日本の諸地域②

8 身近な地域の調査

2 次の各問いに答えなさい。

(1) 次の図中の**A**，**B**，**C**は，中国，バングラデシュ，ブラジルのいずれかであり，それぞれの国における 1 km²当たりの人口密度を示したものである。それぞれに当てはまる国の組み合わせとして正しいものを，右の**ア〜カ**から 1 つ選びなさい。〈大阪教育大附属（池田）〉

図

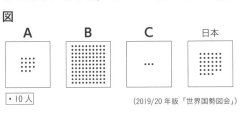

・10 人

(2019/20 年版「世界国勢図会」)

	ア	イ	ウ	エ	オ	カ
A	中国	中国	バングラデシュ	バングラデシュ	ブラジル	ブラジル
B	バングラデシュ	ブラジル	中国	ブラジル	中国	バングラデシュ
C	ブラジル	バングラデシュ	ブラジル	中国	バングラデシュ	中国

(   )

新傾向

(2) 慎也さんは，宮崎県に関して，乗客と宅配荷物をいっしょに運ぶ「客貨混載」の取り組みが，過疎化が進む地域と最寄りの都市を結ぶバス路線で行われていることを知った。そこで，その取り組みについて調べていく中で，**資料１**，**２**を見つけ，次のようにまとめた。**資料１**，**２**をもとに， **ア** ， **イ** に当てはまる適切な内容を，簡潔に書きなさい。〈宮崎県〉

資料１	客貨混載のバスの内部

(朝日新聞社)

客貨混載のバスには，バス会社が路線バスを改造した荷物用のスペースが設置されています。

バス会社は，宅配会社にそのスペースを賃貸し，収入を得ることができます。

資料２	過疎地域に関する資料

過疎地域では，バスの利用者が減り続け，赤字の路線も多くなっています。

しかし，一人暮らしの高齢者などにとって，バスは，病院や買い物に行くときに欠かせません。

(ヤマトホールディングス資料)

慎也さんのまとめ（一部）

「客貨混載」の取り組みは，**資料１**より，バス会社にとって， を確保でき，**資料２**より，過疎地域にとって， につながると考えられる。

ア [   ]   **イ** [   ]

難問

(3) 東京都と沖縄県は，2017 年における人口増加率が，全国において上位にあった。**資料３**は，2017 年における東京都と沖縄県の出生率と死亡率を，**資料４**は，2017 年における東京都と沖縄県の，転入者数と転出者数をそれぞ

資料３

	出生率 (人)	死亡率 (人)
東京都	8.2	8.8
沖縄県	11.3	8.4

〔注：出生率と死亡率は人口 1,000 人当たりの数〕
(2019 年版「日本の統計」)

資料４

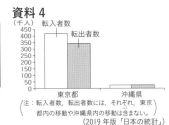

〔注：転入者数，転出者数には，それぞれ，東京都内の移動や沖縄県内の移動は含まない。〕
(2019 年版「日本の統計」)

れ示したものである。2017 年における東京都と沖縄県の人口増加の主な理由はそれぞれ何か，**資料３**，**資料４**から読み取れることにふれて，簡潔に書きなさい。〈三重県〉

[   ]

重要度 ★★★

5 地理 世界と日本の資源・産業・結びつき

STEP01 要点まとめ

➡ 解答は別冊 09 ページ

（　）に当てはまる語句を書いて，この章の内容を確認しよう。

1 世界と日本の資源

❶ 世界と日本の鉱産資源

● ペルシア湾岸で 01（　　　　　），中国などで**石炭**，
（ペルシャ）
オーストラリアなどで 02（　　　　　）を産出。
　　　　　　　　　　　　➡鉄の原料

❷ 世界と日本のエネルギー・発電

POINT

● 火力発電…アメリカ，中国で発電量が多い。

水力発電…ブラジル，カナダで発電量が多い。

03（　　　　　）発電…フランスなどで発電量が多い。

● 二酸化炭素の排出量が増加➡**地球温暖化**。
　　　　　　はいしゅつ
　　　　　　　➡太陽光，風力，地熱など
04（　　　　　）の利用で**持続可能な社会**へ。

● 日本は，かつて水力発電中心。現在は火力発電中心。

● 日本の主な発電所の分布　　（2020年版「県勢」）

2 日本の産業

❶ 日本の農林水産業

POINT

● 農業…北海道，東北，北陸などで**稲作**がさかん。
　　　　ほっかいどう　とうほく　ほくりく　　　　いなさく

・大都市周辺で 05（　　　　　）
　みやざき　　　こうち　➡野菜や花などを栽培
　　　　　　　　　　　➡作物の生育を早める栽培方法
・宮崎平野や高知平野などで 06（　　　　　）

・農産物の貿易自由化によって輸入農産物が増加➡

日本の**食料自給率**が低下。

● 水産業…**三陸海岸**沖の**潮目**は世界三大漁場の一つ。
　　　　　さんりく　おき　しおめ
　　　　　　　　　（潮境）

・1970 年代に各国が 07（　　　　　）

を設定して漁場を制限➡**遠洋漁業**が衰退。
　　　　　　　　　　えんよう　　すいたい

・近年，「育てる漁業」である 08（　　　　　）
　　　　　　　　　　　　　　　ようしょく　　てんかん
　　➡育てた後，放流してからとる漁業　や**養殖漁業**への転換。
　　　　　　　　　　　　　　　　　（養殖業）

● 地方別の農業産出額の内訳（2017年）

（2020年版「県勢」）

	┌10.0%─┐ 果実 0.5			
北海道 1兆2762億円	米 野菜 16.6	畜産 57.0		その他 15.9
東北 1兆4000億円	31.8%	17.6	13.8	32.8 4.0┘
関東 1兆8138億円	15.6%	40.6 3.8┘	29.9	10.1
中部 1兆4253億円	26.1%	26.9	13.4 20.8	12.8
近畿 6152億円	25.2%	22.5	18.0 23.8	10.5
中国・四国 9120億円	19.3%	28.2	15.7 30.0	6.8
九州 1兆9362億円	9.6 %	24.6 6.8	45.3	13.7

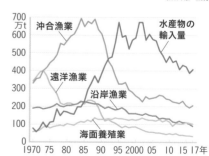

● 漁業種類別漁獲量の推移　　（2019/20年版「日本国勢国会」ほか）

2 日本の工業

- 日本の工業は，原料を輸入し工業製品を輸出する 09（　　　　　　）で発達。

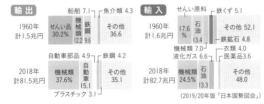

輸出	1960年 計1.5兆円	せんい品 30.2%	機械類 12.2	鉄鋼 9.6	船舶 7.1 魚介類 4.3	その他 36.6
	2018年 計81.5兆円	機械類 37.6%	自動車 15.1		自動車部品 4.9 鉄鋼 4.2 プラスチック 3.1	その他 35.1
輸入	1960年 計1.6兆円	せんい原料 17.5%	石油 13.4		鉄くず 5.1	その他 52.1
	2018年 計82.7兆円	機械類 24.5%	石油 13.3		機械類 7.0 液化ガス 6.6 衣類 4.0 医薬品3.6	その他 48.0

❶日本の貿易品目の変化

POINT
- 関東南部から九州北部の臨海部に工業地帯・地域が集まる 10（　　　　　　）が形成。
- 交通網の整備により高速道路沿いに**工業団地**が進出➡内陸部にも工業地域が発達。
- 海外に工場を移転➡**産業の空洞化**が課題。
  ➡国内の工場が閉鎖され，生産力が低下

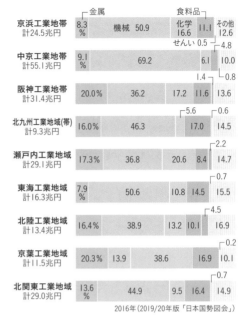

	金属	機械	化学	食料品	せんい	その他
京浜工業地帯 計24.5兆円	8.3%	50.9	16.6	11.1	0.5	12.6
中京工業地帯 計55.1兆円	9.1%	69.2	6.1		4.8	10.0
阪神工業地帯 計31.4兆円	20.0%	36.2	17.2	11.6	1.4 0.8	13.6
北九州工業地域(帯) 計9.3兆円	16.0%	46.3	5.6	17.0	0.6	14.5
瀬戸内工業地域 計29.1兆円	17.3%	36.8	20.6	8.4	2.2	14.7
東海工業地域 計16.3兆円	7.9%	50.6	10.8	14.5	0.7	15.5
北陸工業地域 計13.4兆円	16.4%	38.9	13.2	10.1	4.5	16.9
京葉工業地域 計11.5兆円	20.3%	13.9	38.6	16.9	0.2	10.1
北関東工業地域 計29.0兆円	13.6%	44.9	9.5	16.4	0.7	14.9

2016年 (2019/20年版「日本国勢図会」)

❶主な工業地帯・工業地域の工業出荷額割合

3 日本の第三次産業

- 産業は大きく**第一次産業**，**第二次産業**，**第三次産業**の３つに分類される。
  ➡農林水産業　➡鉱工業
- 第 11（　　　）次産業は，**商業**やサービス業，情報通信業，金融業などを含む。
  ➡卸売業・小売業

3 世界と日本の結びつき

1 世界の交通・通信・貿易による結びつき

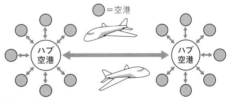

=空港

ハブ空港

ハブ空港

❶ 13（　）のしくみ

POINT
- 海上輸送…自動車や石油などを輸送。
- 12（　　　　　　）輸送…**IC**（**集積回路**）などの軽くて高価なものや，生鮮品などを輸送。
- 国際線の空港間では，乗り換えの拠点となる 13（　　　　　　）を目指し，競争が激化。
- 海底ケーブルや通信衛星により**インターネット**が普及➡**情報社会**へ。
- かつて，日本はアメリカなどとの間で 14（　　　　　　）の問題が起こった。
  ➡貿易上の利害の対立

2 日本国内の結びつき

- 新幹線…2015 年に 15（　　　）新幹線の長野駅～金沢駅間，2016 年に北海道新幹線の新青森駅～新函館北斗駅間が開業。
- 空港…16（　　　　　　）が日本最大の貿易港。

━━ 営業中の新幹線
‥‥ 主な計画,建設中の新幹線

①新千歳空港
②成田国際空港
③東京国際(羽田)空港
④中部国際空港
⑤関西国際空港
⑥福岡空港

北海道新幹線
秋田新幹線
山形新幹線
上越新幹線
北陸新幹線
山陽新幹線
東北新幹線
リニア中央新幹線
九州新幹線
東海道新幹線

札幌　新函館北斗　新青森　八戸　盛岡　秋田　新庄　新潟　福島　金沢　長野　敦賀　大阪　名古屋　東京　新八代　博多　長崎　鹿児島中央

❶日本の新幹線と主な空港

1 世界と日本の地域構成
2 世界の諸地域(1)
3 世界の諸地域(2)
4 世界と日本の自然・人口
5 世界と日本の資源・産業・結びつき
6 日本の諸地域(1)
7 日本の諸地域(2)
8 身近な地域の調査

学習内容が身についたか，問題を解いてチェックしよう。

1 次の各問いに答えなさい。

(1) 右の地図中の **A** で示した地域には，臨海部に工業地帯や工業地域が発達している。この地域をまとめて何というか，書きなさい。

（　　　　　　　　）

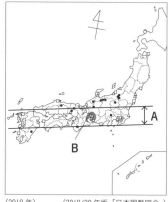

(2019 年) (2019/20 年版「日本国勢図会」)

(2) 地図中の **B** に形成されている工業地帯あるいは工業地域を何というか，書きなさい。（　　　　　　　）

(3) 地図中の ●，□，△ は，火力，水力，原子力のいずれかの主な発電所の分布を示したものである。●，□，△ で示したそれぞれの発電所に当てはまるものを，下の**資料1**を参考にして次の**ア〜ウ**から１つずつ選びなさい。〈岩手県〉　　●（　　　　）□（　　　　）△（　　　　）

ア 火力発電所　　**イ** 水力発電所　　**ウ** 原子力発電所

資料1　発電所の立地場所

> 火力：電力需要（じゅよう）が多い工業地域や都市部
> 水力：ダムをつくりやすい河川上流の山間部
> 原子力：人口密度が低く，冷却水（れいきゃく）が得やすい場所

くわしく

(3)火力発電は，石油や石炭などの化石燃料を燃焼させて発電するため，地球温暖化の原因の一つである二酸化炭素の排出量（はいしゅつ）が多くなる。

(4) 次の文中の　**C**　に当てはまる語句を書きなさい。〈栃木県〉
大都市周辺では，野菜や果物などを新鮮（しんせん）なうちに出荷する　**C**　農業が行われている。

（　　　　　　　　　　）

(5) 右の**資料2**は，稚魚（ちぎょ）を放流している様子である。日本では各地で，魚や貝の卵から人工的に育てた稚魚や稚貝を海や川などに放流し，成長したものを漁獲（ぎょかく）する漁業が行われている。この漁業の名称（めいしょう）を書きなさい。〈高知県〉

（　　　　　　　　　　）

資料2

(フォト・オリジナル)

ミス注意

(5)もう1つの「育てる漁業」と混同しないように注意。

2 次の各問いに答えなさい。

(1) 右の**表1**は，北海道地方，東北地方，関東地方，中部地方における耕地面積，農業産出額，農業産出額の内訳を示したもので，**表1**中の**ア～エ**は，北海道地方，東北地方，関東地方，中部地方のいずれかに当てはまる。北海道地方に当てはまるものを，**ア～エ**から１つ選びなさい。〈静岡県〉（　　　）

表1

地方	耕地面積(万ha)*	農業産出額(億円)	農業産出額の内訳(億円)				
			米	野菜	果実	花き	その他
ア	115	12762	1279	2114	61	134	9174
イ	83	14000	4449	2457	1937	251	4906
ウ	64	14253	3721	3837	1913	1067	3715
エ	58	18138	2831	7365	684	733	6525

(2017年，*2018年)　　　(2020年版「県勢」)

(2) 右の**グラフ1**は，漁業種類別漁獲量の推移を示しており，**グラフ1**中の**ア～ウ**には遠洋漁業，海面養殖漁業，沖合漁業のいずれかが当てはまる。遠洋漁業に当てはまるものを，**ア～ウ**から１つ選びなさい。（　　　）

グラフ1

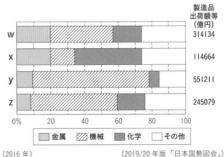

(2019/20年版「日本国勢図会」)

ヒント

(2)**ア**は1980年代末，**イ**は1970年代から大幅に漁獲量が減少していることが読み取れる。

(3) 右の**グラフ2**中の**W～Z**は，京浜工業地帯，京葉工業地域，中京工業地帯，阪神工業地帯のいずれかの産業別製造品出荷額等の割合と製造品出荷額等を示したものである。京葉工業地域に当てはまるものを，**W～Z**から１つ選びなさい。〈愛知県〉（　　　）

グラフ2

	製造品出荷額等(億円)
w	314134
x	114664
y	551211
z	245079

0%　20　40　60　80　100

□ 金属　▨ 機械　■ 化学　□ その他

(2016年)　　　(2019/20年版「日本国勢図会」)

ヒント

(3)京葉工業地域が形成されている千葉県は，石油・石炭製品の出荷額が多い。

(4) 右の**表2**は，名古屋港での取扱額が多い輸出入貨物を示したものである。かつての日本が依存してきた，このような輸出入貨物の特徴がみられる貿易を何というか，書きなさい。〈福島県〉（　　　）

表2

	輸出品	輸入品
第1位	自動車	液化ガス
第2位	自動車部品	衣類
第3位	金属加工機械	石油
第4位	内燃機関	アルミニウム

(2018年)　　　(2019/20年版「日本国勢図会」)

1 世界と日本の地域構成
2 世界の諸地域①
3 世界の諸地域②
4 世界と日本の自然・人口
5 世界と日本の資源・産業・結びつき
6 日本の諸地域①
7 日本の諸地域②
8 身近な地域の調査

1 次の各問いに答えなさい。

(1) 次の**表1**，**グラフ1**中の**A〜D**はインド，ブラジル，ロシア，中国のいずれかを示したものである。ブラジルに当てはまるものを，**A〜D**から1つ選びなさい。ただし，**表1**，**グラフ1**中の**A〜D**にはそれぞれ同じ国名が当てはまる。〈長野県〉 （　　　）

表1　4か国の人口と面積

項目 / 国名	人口(億人)	面積(千 km²) 〔世界の面積に占める割合〕
A	14.3	9600 〔7.1%〕
B	13.7	3287 〔2.4%〕
C	2.1	8516 〔6.3%〕
D	1.5	17098 〔12.6%〕

（人口は2019年，面積は2017年）（2019/20年版「世界国勢図会」ほか）

グラフ1　主な鉱産資源の産出国

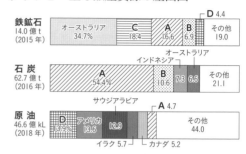

（2019/20年版「世界国勢図会」）

(2) 右の**グラフ2**は，ドイツ・日本・ブラジル・フランスの発電量の内訳を示したものである。**グラフ2**中の**カ〜ク**は，火力・原子力・水力のいずれかである。フランスに当てはまるものを**ア〜ウ**から，水力に当てはまるものを**カ〜ク**から1つずつ選びなさい。〈東大寺学園〉

グラフ2

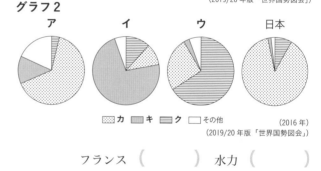

（2016年）（2019/20年版「世界国勢図会」）

フランス（　　　）　水力（　　　）

(3) ゆうこさんは，エネルギー政策について調べるために，資源エネルギー庁が作成している**表2**を用意した。**表2**は，2014年における，日本のエネルギー源別の発電量1kWh当たりのコストを項目別に示したものである。**表2**から読み取れることをもとに，石炭・天然ガスなどの火力発電と比べたときの，太陽光・風力・地熱などの再生可能エネルギーによる発電の「利点」と「課題」について，それぞれ1つずつ簡潔に書きなさい。〈徳島県・改〉

表2

発電方法等 / 発電コストの項目	火力発電		再生可能エネルギー		
	石炭	天然ガス	太陽光	風力	地熱
※設備費	2.1	1.0	17.9	12.1	5.8
運転維持費	1.7	0.6	3.0	3.4	5.1
燃料費	5.5	10.8	—	—	—

※設備費：建設や土地の利用などにかかる費用。

（平成27年「総合資源エネルギー調査会資料」）

利点 〔　　　　　　　　　　　〕　課題 〔　　　　　　　　　　　〕

2 次の各問いに答えなさい。

難問 (1) 次の**表1**は，米，りんご，牛肉，鶏卵，それぞれの1970年と2018年の食料自給率を示した
ものである。また，右の**グラフ1**は，米，りんご，牛肉，鶏卵のいずれかの品目の国内生産量
と国内消費量について，1970年からの推移を示したものである。**グラフ1**に示した品目とし
て正しいものを，4つの品目の中から1つ選び，その品目名を書きなさい。〈和歌山県〉

（　　　　　　）

表1　　　　　　　（単位：％）

	1970年	2018年
米	106	97
りんご	102	60
牛肉	90	36
鶏卵	97	96

（農林水産省）

グラフ1

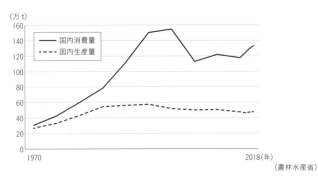

（農林水産省）

(2) 日本の工業地域は，形成される場所が移り変わってきた。その移り変わりについてまとめた次
の**表2**中の**X**に適当な文を書き入れて**表2**を完成させなさい。ただし，**X**には，「臨海
部」，「内陸部」，「原料」，「高速道路」の4つの語句を用いること。〈愛媛県〉

表2

形成された時期	工業地域の例	形成される場所の移り変わり
第二次世界大戦後〜 高度経済成長期	瀬戸内工業地域 東海工業地域	**X**
1970年代以降	北関東工業地域	

思考力 (3) 右の**グラフ2**は，東京都・大阪府・愛知県の第
三次産業の就業者割合，従業者1人当たりの製
造品出荷額等，従業者1人当たりの小売業商品
販売額を示したものである。**グラフ2**中の①〜
③に当てはまる都府県の組み合わせとして正し
いものを，次の**ア〜カ**から1つ選びなさい。

〈大阪教育大附属（平野）〉

（　　　　　　）

	ア	イ	ウ	エ	オ	カ
①	東京都	東京都	大阪府	大阪府	愛知県	愛知県
②	大阪府	愛知県	東京都	愛知県	東京都	大阪府
③	愛知県	大阪府	愛知県	東京都	大阪府	東京都

グラフ2

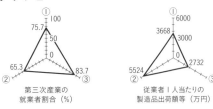

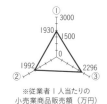

※従業者1人当たりの
小売業商品販売額（万円）

（2017年，※は2016年）　　　　　　　（2020年版「県勢」）

3 次の各問いに答えなさい。

(1) 右の**表1**は，2017年における福井県，愛知県，宮崎県，沖縄県の産業別の就業者数の割合を示したものであり，**表1**中の**a～d**は，それぞれ福井県，愛知県，宮崎県，沖縄県のいずれかに当てはまる。**c**に当てはまる県を，次の**ア～エ**から1つ選びなさい。〈愛媛県・改〉（　　　）

ア 福井県　　**イ** 愛知県
ウ 宮崎県　　**エ** 沖縄県

表1　　　　　　　　　　　　　　　（単位：%）

産業 県	第一次 産業	第二次 産業	第三次 産業
a	2.1	32.7	65.3
b	3.5	31.4	65.1
c	4.0	15.4	80.6
d	10.4	21.1	68.5

(2020年版「県勢」)

(2) 次の**表2**は，百貨店，大型スーパーマーケット，コンビニエンスストアの店舗数の推移を示したものである。また，右の**グラフ**は，百貨店，大型スーパーマーケット，コンビニエンスストアの販売総額の推移を示したものである。**表2**と**グラフ**から読み取れることを述べたものとして誤っているものを，あとの**ア～エ**から1つ選びなさい。〈香川県〉（　　　）

表2 店舗数の推移（店）

	2000年	2005年	2010年	2018年
百貨店	417	345	274	225
大型スーパー マーケット	3375	3940	4683	4997
コンビニ エンスストア	35461	39600	42347	56574

グラフ 販売総額の推移

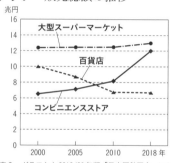

(表2，グラフとも2019/20年版「日本国勢図会」ほか)

ア 2000年と2018年の百貨店，大型スーパーマーケット，コンビニエンスストアの店舗数を比べると，店舗数が減少しているのは百貨店である。

イ 百貨店，大型スーパーマーケット，コンビニエンスストアのうち，2000年から2018年にかけて，販売総額が最も増加したのは，コンビニエンスストアである。

ウ 2000年と2018年の百貨店における1店舗当たりの販売額を比べると，百貨店の1店舗あたりの販売額が少ないのは，2018年である。

エ 2018年における，大型スーパーマーケットとコンビニエンスストアの1店舗あたりの販売額を比べると，大型スーパーマーケットはコンビニエンスストアの10倍以上である。

4 次の各問いに答えなさい。

 (1) **表**中の**ア～エ**は自動車，鉄道，船舶，航空のいずれかであり，**資料**はその中のある交通機関について説明したものである。**資料**が説明している交通機関を，**表**中の**ア～エ**から１つ選びなさい。また，その交通機関名を書きなさい。〈佐賀県〉

記号（　　　　）　交通機関名（　　　　　　）

資料

> 貨物，旅客ともに全体に占める割合は小さいが，1960 年と 2016 年を比較すると，旅客での割合が伸びている。この交通機関は，IC（集積回路）などの軽くて高価なものを運ぶのに適しており，旅客については長距離の移動に利用されることが多い。

表 国内の貨物輸送と旅客輸送における各交通機関の占める割合の変化 （単位：%）

交通機関	貨物輸送		旅客輸送	
	1960 年	2016 年	1960 年	2016 年
ア	0.0	0.3	0.3	6.4
イ	45.8	43.5	1.1	0.2
ウ	15.0	51.1	22.8	62.9
エ	39.2	5.1	75.8	30.5

（「交通経済統計要覧平成 22 年版」，2019/20 年版「日本国勢図会」）
（注）割合の数値は，貨物輸送については，貨物の重量と輸送距離をもとに，旅客輸送については，旅客人数と輸送距離をもとに算出している。

 (2) 地球温暖化にともない，国内の企業において，貨物の輸送手段を見直す動きが見られる。右の**グラフ１**，**グラフ２**を参考に，輸送手段の見直しについて，次の条件に従って，簡潔に書きなさい。〈山梨県〉

条件
> ・輸送手段をどのように見直そうとしているのかを具体的に書くこと。
> ・見直そうとしている理由を書くこと。

グラフ１ 国内の貨物輸送量（2017 年度）

（注）トンキロ…輸送量（t）× 輸送距離（km）

（2019/20 年版「日本国勢図会」）

グラフ２ 1t の貨物を 1km 輸送したときの二酸化炭素排出量（2017 年度）

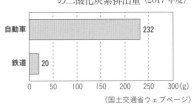

（国土交通省ウェブページ）

 (3) 右の**図**は，日本の主な都市間を結ぶ国内線の旅客数を示したものである。**図**中の**A～C**は，大阪・札幌・福岡のいずれかに当てはまる。**A～C**に当てはまる都市名の組み合わせとして正しいものを，次の**ア～カ**から１つ選びなさい。〈洛南〉　（　　　　）

※東京は成田国際空港・東京国際空港（羽田空港），大阪は関西国際空港，大阪国際空港（伊丹空港），札幌は新千歳空港，福岡は福岡空港の旅客数を示す。

図

222　60
1084
A　105　C
799　981
東京
B
（万人）
（2018 年）（国土交通省）

	ア	イ	ウ	エ	オ	カ
A	札幌	札幌	大阪	大阪	福岡	福岡
B	大阪	福岡	札幌	福岡	札幌	大阪
C	福岡	大阪	福岡	札幌	大阪	札幌

1 世界と日本の地域構成
2 世界の諸地域①
3 世界の諸地域②
4 世界と日本の自然・人口
5 世界と日本の資源・産業・結びつき
6 日本の諸地域①
7 日本の諸地域②
8 身近な地域の調査

6 地理

日本の諸地域①
（九州, 中国・四国, 近畿, 中部地方）

STEP01 要点まとめ

➡ 解答は別冊 12 ページ

（　　　）に当てはまる語句を書いて，この章の内容を確認しよう。

1 九州地方

❶九州地方の自然環境

- 火山が多い。**阿蘇山**(あそさん)に噴火(ふんか)でできた
  01（　　　　　）[➡大きなくぼ地] がある。
- 九州(きゅうしゅう)南部には，02（　　　　　）[➡火山灰が積もった台地] が広がる。
- 暖流の 03（　　　　　）と**対馬海流**(つしまかいりゅう)の影響(えいきょう)で，冬でも温暖。夏から秋にかけて 04（　　　　　）[➡熱帯低気圧] が通る。

❷九州地方の産業と環境問題

- **POINT** 宮崎平野で野菜の 05（　　　　　）[➡作物の生育を早める栽培方法]，九州南部で**畜産**(ちくさん)がさかん。
- 明治時代(めいじ)に官営の 06（　　　　　）が建設され鉄鋼業が発達 ➡ 07（　　　　　）工業地帯（地域）が形成。現在は，高速道路沿いや空港付近に **IC**（**集積回路**）の工場が進出。
- 1960 年代に**水俣病**(みなまたびょう)が発生。北九州市はリサイクル工場を集めた**エコタウン**を形成。

❶九州地方の自然環境

2 中国・四国地方

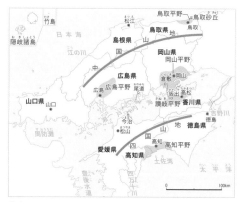

❶中国・四国地方の自然環境

- **山陰**(さんいん)…08（　　　　　）の影響で，冬の降水量が多い。[➡冬は日本海からふく]
- **瀬戸内**(せとうち)…一年を通して降水量が少ない ➡ 讃岐(さぬき)平野では古くから**ため池**をつくり，水を確保。
- **南四国**(みなみしこく)…08（　）の影響で，夏の降水量が多い。

❶中国・四国地方の自然環境

❷中国・四国地方の産業

- 高知平野でなすやピーマンなどの 05（　），愛媛県で**みかん**，岡山県で**ぶどう**(さいばい)の栽培がさかん。
- 09（　　　　　）工業地域…倉敷市水島(くらしき)(みずしま)や周南市(しゅうなん)などに 10（　　　　　）。
  （岡山県）　　（山口県）　[➡石油化学関連の工場群]

❸ 中国・四国地方の交通と人口のかたより

POINT ● 本州と四国を結ぶ 11(　　　　　　　　　　　) が開通➡移動時間が大幅に短縮。
[→神戸・鳴門ルート，児島・坂出ルート，尾道・今治ルート]

● 山間部や離島で 12(　　　　　　) が進行➡地域の特性をいかした**町おこし（村おこし）**を実施。
[リとう]　[じっし]

❸ 近畿地方

❶ 近畿地方の自然環境

● 日本最大の湖の 13(　　　　　　) がある。
[→滋賀県の湖]

● 南部に**紀伊山地**，**志摩半島**沿岸に**リアス海岸**。
[きい]　[しま]　[→真珠の養殖]

❷ 近畿地方の産業と景観の保全

● 大都市周辺で 14(　　　　　　)。和歌山県で**みかん**。
[→野菜や花を出荷]

● 15(　　)工業地帯を形成。東大阪市など内陸部
に**中小工場**。

● 奈良，京都…16(　　　　　　　) に登録されている文化財が多い。
[→ユネスコが登録]

❶ 近畿地方の自然環境

❹ 中部地方

❶ 中部地方の自然環境

● **北陸**…17(　　　　)川の下流域に越後平野が
[ほくりく]　　　　　[えちご]
広がる。08(　)の影響で，冬に雪が多い。

● **中央高地**…18(　　　　　　) が連
[ちゅうおうこうち]　　　　[→飛驒・木曽・赤石山脈]
なる。夏と冬，昼と夜の気温差が大きい。

● **東海**…濃尾平野に**輪中**。08(　)の影響で，夏
[とうかい]　[のうび]　[わじゅう]
の降水量が多い。
[→堤防に囲まれた地域]

❶ 中部地方の自然環境

❷ 中部地方の農業・漁業

● **北陸**…稲作がさかん。**早場米**や**銘柄米**を栽培。
[いなさく]　　　　[はやばまい]　[めいがらまい]

POINT ● **中央高地**…甲府盆地で**ぶどう**，**もも**，長野盆地で**りんご**，野辺山原などの高地でキャベツや
[こうふ]　　　　　　　　　　　　　　　　[のべやまはら]
レタスなどの**高原野菜**の 19(　　　　　) がさかん。
[→作物の生育を遅らせる栽培]

● **東海**…静岡県で 20(　　　)，**みかん**の栽培，渥美半島で**電照菊**などの 21(　　　　)農業。
[→牧ノ原で栽培]　　　　　　　　　　　[あつみ]　[でんしょうぎく]　　　　　[→ビニールハウスや温室で栽培]

❸ 中部地方の工業

● **北陸**…冬の副業として**伝統産業**や 22(　　　)**産業** が発達。
[→輪島塗，加賀友禅など]　　　　[→福井県の眼鏡フレームなど]

● **中央高地**…長野県の諏訪盆地で**精密機械工業**が発達。高速道路沿いに電子部品工場が進出。
[すわ]

POINT ● **東海**…愛知県・三重県の沿岸に 23(　　　)**工業地帯**，静岡県沿岸に**東海工業地域**。
[→豊田市で自動車]　　　　　　　　[→浜松市でオートバイや楽器]

1 世界と日本の地域構成
2 世界の諸地域①
3 世界の諸地域②
4 世界と日本の自然・人口
5 世界と日本の資源・産業・結びつき
6 日本の諸地域①
7 日本の諸地域②
8 身近な地域の調査

STEP 02 基本問題

➡ 解答は別冊 13 ページ

学習内容が身についたか，問題を解いてチェックしよう。

1 右の地図を見て，次の各問いに答えなさい。

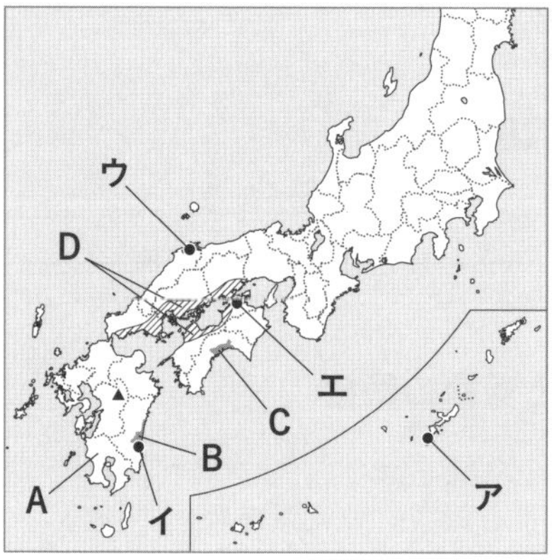

ウ
D
エ
C
B
A
イ
ア

よく出る

(1) 地図中の▲の火山には，爆発や，噴火(ふんか)による陥没(かんぼつ)などによってできた大きなくぼ地がみられる。このくぼ地を何というか，答えなさい。〈鳥取県〉

(　　　　　)

(2) 右のグラフ1は，地図中のAの県で生産量が多い，ある農畜産物の都道府県別の生産量の割合を示したものである。この農畜産物を，次のア〜エから1つ選びなさい。

(　　)

グラフ1

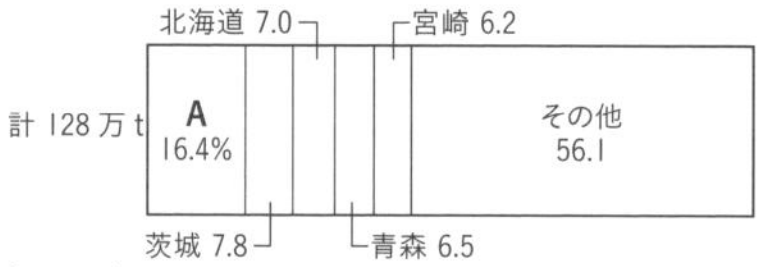

北海道 7.0
宮崎 6.2
計 128 万 t
A
16.4%
その他
56.1
茨城 7.8
青森 6.5

(2018 年)　(2020 年版「県勢」)

ア　ぶどう　　イ　米

ウ　なす　　エ　豚肉(ぶたにく)

よく出る

(3) 地図中のB，Cの平野で行われている，野菜の生育・出荷を早める栽培(さいばい)方法を何というか，書きなさい。

(　　　　　)

(4) 右のグラフ2は，地図中のDの工業地域と全国の製造品出荷額の内訳を示したものである。グラフ2中のYに当てはまる工業を，次のア〜エから1つ選びなさい。

グラフ2

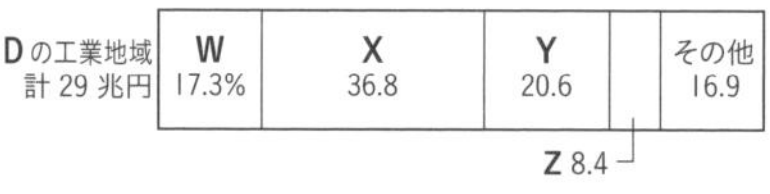

Dの工業地域
計 29 兆円
W
17.3%
X
36.8
Y
20.6
その他
16.9
Z 8.4
全国
計 305 兆円
W
12.9%
X
45.9
Y
12.8
Z
12.6
その他
15.8

(2016 年)　(2019/20 年版「日本国勢図会」)

※ W〜Zはア〜エのいずれかを示す。

ア　機械　　イ　金属

ウ　化学　　エ　食料品

(　　)

(5) 右のグラフ3は，地図中のア〜エのいずれかの都市の雨温図を示したものである。グラフ3の雨温図に当てはまる都市をア〜エから1つ選びなさい。

(　　)

グラフ3

気温
(℃)
40
30
20
10
0
−10
−20
年平均気温
23.1℃
降水量
(mm)
400
300
200
100
0
年降水量
2040.8mm
1月
6
12

(2020 年版「理科年表」)

くわしく

(1)阿蘇山(あそさん)にあるこのくぼ地は，世界最大級の大きさで，内部には鉄道が敷(し)かれ，集落が形成されている。

ヒント

(5)一年を通して気温が高く，年降水量が多いことに着目する。

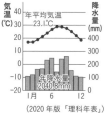

2 右の地図を見て，次の各問いに答えなさい。

(1) 地図中の **A** の山地，**B** の平野の名称
をそれぞれ書きなさい。

A（　　　　　山地）　B（　　　　　平野）

(2) 地図中の **C** の県などで発達している，
眼鏡フレームづくりなど地元との結び
つきが強い産業を何というか，書きな
さい。　　　　（　　　　　　　　　）

くわしく 🔍
(2)**C** の県の鯖江市は，
眼鏡フレームの生産
量が日本一で，国内
の生産量の約9割を
占める。

(3) 地図中の **D** の地域における1月の気候の特色について述べたものとし
て正しいものを，次の**ア〜エ**から1つ選びなさい。〈和歌山県〉

ア　北西からの季節風の影響で乾燥する。

イ　北西からの季節風の影響で降水量が多くなる。

ウ　南東からの季節風の影響で乾燥する。

エ　南東からの季節風の影響で降水量が多くなる。　　　　（　　　）

(4) 地図中の○は，ある工業地域を形成する主な都市である。この工業地域
の名称を書きなさい。〈北海道〉　　　（　　　　　　　　　）

(5) 右の **X**，**Y** のグラフは，地図中の **E**
の県で生産量の多い農産物の都道府
県別生産量の割合を示したものであ
る。**X**，**Y** に当てはまる農産物を，
次の**ア〜エ**から1つずつ選びなさい。

ア　みかん　　　イ　レタス　　　ウ　茶　　　エ　もも

X（　　　）　Y（　　　）

X 計8.6万t	E 38.7%	鹿児島 32.6	京都 3.6 / 三重 7.2 / 宮崎 4.4	その他 13.5

Y 計77.4t	和歌山 20.1%	E 14.8	愛媛 14.7	熊本 11.7 / 長崎 6.4	その他 32.3

(2018年)　　　　　　　　　　（2020年版「県勢」）

ヒント 💬
(5)**Y** は和歌山県や愛媛
県など暖かいところ
が上位に入っている
ことに着目する。

(6) 中小工場が多く，中には人工衛星の製造が可能なほど高い技術をもった
工場もある都市を，地図中の**ア〜エ**から1つ選びなさい。（　　　）

(7) 右の**表**は，地図中の新潟県，
富山県，長野県，愛知県につ
いて，それぞれの面積と米，
野菜，果実の産出額を示した
ものである。長野県に当ては
まるものを，**表**中の**ア〜エ**か
ら1つ選びなさい。〈和歌山県〉

表

	面積 (km²)	産出額(億円)		
		米	野菜	果実
ア	4248	451	59	22
イ	5173	301	1193	197
ウ	12584	1417	352	79
エ	13562	472	840	625

(面積は2018年，産出額は2017年)　　（2020年版「県勢」）

（　　　）

ヒント 💬
(7)北陸，中央高地，東
海の3つの地域の農
業の特色から判断す
る。面積にも注目。

1 世界と日本の地域構成
2 世界の諸地域①
3 世界の諸地域②
4 世界と日本の自然・人口
5 世界と日本の資源・産業・結びつき
6 日本の諸地域①
7 日本の諸地域②
8 身近な地域の調査

---

1 次の各問いに答えなさい。

(1) 次の**表1**は，長崎県と群馬県の面積，小学生の人数，小学校数を示したものである。**資料**は，**表1**から読み取ったことや疑問に思ったことをもとに仮説を立てたものである。〈仮説〉の（　**X**　）に，長崎県の地形的な特徴を書き入れ，文を完成させなさい。〈岩手県〉

表1

	面積 (km^2)	小学生の人数 （人）	小学校数 （校）
長崎県	4131	71277	330
群馬県	6362	100922	312

(2018年)（2020年版「県勢」）

資料

〈**表1**から読み取ったこと〉

　長崎県は，群馬県と比較して面積が小さく，小学生も少ない。

〈疑問に思ったこと〉

　群馬県よりも長崎県に小学校が多いのはなぜだろうか？

　　　　↓

〈仮説〉

　長崎県に小学校が多いのは，（　**X**　）からである。

(2) 次の**グラフ**は，東京都中央卸売市場におけるきゅうりの取扱量と平均価格を示したものである。また，**表2**は，きゅうりの生育に適した気温と，きゅうりの主産地である宮崎市，福島市の平均気温を示したものである。宮崎県が平均価格の高い時期に福島県よりもきゅうりを多く出荷できる理由について，**表2**から読み取れることにふれて，「ビニールハウス」，「暖房費」の2つの語句を用いて，簡潔に書きなさい。〈栃木県〉

グラフ

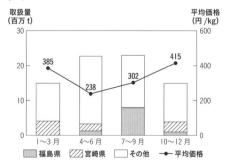

(2019年)（東京都中央卸売市場ホームページ）

表2

○きゅうりの生育に適した気温　18〜25℃

○宮崎市と福島市の平均気温（℃）

	1〜3月	4〜6月	7〜9月	10〜12月
宮崎市	9.3	19.7	26.3	14.4
福島市	3.0	16.1	23.4	9.5

（気象庁ホームページ）

地　理

2 次の各問いに答えなさい。

(1) 次の**グラフ**は，広島県，岡山県，愛媛県の製造品出荷額等の割合を示したものである。**X**，**Y** に当てはまるものを，あとの**ア～エ**から１つずつ選びなさい。〈福島県〉

グラフ　広島県，岡山県，愛媛県の製造品出荷額等の割合

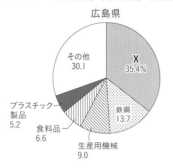

広島県

岡山県

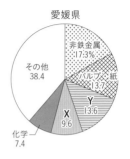

愛媛県

(2017 年)(2020 年版「県勢」)

ア 石油・石炭製品　　**イ** 印刷　　**ウ** 輸送用機械　　**エ** せんい

X（　　　）Y（　　　）

(2) 鳥取空港は，愛称を「鳥取砂丘コナン空港」としている。同じような例として，徳島空港は，愛称を「徳島阿波おどり空港」としている。このように，地方の空港がユニークな愛称を設定しているねらいは，次のように説明できる。説明文の（　Ⅰ　）・（　Ⅱ　）に当てはまる言葉を，それぞれ 6 文字以内で書きなさい。〈西大和学園〉

> 郷土色や（　Ⅰ　）を表現し，空港の知名度向上や（　Ⅱ　）をねらっている。

（　Ⅰ　）〔　　　　　　　　　　　　　　　　　〕
（　Ⅱ　）〔　　　　　　　　　　　　　　　　　〕

(3) 次の表は，四国と中国・京阪神方面間の交通機関別の利用者数と，3 つの連絡橋における自動車の通行台数を示したものである。**表**から読み取れる，平成 10 年度以降における交通機関の利用の変化について，簡潔に書きなさい。〈熊本県〉

表

交通機関 年度	鉄道 (万人)	高速バス (万人)	航空機 (万人)	船舶 (万人)	自動車 (万台)
平成 10 年度	947	176	203	708	833
平成 18 年度	800	445	120	412	980
平成 28 年度	789	452	92	187	1454

(四国運輸局「四国地方における運輸の動き 30 年」)

(注) 自動車は，普通車と軽自動車等の合計（中型車，大型車，特大車を除く）。

〔　　　　　　　　　　　　　　　　　　　　　　　　　　　　　　　　　　　　　　〕

3　次の各問いに答えなさい。

(1) 右の**表**は，京都府，大阪府，奈良県，和歌山県の4府県における重要文化財指定件数，乗用車の100世帯当たり保有台数，印刷・同関連製品出荷額を示したものである。大阪府と奈良県に当てはまるものを，**表**中の**ア〜エ**から1つずつ選びなさい。〈徳島県・改〉

表

府県	重要文化財指定件数(件)*¹	乗用車の100世帯あたり保有台数(台)*²	印刷・同関連製品出荷額(億円)*³
ア	394	124.0	139
イ	678	65.1	4848
ウ	1327	110.6	698
エ	2188	83.0	2395

(*¹2020年3月1日現在，*²2018年，*³2017年)　　　(2020年版「県勢」ほか)

大阪府（　　　）　奈良県（　　　）

(2) 近畿地方について，右の2枚の写真は，京都市と大阪市の市街地を撮影したものである。大阪市の市街地に比べ，京都市の市街地では高層ビルが少ない理由を，「条例」，「歴史」の2つの語句を用いて，簡潔に書きなさい。〈山口県〉

京都市の市街地

大阪市の市街地

（東阪航空サービス／PPS通信社）

[　　　　　　　　　　　　　　　　　　　　　　　　　　　　]

新傾向

(3) 太郎さんは，地域と地域のつながりを考えるにあたり，地理的なつながりの視点から，**地図**中の北山村が和歌山県に属している理由について調べ，次のようにまとめた。太郎さんのまとめの中の下線部について，花子さんは「木材を港まで運ぶのに，距離的に近い熊野市ではなく，なぜ遠い新宮市まで運んだの？」と質問した。太郎さんはその質問に対して，北山村と新宮市を結びつけた自然条件にふれて説明した。太郎さんの説明はどのようなものだと考えられるか，簡潔に書きなさい。〈広島県〉

地図

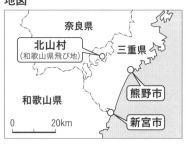

太郎さんのまとめ
・北山村は林業がさかんで，江戸時代から昭和時代まで，伐採した大量の木材を新宮市まで運び，販売していた。木材は，新宮市の港から大阪まで運ばれた。
・明治時代に，新宮市と同じ和歌山県に属することを望む住民の意見も取り入れて，北山村を和歌山県とすることが決定された。

[　　　　　　　　　　　　　　　　　　　　　　　　　　　　]

4 次の各問いに答えなさい。

(1) 次の**資料**は，中部地方の特色を自然環境（かんきょう）に着目してまとめたものである。**資料**中の ［_____］ に当てはまるものとして正しいものを，あとの**ア〜エ**から1つ選びなさい。〈鳥取県〉

資料

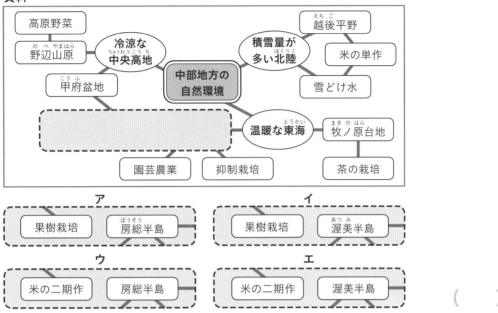

ア
| 果樹栽培 | 房総（ぼうそう）半島 |

イ
| 果樹栽培 | 渥美（あつみ）半島 |

ウ
| 米の二期作 | 房総半島 |

エ
| 米の二期作 | 渥美半島 |

（　　　）

思考力 (2) はなこさんは，中部地方と他の地方の比較（ひかく）をするために，いくつかの主題図を手に入れた。右の**地図**は，そのうちの1つである。**地図**は何を示した主題図であるか，正しいものを，次の**ア〜エ**から1つ選びなさい。〈大分県〉

ア　合計特殊（とくしゅ）出生率
イ　第二次産業就業人口の割合
ウ　人口密度
エ　65歳（さい）以上の人口の割合

（　　　）

地図

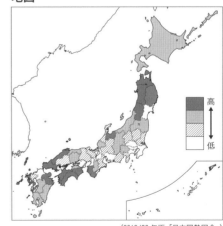

（2019/20年版「日本国勢図会」）

難問 (3) 右の**表**は，福井県・和歌山県・島根県・沖縄県の田・普通畑・樹園地・牧草地の面積を示したものである。牧草地と和歌山県に当てはまるものを，**表**中の**ア**・**イ**，**X〜Z**から1つずつ選びなさい。

〈東大寺学園〉

表

	田	普通畑	**ア**	**イ**
島根県	29700	5190	526	1360
X	36500	2720	263	768
Y	9520	2330	31	20600
Z	822	29200	6020	1940

数値の単位は ha。　　（2018年）（2020年版「県勢」）

牧草地 （　　　）　和歌山県 （　　　）

重要度 ★★★

7 日本の諸地域② (関東, 東北, 北海道地方)

STEP01 要点まとめ → 解答は別冊 15 ページ

(　　)に当てはまる語句を書いて, この章の内容を確認しよう。

1 関東地方

1 関東地方の自然環境

● 01 (　　　　　　　　) [→火山灰が堆積した赤土] におおわれた**関東平野**が広がる。

● 冬に北西から**からっ風**がふく。小笠原諸島は亜熱帯の気候。

● 02 (　　　　　　　) 現象が見られる。 [→中心部の気温が周辺よりも高くなる]

2 関東地方の農業

POINT

● 大都市周辺…03 (　　　　　　) **農業**がさかん。

● 群馬県嬬恋村…**高原野菜** [→キャベツ] の 04 (　　　　　　) がさかん➡保冷車で輸送する**輸送園芸農業**。

3 関東地方の工業

● 05 (　　　　) **工業地帯**…機械工業や**印刷業**が発達。 [→東京都・神奈川県]

● 06 (　　　　) **工業地域**…鉄鋼業や**石油化学工業**が発達。 [→千葉県の東京湾沿岸]

● 07 (　　　　) **工業地域**…高速道路が整備され, **工業団地** [→群馬・栃木・茨城県] が造成➡臨海部から電気機器などの工場が移転。

4 関東地方の人口

● 08 (　　　　) **大都市圏**に日本の人口が集中➡**過密問題**。

● 都心部は夜間人口より昼間人口の方が多い。

関東地方の自然環境

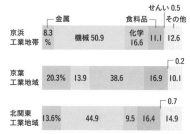

	金属			食料品	せんい 0.5	その他
京浜工業地帯	8.3%	機械 50.9		化学 16.6	11.1	12.6
京葉工業地域	20.3%	13.9	38.6		16.9	10.1 (0.2)
北関東工業地帯	13.6%	44.9		9.5	16.4	14.9 (0.7)

(2016 年) (2019/20 年版「日本国勢図会」)

関東地方の工業地帯・工業地域の工業出荷額割合

2 東北地方

1 東北地方の自然環境

● 09 (　　　　　) **山脈**, 出羽山地, 北上高地が南北に連なる。 [でわ] [きたかみ]

● **白神山地**…ぶなの原生林が残り, **世界自然遺産**に登録。 [しらかみ]

● **三陸海岸**…海岸線が複雑に入り組んだ 10 (　　　　　　)。 [さんりく]

東北地方の自然環境

● 東側…太平洋側の気候。夏に北東から 11(⤷冷たく湿った風)がふくと**冷害**が起こることも。
⤷低温で不作になること

POINT

● 西側…日本海側の気候。北西からふく**季節風**によって冬の降雪量が多い。

2 東北地方の文化

● **青森** 12( )，**秋田竿燈まつり**，**仙台七夕まつり**。

❶青森12( )の様子

(Cynet Photo)

3 東北地方の産業

● 秋田平野・庄内平野などで**稲作**がさかん。寒さに強くておいしい**銘柄米**（ブランド米）の開発。

● 津軽平野で 13( )，山形盆地で**さくらんぼ（おうとう）**，福島盆地でも**もも**の栽培。

● 三陸海岸沖の 14( )は好漁場 ➡ **三陸海岸**の湾内で**わかめ**や**かき**の養殖がさかん。

● 高速道路が整備され，**工業団地**が造成 ➡ **IC（集積回路）**工場や自動車工場などが進出。

● 伝統産業が発達…青森県の津軽塗，岩手県の南部鉄器，山形県の天童将棋駒などが 15( )に指定されている。

3 北海道地方

1 北海道地方の自然環境

● 有珠山などの火山が多い。火山による美しい景観が**国立公園**に指定。

● 16(⤷気候帯)に属し，**梅雨**がない。

● 冬に**オホーツク海**沿岸で 17(⤷海面を漂う氷)。

● 東部（太平洋側）は**寒流**の**親潮（千島海流）**の影響で，夏でも気温が低く**濃霧（海霧）**が発生。

❶北海道地方の自然環境

2 北海道地方の歴史，文化

● 先住民族の 18( )が独自の生活 ➡ 明治政府が**開拓使**を設置。

3 北海道地方の産業

● 農業…大規模経営が特徴で広大な耕地を大型の機械で耕作。

・19( )**平野**…泥炭地を**客土** ➡ 全国的な米の産地に。

・**十勝平野**…畑作・酪農がさかん。20(⤷同じ耕地で一定の順番で作物を栽培)が行われている。

・**根釧台地**…火山灰と夏の低温が作物の栽培に不向き ➡ 21(⤷乳製品を生産する畜産業)が発達。

● 漁業…漁獲量が全国一。かつて 22(⤷遠洋漁業の一種)で発展。

● 工業…農産物や魚介類を加工する**食料品工業**がさかん。

● 観光業…知床や釧路湿原，流氷，雪まつり（⤷さっぽろ雪まつり）など，観光資源が豊富 ➡ 近年，外国人観光客が増加。

❶知床

(フォト・オリジナル)

学習内容が身についたか，問題を解いてチェックしよう。

1 **右の地図を見て，次の各問いに答えなさい。**

(1) 地図中の**A**の河川名を書きなさい。　（　　　　　）

群馬県

東京都

A

くわしく

(1)東京都の水源の約80
％は，Aの河川と荒川水系によってまかなわれている。

(2) 次の文は，関東地方の地形とその利用の特色について述べたものである。□□□に当てはまる語句を書きなさい。〈山口県・改〉
　（　　　　　）

> 　関東地方は，**A**などの河川が流れている。また，火山灰が積もってできた□□□と呼ばれる赤土におおわれ，住宅地や工場，畑などに利用されている。

(3) 右の**グラフ1**は，地図の東京都でさかんな工業の製造品出荷額の割合を示したものである。当てはまる工業を，次の**ア～エ**から１つ選びなさい。

グラフ1

愛知 6.3　京都 4.6

計 5.2 兆円　東京 15.5%　埼玉 14.2　9.3　その他 50.1

大阪　(2017 年) (2020 年版「県勢」)

ア 化学工業　　**イ** 輸送用機械器具
ウ 鉄鋼業　　　**エ** 印刷・同関連業
　　　　　　　　　　　　　　　（　　　　　）

ヒント

(3)東京都は人口が多いことからさまざまな情報が集まる。

(4) 地図中の群馬県について，右の**グラフ2**は，2019 年の東京都中央卸売市場におけるキャベツの出荷量上位３県の，月別出荷量を示したものである。**グラフ2**から読み取ることができる，群馬県のキャベツの出荷の特徴を，他の２つの県と比較し，「気候」の語句を用いて，簡潔に書きなさい。〈新潟県〉

 よく出る

グラフ2

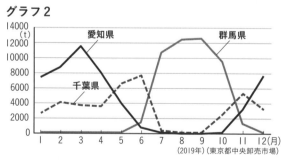

愛知県　群馬県

千葉県

(2019年)(東京都中央卸売市場)

ヒント

(4)キャベツの栽培がさかんな群馬県嬬恋村は，標高が高いことからどのような気候になっているか考えよう。

[　　　　　　　　　　　　　　　　　　　　　]

2 右の地図を見て，次の各問いに答えなさい。

(1) 右の**グラフ**は，地図中の東北地方の各県で栽培がさかんな農産物の都道府県別の生産量の割合を示したものである。当てはまる農産物を，次の**ア〜エ**から1つ選びなさい。

ア　もも　　　　イ　りんご
ウ　西洋なし　　エ　さくらんぼ（　　　　）

(2) 地図中の**A**の県で生産されている伝統的工芸品を，次の**ア〜エ**から1つ選びなさい。
ア　津軽塗　　　イ　天童将棋駒
ウ　樺細工　　　エ　南部鉄器（　　　　）

(3) 右の写真は，竿燈まつりの様子である。この祭りが行われる県の位置を，地図中の**ア〜エ**から1つ選びなさい。〈富山県・改〉（　　　　）

（フォト・オリジナル）

ミス注意
(2)Aは岩手県。

くわしく
(3)稲穂に見立てた竿燈を持って町を練り歩き，米の豊作を願う。

3 右の地図を見て，次の各問いに答えなさい。

(1) 冬に流氷が見られる地図中の**A**の海の名を書きなさい。（　　　　海）

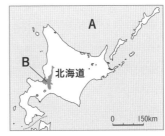

(2) 地図中の**B**の平野でとくにさかんな農業を，次の**ア〜エ**から1つ選びなさい。
ア　稲作　　　イ　畑作
ウ　酪農　　　エ　果樹栽培（　　　　）

ミス注意
(2)Bの平野は石狩平野。

(3) 地図中の北海道が生産量全国1位ではない農産物を，次の**ア〜エ**から2つ選びなさい。〈福井県・改〉（　　）（　　）
ア　じゃがいも　イ　ピーマン　ウ　てんさい　エ　キャベツ

(4) 北海道の製造品出荷額割合を示した右のグラフ中の**X**に当てはまるものを，次の**ア〜エ**から1つ選びなさい。

ア　化学　イ　電子部品　ウ　食料品　エ　せんい（　　　　）

1 北海道地方について，次の各問いに答えなさい。

(1) 右の**地図1**に関する文として<u>あやまっているもの</u>を，
次の**ア～エ**から１つ選びなさい。〈岡山県〉 （　　）
ア　Aは，国後島（くなしり）である。
イ　Bは，石狩川（いしかり）である。
ウ　Cの地域には，飛驒山脈（ひだ）が連なっている。
エ　函館（はこだて）は戊辰戦争（ぼしん）の最後の戦場となった。

地図1

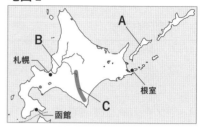

(2) 右の**グラフ**は，**地図1**中の根室（ねむろ）と札幌（さっぽろ），さらに福井と高知
の月別降水量を示したものである。根室に当てはまるも
のを，**ア～エ**から１つ選びなさい。〈岡山県〉 （　　）

グラフ

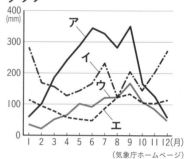

(気象庁ホームページ)

(3) 右の**表**は，2012年度と2018年度における，北海道に
訪れた外国人観光客数を3か月ごとに示したものである。
外国人観光客数を増やすためには，増加率の低い期間を
見つけ，その期間の魅力（みりょく）を広めることが有効である。**表**
からわかる，外国人観光客数の増加率が最も低い期間を，
次の**ア～エ**から１つ選びなさい。〈静岡県〉 （　　）
ア　4～6月　　　イ　7～9月
ウ　10～12月　　エ　1～3月

表

期間	外国人観光客数(万人)	
	2012年度	2018年度
4～6月	14	62
7～9月	23	74
10～12月	17	67
1～3月	25	109
合計	79	312

(北海道ホームページ)

(4) 北海道各地の漁業協同組合などが，沿岸の魚やこんぶな
どの水産資源を増やすために「お魚殖（ふ）やす植樹運動」を
行っている。**地図2**の●は，2017年にその植樹運動を
行った漁業協同組合の分布を示したもの
である。また，**資料**は，常呂漁業協同組
合が立てた看板を示したものである。な
ぜ植樹をして森を豊かにすることが沿岸
の水産資源を増やすことにつながるの
か，**資料**の看板のメッセージをふまえ，
「栄養分」の語句を用いて，簡潔に書きなさい。〈福井県〉

地図2

常呂漁業協同組合（ところ）

(北海道水産林務部資料)

資料

森は海の恋人
川は仲人

※仲人は，人と人の
間に入り，橋渡し
をする役割の人

(常呂漁業協同組合資料)

2 右の地図を見て，次の各問いに答えなさい。

地図

(1) 次の**表1**は，緯度・標高がほぼ同じ2つの地点の，1月と7月の平均気温と平均降水量を示したものである。右の**地図**中の**X**地点の気温が，いずれの月も**Y**地点より高いのは，ある海流の影響を受けているからである。この海流を何というか，書きなさい。〈石川県・改〉　（　　　　　）

表1

	X地点	Y地点
1月	2.2℃	0.8℃
	131.3 mm	62.5 mm
7月	22.9℃	20.8℃
	159.9 mm	192.2 mm

(1981～2010年の平均値)
(2020年版「理科年表」)

(2) 次の**表2**は，**地図**中の秋田県と，東京都のいくつかの項目を比較したものである。**表2**の　X　に当てはまる数値の組み合わせとして正しいものを，右の**ア〜エ**から1つ選びなさい。
〈秋田県〉　（　　　　　）

表2　秋田県と東京都の比較

項目／都県	騒音苦情件数(件)*	一戸建率(％)	人口密度(人/km²)
秋田県		X	84.3
東京都			6300.1

(2018年，*2017年) (2020年版「県勢」)

ア

45	79.7
2948	26.8

イ

2948	79.7
45	26.8

ウ

45	26.8
2948	79.7

エ

2948	26.8
45	79.7

(3) 右の**表3**は，1992年から1994年と2002年から2004年の，**地図**中の岩手県盛岡市における7・8月の平均気温と，岩手県の米の収穫量をそれぞれ示したものである。1993年と2003年は，その前後の年と比べて収穫量が少なかった。その原因を，この地域特有の北東からふく風の名称をあげて，**表3**から読み取れることと関連づけて，簡潔に書きなさい。〈徳島県〉

【思考力】

表3

年	平均気温(℃) 7月	8月	米の収穫量(t)
1992	21.7	23.0	392,200
1993	18.7	20.5	119,000
1994	24.2	25.8	450,100
2002	22.9	22.3	317,300
2003	18.8	21.8	226,800
2004	23.2	22.6	328,000

(農林水産省「長期累年統計表」ほか)

[　　　　　　　　　　　　　　　　　　　　　]

(4) 右の**表4**は，東北地方の6つの県の統計資料を示したものである。山形県と宮城県に当てはまるものを，**表4**中の**ア〜オ**からそれぞれ1つずつ選びなさい。〈新潟県〉

表4

県名	果実産出額(億円)	漁業生産量(千t)	製造品出荷額等(億円)	年間商品販売額(十億円)*
ア	69	6.5	13.898	2,396
イ	790	186.9	19,361	3,380
ウ	24	250.4	44,953	12,151
エ	99	114.3	25,432	3,501
オ	705	4.9	29,215	2,588
福島県	250	54.2	51,571	4,901

(2017年，*2015年) (2020年版「県勢」)

山形県　（　　　　　）
宮城県　（　　　　　）

1 世界と日本の地域構成
2 世界の諸地域①
3 世界の諸地域②
4 世界と日本の自然・人口
5 世界と日本の資源・産業・結びつき
6 日本の諸地域①
7 日本の諸地域②
8 身近な地域の調査

③ 東北地方について，次の各問いに答えなさい。

(1) **地図1**は，東北地方の主な半導体工場の
分布を，**地図2**は，東北地方の高速道路
網を示したものである。**地図1**の半導体
工場は，高速道路沿いに分布している
が，その理由を，「輸送」の語句を用い
て，簡潔に書きなさい。〈茨城県〉

[　　　　　　　　　　　　　　　]

地図1　主な半導体工場の分布

(2018年) (2020年版「県勢」)

地図2　高速道路網

(NEXCO東日本資料)

(2) 東北地方では，南部鉄器や津軽塗など伝
統的工芸品を生産する伝統産業がさかんである。近年，生産は
停滞傾向にあるが，さまざまな工夫をしたり，海外へ輸出した
りしているものもある。**資料1，2**から共通して読み取れる工
夫を，「現代」の語句を用いて，**15字以内**で簡潔に書きなさい。
〈長野県〉

[　　　　　　　　　　　　　　　]

資料1　IH調理器対応の
南部鉄器の鉄びん

(De Agostini／PPS通信社)

資料2　津軽塗のスマート
フォンカバー

(津軽塗たなか銘産)

新傾向

(3) ある班では，東北地方で最もりんごの栽培がさかんな青森県の
りんご農家について調べるうちに，次の**グラフ**を見つけ，「青
森県のりんご農家は，所得の減少に対してどのような取り組みを行っているのだろう。」とい
う課題を設定した。次の**資料3**は，ある班でこのとき調べたことをまとめたものの一部である。
メモに示された取り組み〔**ア**〕・〔**イ**〕が，所得を増やすことにつながる理由を，取り組み
〔**ア**〕・〔**イ**〕のうちどちらか1つを選び，簡潔に書きなさい。なお，選んだ取り組みの記号も
書きなさい。〈広島県〉

資料3

> 2011年に始まった青森県のりんご農家の取り組み
> 〔**ア**〕栽培したりんごを，直売所やインターネット
> 　　を利用して販売している。
> 〔**イ**〕栽培したりんごのうち，規格外の大きさのも
> 　　のなどをジュースにしたり，すぐ食べられる
> 　　ようにカットしたりして販売している。

選択した記号　（　　）

理由　[

グラフ　青森県のりんごの栽培面積
10a当たりの農家の所得

(万円)
35
30
25
20
15
10
5
0
　　1990　95　2000　05　10(年)

(青森県農林水産部資料)

　　　　　　　　　　　　　　　　　　　　　　　　　　]

4 関東地方について，次の各問いに答えなさい。

(1) 右の**図**は，ある生徒が群馬県の平野部に見られる冬の季節風対策について調べた際に収集した家屋に沿って植えられた垣根を写した写真と，写真にみえる家屋と垣根の位置関係を表すために作成した模式図を示したものである。ある生徒が調べた季節風の特徴を，次の**ア〜エ**から1つ選びなさい。〈岡山県〉（　　　）

図

（朝日新聞社／PPS通信社）

──■は垣根を示す。

ア 乾いた北西からの風　　**イ** 湿った北西からの風
ウ 乾いた南東からの風　　**エ** 湿った南東からの風

(2) 右の**表1**中の**ア〜エ**は，埼玉県，千葉県，東京都，神奈川県のいずれかの昼間人口と夜間人口を示している。東京都に当てはまるものを，**表1**中の**ア〜エ**から1つ選びなさい。（　　　）

表1

	昼間人口（千人）	夜間人口（千人）
ア	8323	9126
イ	5582	6223
ウ	15920	13515
エ	6456	7267

（2015年）（2020年版「県勢」）

(3) ある生徒は，京浜工業地帯として発展してきた神奈川県横浜市の取り組みに注目し，**表2**，**表3**を作成した。**表2**は，横浜市にあった造船所の敷地の移転と横浜市の都市整備事業における造船所跡地の主な利用状況について，**表3**は，横浜市の造船所跡地の都市整備事業区域に進出した事業所数と就業者数について，それぞれまとめたものである。横浜市が取り組む，**表2**の都市整備事業の特徴について，**表2**，**表3**をみて，簡潔に書きなさい。〈宮城県〉

表2 横浜市にあった造船所の敷地の移転と横浜市の都市整備事業における造船所跡地の主な利用状況

1980年	造船所の敷地の移転が決定する。
1982年	造船所の敷地が移転する。
1983年	造船所跡地の都市整備事業が始まる。
1989年	近・現代美術を対象とした総合美術館ができる。
1993年	高層の商業施設ができる。
1994年	企業・事業所などが入る高層ビルができる。
2003年	高層マンションができる。
2007年	イベントなどに利用可能な多目的公園ができる。
2015年	人材育成のための企業の研修施設ができる。

表3 横浜市の造船所跡地の都市整備事業区域に進出した事業所数と就業者数

	事業所数	就業者数
2012年末まで	約1,520社	約89,000人
2014年末まで	約1,730社	約98,000人
2016年末まで	約1,760社	約103,000人

（表2，3ともに「横浜市ホームページ都市整備局」ほか）

超難問

身近な地域の調査

STEP01 要点まとめ ➡解答は別冊 17 ページ

（　　）に当てはまる語句を書いて，この章の内容を確認しよう。

1 調査の進め方

❶調査テーマを決めて，仮説を立てる

● グループで話し合い，「なぜ～なのか」という視点で調査テーマを決める。

● 調査テーマに対して 01（　　　　　　）を立てる。

❷調査方法を決める

● **野外観察（フィールドワーク）**…実際に歩いて地域の様子を観察する。

手順①調査する道順を地図にかき入れた**ルートマップ**を作成する。

手順②調査テーマと関係がありそうなものをメモ・スケッチしたり，写真に撮っておく。

● 02（　　　　　　　　）**調査**…調査テーマについて，詳しく知っている人のところに話を聞きに行く。

● **資料による調査**…図書館や役所，03（　　　　　　　　）の検索などで**文献資料**や**統計資料**にあたる。

・**統計資料**の活用➡地域の人口や産業などの具体的な数値を知ることができる。統計資料を使用するときは，必ず 04（　　　　　　）をメモしておくこと。

・**地形図**の活用➡昔と今の地域の様子を比較することができる。

❸調査結果をまとめて，発表する

● 調査で得た資料やメモなどを整理し，グループで話し合う➡調査テーマに対する 01（　　）が正しかったかどうかを検証する。

● 調査結果やグループ内で出た意見などをレポートやスライドなどにまとめる。

● レポートでは，**グラフ**や**表**，**分布図**を使ってまとめるとわかりやすい。

・**円グラフ**，05（　　　　　　　　）…割合を表すとき

・06（　　　　　　　　　　）…数値の変化を表すとき

・**棒グラフ**…量や数を比較するとき

円グラフ　帯グラフ

棒グラフ　折れ線グラフ

❶さまざまなグラフ

2 地形図の読み取り

- **地形図**…07(　　　　　)[→国土交通省の機関] が発行している。**2万5千分の1**や**5万分の1**の地形図などがある。
- 08(　　　)…実際の距離_{きょり}を地図上に縮めた割合。

POINT
- **実際の距離**…地形図上の長さ×地形図の 08( ) の分母で求めることができる。

> （例） 2万5千分の1の地形図上において，5cm
> の長さの実際の距離の求め方
> 5 (cm) × 25000 = 125000 (cm) = 1250 (m)

- 09(　　　　　)…同じ高さに地点を結んだ線。
  - 09( ) の間隔_{かんかく}が広い ➡ 傾斜_{けいしゃ}が 10(　　　　　)
  - 09( ) の間隔がせまい ➡ 傾斜が 11(　　　　)

縮尺	5万分の1	2万5千分の1
1cmは，実際の距離_{きょり}では何mか	1cm × 50000 = 50000cm = 500m	1cm × 25000 = 25000cm = 250m
1kmは，地形上では何cmか	1km = 100000 ÷ 50000 答：2cm	1km = 100000 ÷ 25000 答：4cm

❶縮尺と実際の距離との関係

線の種類 \ 縮尺	$\frac{1}{25,000}$	$\frac{1}{50,000}$
計曲線	50mごと	100mごと
主曲線	10mごと	20mごと

❶等高線の種類と間隔

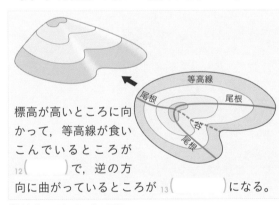

標高が高いところに向かって，等高線が食いこんでいるところが 12(　　　)で，逆の方向に曲がっているところが 13(　　　)になる。

❶等高線から読み取る谷と尾根

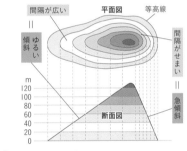

❶等高線と土地の断面図

- **方位**…**4方位**，**8方位**，16方位がある。特にことわりがない場合，地図の上が 14(　　　)を指す。

POINT
- **地図記号**…土地利用や建物，道路や鉄道などを記号で示したもの。

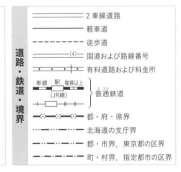

❶主な地図記号

1 世界と日本の地域構成
2 世界の諸地域①
3 世界の諸地域②
4 世界と日本の自然・人口
5 世界と日本の資源・産業・結びつき
6 日本の諸地域①
7 日本の諸地域②
8 身近な地域の調査

学習内容が身についたか，問題を解いてチェックしよう。

よく出る

1 次の地形図は，高知県の一部を示した2万5千分の1の地形図である。地形図から読み取れる内容を述べた文として下線部が正しいものを，あとのア〜エから2つ選びなさい。〈埼玉県 H30・改〉

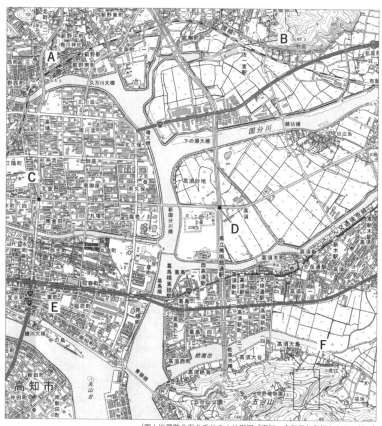

（国土地理院2万5千分の1地形図「高知」令和元年発行を71％に縮小）

ア A地点の「薊野（あぞうの）」駅からB地点の「土佐一宮（とさいっく）」駅まで列車で移動する途中には，進行方向右側に田がある。

イ C地点からD地点までの直線距離は，地図上で約7cmであり，実際の直線距離は約1250mである。

ウ E地点には，老人ホームがある。

エ F の範囲（はんい）内には，果樹園が見られる。

( )( )

 ヒント

イ 実際の距離は地形図上の長さ×地形図の縮尺の分母で求められる。

2 次の各問いに答えなさい。

(1) 右の**地形図1**を見て，次の各問いに答えなさい。〈長崎県〉

地形図1

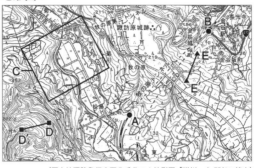

(国土地理院発行2万5千分の1地形図「掛川」を77%に縮小)

① **地形図1**から読み取れる内容について述べた次の文中の　**X**　，　**Y**　に当てはまる方角と距離の組み合わせとして正しいものを，あとの**ア〜エ**から1つ選びなさい。

> **A**の地点から見て**B**の地点は，　**X**　の方角にあり，この2点間の直線距離は，地形図上で4cmであるため，実際の距離は約　**Y**　である。

ア **X**−南西　**Y**−1km　　**イ** **X**−南西　**Y**−2km
ウ **X**−北東　**Y**−1km　　**エ** **X**−北東　**Y**−2km　　（　　　）

② **地形図1**について述べた次の**P**，**Q**の文の正誤の組み合わせとして正しいものを，あとの**ア〜エ**から1つ選びなさい。（　　　）

> **P** **C**の□で示した範囲には，周囲と比べ低い土地を利用した水田がみられる。
> **Q** 地形図上の■**D**と■**D′**，▲**E**と▲**E′**の標高差を比較すると，■**D**と■**D′**の方が標高差が大きい。

ア **P**−正　**Q**−正　　　**イ** **P**−正　**Q**＝誤
ウ **P**−誤　**Q**−正　　　**エ** **P**−誤　**Q**＝誤

(2) 右の**地形図2**は，山形県にあるスキー場付近の地形図であり，**ア**，**イ**は上級者コース，初心者コースのいずれかである。傾斜の急な上級者コースは**ア**，**イ**のどちらか。また，そのように判断した理由を，「等高線」の語句を用いて，簡潔に書きなさい。〈鹿児島県〉

記号　（　　　　）

理由　[　　　　　　　　　　　　　　　]

地形図2

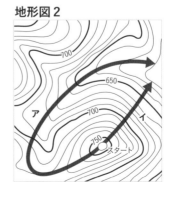

ヒント

(1)①とくにことわりがない場合，地図の上は北を示している。

くわしく

②D−D′とE−E′の標高差は等高線の混み具合を比較する。

1 次の各問いに答えなさい。

(1) 次の**地形図 1** は，昭和 46 年発行，**地形図 2** は，平成 26 年発行の同じ地域を示した地形図である。実際の距離が 500 m であったとき，この地形図上では何 cm になるか，書きなさい。また，これらから読み取れることを，あとの**ア～エ**から 1 つ選びなさい。〈茨城県〉

地形図 1

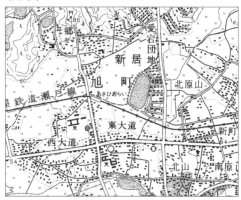

地形図 2

(地形図 1，2 は国土地理院発行 2 万 5 千分の 1 地形図「瀬戸」を 93％に縮小)

ア かつて町役場の南に学校があったが，その場所に文化会館と博物館が建てられた。

イ 平成 26 年発行の地形図では，かつて町役場があった場所よりも北側に市役所がある。

ウ 尾張旭駅は，かつてのあさひあらい駅よりも，西側にある。

エ かつて水田が広く見られたが，現在では都市化が進み，まったく見られない。

地形図上の長さ（　　　　cm）　記号（　　　　　）

(2) ある班では，自然災害が起こりやすい地形の特徴を調べるために，ハザードマップで洪水の被害が想定されている地域を，地形図で確認した。右の**地形図 3** はそのときに使ったものの一部である。**地形図 3** 中の地点 **X** は，洪水の被害が想定されている地域の中にある。地点 **X** で洪水の被害が想定されているのはなぜだと考えられるか。その理由を，**地形図 3** をもとに簡潔に書きなさい。〈広島県〉

地形図 3

(国土地理院 2 万 5 千分の 1 地形図「沼田」平成 31 年発行を 71％に縮小)

2 次の各問いに答えなさい。

(1) 佐藤さんは，ある地域の防災マップに示された土石流警戒区域と主な避難所の位置を，この地域の地形図をもとに，次の**地図1**に記した。右は，佐藤さんの考察と先生の助言である。これについて，あとの各問いに答えなさい。〈山梨県〉

地図1

🏠避難所　△土石流警戒区域

佐藤さんの考察

　この地域について，等高線から考察すると，土石流警戒区域は，周囲より標高が**ア**（高い，低い）**イ**（谷，尾根）に位置していることがわかる。また，大雨の際には避難所の標高にも注目する必要がある。**地図1**上の2つの避難所の標高差は約**ウ**（160，220，260，320）mである。

先生の助言

　よい考察ができています。さらに，住宅の分布や地質などについても考察してみましょう。

① 佐藤さんの考察の**ア**，**イ**の（　　　）の中から正しい語句を1つずつ選びなさい。

ア（　　　　）イ（　　　　）

② 佐藤さんの考察の**ウ**は（　　　）の中から当てはまる数を1つ選びなさい。（　　　）

(2) 右の**地図2**中の**I**，**II**は，茨城県のある地域の同じ範囲を示した新旧の地形図である。これについて，次の各問いに答えなさい。〈石川県〉

地図2

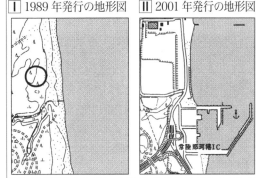

（国土地理院発行5万分の1地形図）

① **I**の〇の場所は，どのような土地利用であるか，地形図の地図記号を読み取って，次の**ア〜エ**から1つ選びなさい。

ア　果樹園　　イ　針葉樹林
ウ　水田　　　エ　茶畑

（　　　）

② **I**の〇の場所には，2006年に部品組立工場が建設された。この場所に工場が建設されたのは，なぜだと考えられるか，**II**をもとに簡潔に書きなさい。

よく出る
世界の地名

世界の地名の中でも, とくに重要なものをピックアップ。

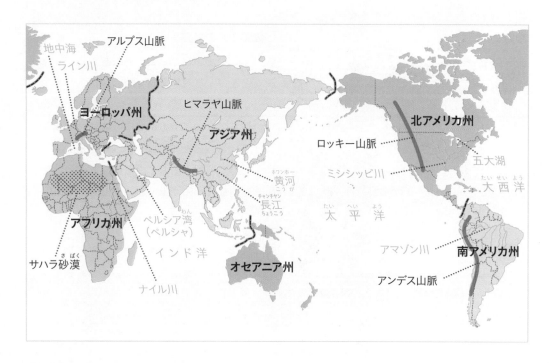

地中海
アルプス山脈
ライン川
ヨーロッパ州
ヒマラヤ山脈
アジア州
北アメリカ州
ロッキー山脈
五大湖
黄河
ミシシッピ川
長江
ちょうこう
大西洋
アフリカ州
ペルシア湾
（ペルシャ）
太平洋
インド洋
アマゾン川
南アメリカ州
サハラ砂漠
オセアニア州
アンデス山脈
ナイル川

ここだけ！
日本の諸地域の要点

各地方の最重要ポイントを再チェック。

日本海
北海道地方
中部地方
中国・四国地方
東北地方
関東地方
近畿地方
太平洋
九州地方
九州地方

九州地方
【自然】火山が多い。鹿児島県, 宮崎県にシラス台地。
【農業】宮崎平野で促成栽培。鹿児島県, 宮崎県で豚, 肉用にわとりの飼育。

中国・四国地方
【工業】瀬戸内工業地域で石油化学工業がさかん。
【交通】本州四国連絡橋の開通で, 四国と本州の移動時間が短縮。
【人口】山間部で過疎化が進む。

近畿地方
【工業】阪神工業地帯で金属工業がさかん。
【文化】京都・奈良に世界文化遺産に指定された文化財が多い。

中部地方
【農業】北陸で稲作, 野辺山原で高原野菜, 甲府盆地でぶどう, もも。
【工業】中京工業地帯で自動車, 東海工業地域で楽器, オートバイ。

関東地方
【農業】大都市周辺で近郊農業。
【工業】京浜工業地帯で印刷業, 京葉工業地域で石油化学工業, 北関東工業地域に多くの工業団地。

東北地方
【農業】稲作がさかん。青森県でりんご。
【漁業】三陸沖の潮目（潮境）が好漁場。
【文化】青森ねぶた祭など東北三大祭り。

北海道地方
【農業】石狩平野で稲作。十勝平野で畑作。根釧台地で酪農。
【文化】先住民族のアイヌの人々（アイヌ民族）が暮らす。

歴史編

歴史

重要度 ★★★

文明のおこりと日本

STEP01 要点まとめ ➡ 解答は別冊 19 ページ

（　）に当てはまる語句を書いて，この章の内容を確認しよう。

1 文明のおこり

❶ 人類の始まり

● 人類の出現…今から約 700 万〜600 万年前にアフリカに猿人（えんじん）が現れる➡約 200 万年前に原人（げんじん）が現れる➡約 20 万年前に 01（　　　　　）（ホモ・サピエンス）〔➡フランスのラスコーに壁画を残す〕が登場。

● 人類の進化…直立二足歩行。道具（打製石器（だせい）など），言葉，火の使用。

猿人　原人　新人

❶人類の出現

❷ 古代文明の発生

POINT

● オリエントの文明…チグリス川・ユーフラテス川流域に 02（　　　　　）文明➡**くさび形文字**〔➡ハンムラビ法典〕・**太陰暦（たいいんれき）**・60 進法。

ナイル川流域に 03（　　　　　）文明➡**ピラミッド・象形文字・太陽暦（たいようれき）**。

メソポタミア文明
紀元前3000年ごろ
インダス文明
紀元前2500年ごろ
中国文明
紀元前1600年ごろ
エジプト文明
紀元前3000年ごろ

❶古代文明の発生地域

● インドの文明…インダス川流域にインダス文明➡**モヘンジョ＝ダロ**などの都市，**インダス文字**。

アーリヤ人のカースト制度→**シャカ**の 04（　　　　　）。

● 地中海の文明…ギリシャ（ちゅうかい）の文明で**ポリス**（都市国家）の民主政治，**パルテノン神殿（しんでん）**〔➡紀元前 4 世紀，アレクサンドロス大王が東方遠征〕。

05（　　　　　）帝国が法律・道路・水道などを整備➡**キリスト教**を国教とする。

POINT

● 中国文明（ちゅうごく）…黄河（こうが）流域に**殷（いん）**という国がおこる➡**青銅器（せいどうき）・甲骨文字（こうこつ）**（ホワンホー）➡春秋（しゅんじゅう）・戦国時代（せんごく）に**孔子（こうし）**が**儒学（じゅがく）（儒教（じゅきょう））**の教えを説く。秦（しん）の 06（　　　　　）が**万里の長城（ばんり）**を築く➡**漢（かん）**のころ，中国と西アジアや地中海地域との間が 07（　　　　　）で結ばれる。

くさび形文字

象形文字

インダス文字

甲骨文字

❶古代の文字

● イスラム教のおこり…7 世紀の初め，08（　　　　　）が**イスラム教**を開く。

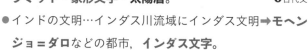

❷ 日本のあけぼの

❶ 原始の日本

- ●**旧石器時代**…狩り・採集。**岩宿遺跡**で 09（　　　　　）石器，野尻湖湖底でナウマンゾウ ➡大陸からわたってきた のきば。
- ●**縄文時代**…約 1 万年前，日本列島が大陸から離れ，ほぼ現在の姿になる。**磨製石器**・10（　　　　　）土器・**土偶**を使用。11（　　　　　）住居に住み，**貝塚**ができる。**三内丸山遺跡**は大型の掘立柱建物のある大集落の遺跡。
- POINT ●**弥生時代**…紀元前 4 世紀ごろ，水田での**稲作**が大陸から伝わる。実った稲は，**石包丁**で収穫，12（　　　　　）倉庫に保管。**弥生土器**・金属器（銅鐸などの 13（　　　　　）・**鉄器**）。水田の近くにむらをつくって定住 ➡登呂遺跡・吉野ヶ里遺跡など。貧富の差が生まれる。

❷ 日本の古代国家

- ●**小国の分立**…むらが統合されくにが生まれる➡紀元前 1 世紀，倭（日本）には 100 余りのくにがある ➡ 『漢書』地理志。紀元 1 世紀，倭の 14（　　　　）国の王が**漢**に朝貢し，金印を授けられる ➡『後漢書』東夷伝。
- POINT ●**邪馬台国**…3 世紀，女王の 15（　　　　　）が**魏**に使いを送り，「親魏倭王」の称号と金印・銅鏡を授けられる ➡魏志倭人伝。
- ●**古墳時代**…3 世紀から近畿・瀬戸内に**古墳** ➡豪族や王の墓 がつくられるようになる。**大仙古墳**（仁徳陵古墳）をはじめとする**前方後円墳**。古墳の周りや頂上に 16（　　　　　）。棺に銅鏡・まが玉・鉄剣などの**副葬品**。
- POINT ●**大和政権**（**ヤマト王権**）…5 世紀ごろまでに，九州地方から東北地方南部までを支配。
  - ➡**ワカタケル大王**をはじめとする倭の五王が，中国へ使いを送る ➡鉄を手に入れるため。
  - ➡大王はのちに天皇と呼ばれる。
- ●**古墳文化**…朝鮮半島や中国から日本に移り住んだ 17（　　　　　）が，漢字・儒学（儒教）・養蚕・**須恵器**などを伝える。
  - ➡ 6 世紀半ばには，朝鮮半島の百済から仏教が伝来。

❶数万年前の日本

野尻湖（長野県）
岩宿（群馬県）
数万年前に陸地であったところ

❶土偶（東京国立博物館）

❶銅鐸（東京国立博物館）
表面に稲作の様子が描かれたものもある

❶埴輪（東京国立博物館）

❶前方後円墳の代表，大仙古墳

1 文明のおこりと日本

2 古代国家の歩み

3 中世社会の展開

4 近世社会の展開

5 近代ヨーロッパの発展と日本の開国

6 近代日本の成立

7 二度の世界大戦と日本

8 現代の日本と世界

学習内容が身についたか，問題を解いてチェックしよう。

1 次の各問いに答えなさい。

(1) エジプトでは古くから，国土を流れる大きな河川の定期的な氾濫によって運ばれてきた肥えた土を利用して，小麦の栽培などの農業を行っていた。次の**ア〜エ**のうち，その流域でエジプト文明が発展した河川はどれか，1つ選びなさい。〈大阪府〉　　　　　　　　（　　　　）

ア ナイル川　　　　**イ** メコン川
ウ ユーフラテス川　　**エ** ラプラタ川

(2) 次の文中の下線部のような住居を何というか，書きなさい。また，この時期につくられたと考えられている**資料1**の名称をあとの**ア〜エ**から1つ選びなさい。〈茨城県〉
　縄文時代には，地面を掘りくぼめた床に柱を立て，その上に屋根をかけた住居に定住するようになった。

資料1

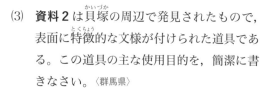

（東京国立博物館）

ア 埴輪　　**イ** 銅鐸　　**ウ** 土偶　　**エ** 須恵器
住居（　　　　　　　）　名称（　　　　　）

(3) **資料2**は貝塚の周辺で発見されたもので，表面に特徴的な文様が付けられた道具である。この道具の主な使用目的を，簡潔に書きなさい。〈群馬県〉

[　　　　　　　　　　　　　]

資料2

（國學院大學博物館）

(4) 次の**ア〜エ**の文のうち，弥生時代の日本の様子を述べたものはどれか。最も適当なものを1つ選びなさい。〈千葉県〉

ア 表面に縄目のような文様の付いた土器がつくられ始めた。
イ ナウマンゾウなどの大型の動物を主な食料としていた。
ウ 稲の穂の収穫の際に石包丁が使われるようになった。
エ 朝鮮半島から日本列島に移り住んだ渡来人により仏教が伝えられた。

（　　　　）

1 文明のおこりと日本

2 古代国家の歩み

3 中世社会の展開

4 近世社会の展開

5 近代ヨーロッパの発展と日本の開国

6 近代日本の成立

7 二度の世界大戦と日本

8 現代の日本と世界

2 次の各問いに答えなさい。

(1) 右の文中の**A・B**に当てはまる語句の組み合わせを，次の**ア～カ**から1つ選びなさい。〈大阪府〉

（　　　）

> 稲作は，縄文時代末ごろから弥生時代にかけて，大陸からわが国に伝わり広まった。大陸から稲作とともに金属器である　**A**　や　**B**　も伝えられた。金属器のうち　**A**　は主に農具の刃先や武器，工具などに使用された。銅鐸や銅鏡などの　**B**　は主に稲作に関する祭りなどに利用された。

くわしく

(1)弥生時代の文化の変化として，新しい道具の使用，食料生産の発達による社会の変化の2点から押さえておく。

ア　**A**－須恵器　**B**－青銅器　　イ　**A**－須恵器　**B**－鉄器

ウ　**A**－青銅器　**B**－須恵器　　エ　**A**－青銅器　**B**－鉄器

オ　**A**－鉄器　　**B**－須恵器　　カ　**A**－鉄器　　**B**－青銅器

(2) 右の先生と生徒との会話文中の，**C・D**に当てはまる語句を書きなさい。〈茨城県〉

C（　　　）
D（　　　）

> 先生：3世紀になると，中国では漢が滅び，魏・蜀・呉の三国に分かれて争っていました。
> 生徒：このころ倭には　**C**　という国があり，魏に使いを送っていたんですよね。
> 先生：はい。その国の女王は卑弥呼といい，魏の皇帝から「　**D**　」の称号と金印を授けられました。

ミス注意

(2)弥生時代に日本にあったくにの中では，「後漢書」東夷伝に書かれていたものと，「魏志倭人伝」に書かれていたものが問われやすい。

(3) 古墳時代には，渡来人により中国や朝鮮半島から新技術や文化が伝えられた。古墳時代に伝えられたと考えられているものとして最も適当なものを，次の**ア～エ**から1つ選びなさい。〈岡山県〉

ア　青銅器　　イ　鉄砲　　ウ　稲作　　エ　漢字　　　（　　　　）

(4) 次の文中の**E**に当てはまる金属の名称を，右の資料の埴輪に表現された武人が身につけているものに着目して，書きなさい。〈群馬県〉

　5世紀，大和政権(ヤマト王権)は，朝鮮半島の伽耶（加羅）地域から得た　**E**　を利用して，関東や九州の豪族を支配した。　　　（　　　　）

（相川考古館）

ヒント

(4)武人はのちの武士に当たる役割をもつ兵士で，手には武器を持っている。

(5) 2019年に世界文化遺産に登録された百舌鳥・古市古墳群のうち，仁徳陵古墳とされる，国内で最大の古墳を次の**ア～エ**から1つ選びなさい。

ア　稲荷山古墳　　　イ　高松塚古墳
ウ　江田船山古墳　　エ　大仙古墳　　　　　　　（　　　　）

ヒント

(5)巨大な前方後円墳で，周りを堀で囲まれている。

1 次の各問いに答えなさい。

(1) 右の文を読んで，次の問いに答えなさい。〈兵庫県〉

① 下線部 **a** に関して，**資料1** はラスコーの壁画の一部である。この遺跡がある国名をカタカナで書きなさい。

> 人類の祖先である新人は，**a** 洞くつに壁画を残している。約1万年前に最後の氷期が終わり，**b** 農耕や牧畜が始まった。

(　　　　　)

② 約1万年前に最後の氷期が終わり，農耕や牧畜が始まった。下線部 **b** について述べた次の文中の **c** 〜 **e** に入る語句の組み合わせとして適切なものを，あとの**ア〜エ**から1つ選びなさい。

兵庫県にある　**c**　時代の遺跡から出土した**資料2**の　**d**　には，秋の農作業と思われる様子が描かれている。稲作がさかんになると，土地や水，蓄えた食料についての争いが　**e**　と考えられている。

資料1　　　　　　　資料2

ア　**c**−縄文　**d**−銅鐸　**e**−減った　　イ　**c**−縄文　**d**−銅鏡　**e**−減った
ウ　**c**−弥生　**d**−銅鐸　**e**−増えた　　エ　**c**−弥生　**d**−銅鏡　**e**−増えた　(　　　　)

(2) 縄文時代のころには，世界各地で古代文明がおこった。古代文明について述べた内容として適切なものを，次の**ア〜エ**から1つ選びなさい。〈山形県〉

ア　中国文明では，青銅器や，現在の漢字のもとになった甲骨文字がつくられた。

イ　インダス文明では，くさび形文字が使われ，時間をはかるための60進法が考え出された。

ウ　メソポタミア文明では，モヘンジョ＝ダロなどの都市が計画的に建設された。

エ　エジプト文明では，チグリス川の氾濫の時期を知るために，太陰暦がつくられた。

(　　　　　)

(3) 日本で高床倉庫がつくられた時代について述べた次の**Ⅰ・Ⅱ**の文の正誤を判断し，その組み合わせとして正しいものを，右の**ア〜エ**から1つ選びなさい。〈清風南海・改〉

(　　　　　)

	ア	イ	ウ	エ
Ⅰ	正	正	誤	誤
Ⅱ	正	誤	正	誤

Ⅰ　このころ，日本ではオオツノジカやナウマンゾウの狩猟が行われていた。

Ⅱ　このころ，エジプトでは月の運行をもとにした太陰暦がつくられた。

1 文明のおこりと日本

2 古代国家の歩み

3 中世社会の展開

4 近世社会の展開

5 近代ヨーロッパの発展と日本の開国

6 近代日本の成立

7 二度の世界大戦と日本

8 現代の日本と世界

2 次の各問いに答えなさい。

(1) 紀元前 3000 年ごろ，城壁に囲まれた巨大な都市が出現し，紀元前 18 世紀ごろにはバビロニア王国の王により法律が定められた。この文明について調べた文と，この文明で発明された文字の組み合わせとして正しいものを，右の**表**中の**ア〜エ**から 1 つ選びなさい。〈埼玉県 H30・改〉

資料1
くさび形文字

資料2
象形文字

表
	文明	発明された文字
ア	a	資料1
イ	a	資料2
ウ	b	資料1
エ	b	資料2

a 川の氾濫の時期を知るために天文学が発達し，太陽を基準にして 1 年を 365 日として 12 か月に分ける太陽暦がつくられた。

b 月の満ち欠けに基づく太陰暦や，時間を 60 進法ではかること，1 週間を 7 日とすることが考え出された。　　　　　　　　　　（　　　　）

(2) 右の文を読んで，次の問いに答えなさい。〈開成〉

　　日本列島の人々は，**a**縄文時代のころから魚や貝をとって食べていた。その様子は，**b**各地に残された貝塚からうかがうことができる。**c**「魏志倭人伝」には，日本列島の人々が海にもぐって魚や貝をとっているという記述がある。弥生時代には，素もぐりによる漁も行われていたことがわかる。

① 下線部 **a** に関して，縄文時代の漁労について述べた文として誤っているものを，次の**ア〜エ**から 1 つ選びなさい。（　　　　）

ア 沖合に出て漁をするときに舟を利用した。

イ 骨や角でつくった釣り針で魚を釣った。

ウ 魚を突くもりには鉄器が用いられた。　**エ** とった貝を土器で煮ることもあった。

② 下線部 **b** に関して，縄文時代の貝塚からの出土遺物として誤っているものを，次の**ア〜エ**から 1 つ選びなさい。

ア いのししの骨　**イ** 割れた土器のかけら

ウ こわれた土偶　**エ** 使われなくなった石包丁　　　　　　　（　　　　）

よく出る

③ 下線部 **c** に関して，「魏志倭人伝」の内容について述べた文として正しいものを，次の**ア〜エ**から 1 つ選びなさい。（　　　　）

ア 邪馬台国の女王卑弥呼は，30 ほどの小さな国々を従えていた。

イ 卑弥呼は，魏に使いを送り，皇帝から「日本国王」という称号を授けられた。

ウ 邪馬台国は，伽耶地域の国々と結んで高句麗や百済と戦った。

エ 邪馬台国には身分の違いがあり，卑弥呼は儒教に基づいて統治を行っていた。

(3) 住んでいる場所を「堀」で守り，外からの攻撃を防ごうとした例が弥生時代にみられる。その例として有名な，佐賀県の遺跡の名を挙げなさい。〈ラ・サール〉　（　　　　）

3 次の各問いに答えなさい。

(1) 世界の古代文明について述べた文として正しいものを，次のア〜エから1つ選びなさい。
〈洛南・改〉

ア　メソポタミアでは，粘土板に甲骨文字が刻まれた。

イ　インドでは，ガンジス川流域にれんがづくりの都市文明が栄えた。

ウ　ギリシャでは，代表的なポリスであるアテネで民主政治が発展した。

エ　ローマでは，エジプトから伝わった太陰暦が使われた。　　　（　　　　　）

よく出る

(2) 右の文に関して，このころの世界の様子と宗教に関するできごとを説明したものの組み合わせとして最も適するものを，あとのア〜エから1つ選びなさい。
〈神奈川県・改〉

> 奴国の王が，中国の皇帝に使節を派遣し，金印を授けられた。

| 世界の様子 | A：インダス川流域にインダス文明が誕生し，計画的な都市が建設された。
B：ローマによってはじめて地中海地域が統一され，大きな帝国が築かれた。 | で き ご と | a：パレスチナにイエスが現れ，ユダヤ教をもとに新たな教えを説いた。
b：ムハンマド（マホメット）がアラビア半島でイスラムを創始した。 |

ア　Aとa　　イ　Aとb　　ウ　Bとa　　エ　Bとb　　（　　　　　）

(3) 次のア〜エが古い順になるように並べかえなさい。〈長野県・改〉

ア　磨製の石包丁の使用が始まる。　　　イ　打製石器の使用が始まる。

ウ　縄目の文様をもつ土器の製作が始まる。　　エ　須恵器の製作が始まる。

（　　　→　　　→　　　→　　　）

思考力

(4) 健矢さんは，魏の歴史書「魏志倭人伝」の記録を読んで，「なぜ卑弥呼は魏に貢ぎ物をおくったのだろう」という疑問をもち，次のように仮説を設定した。資料1・2を関連づけて，X・Yに入る適切な内容を書きなさい。〈宮崎県〉

健矢さんの仮説

　女王の卑弥呼が，魏に貢ぎ物をおくったのは，資料1より，中国の皇帝から銅鏡などの返礼品や金印を受け，　X　ことによって，資料2より，　Y　と考えたからだろう。

X [　　　　　　　　　　　　　]

Y [　　　　　　　　　　　　　]

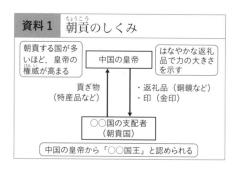

資料1　朝貢のしくみ

| 朝貢する国が多いほど，皇帝の権威が高まる | 中国の皇帝 | はなやかな返礼品で力の大きさを示す |

貢ぎ物（特産品など）　・返礼品（銅鏡など）・印（金印）

○○国の支配者（朝貢国）

中国の皇帝から「○○国王」と認められる

資料2　邪馬台国に関する資料

　倭人の国は多くの国に分かれている。その中で，邪馬台国は，女王の卑弥呼が治めている。

1 文明のおこりと日本

2 古代国家の歩み

3 中世社会の展開

4 近世社会の展開

5 近代ヨーロッパの発展と日本の開国

6 近代日本の成立

7 二度の世界大戦と日本

8 現代の日本と世界

4 次の各問いに答えなさい。

(1) 右の発表原稿は，生徒が身近な地域の歴史を調査して，作成したものの一部である。これを見て，次の問いに答えなさい。〈富山県〉

> 市内の歴史博物館を見学しました。**a**「古墳がつくられた時代」のコーナーでは，この時代の出土品や写真資料が展示されており，**b**この時代に広まった農具についても説明されていました。

① **a**「古墳がつくられた時代」のコーナーについて，展示されていたものとして適切なものを，右の**ア〜エ**から1つ選びなさい。
（　　　　）

ア　イ　ウ　エ

② **b**この時代に広まった農具について，右の**資料1**が展示されていた。農業生産力を高めるため，農具にどのような改良が加えられたかを説明しなさい。

思考力

[　　　　　　　　　　　　　　　　　　]

資料1

(2) 次の**資料2**は，古墳時代に起きた日本国内の動きを考察したものである。図の中の　**X**　に入る語句を漢字4字で書きなさい。〈富山県〉
（　　　　　　）

よく出る

資料2

【3世紀後半】
X　墳がつくられ始め，その分布は主に大和地方に集中した。

背景

【4〜5世紀】
・大仙古墳など，巨大な　**X**　墳がつくられた。
・　**X**　墳の分布が全国各地へ広がった。

【考えられること】大和(ヤマト)政権(王権)の支配が拡大し，勢力を強めた。

(3) 右の**資料3**は，埼玉県にある稲荷山古墳で出土した鉄剣の一部である。　**Y**　には，大和政権における最高権力者を示す称号が刻まれている。　**Y**　に入る2字を漢字で書きなさい。〈長崎県〉
（　　　　　　）

よく出る

資料3

獲加多支鹵
ワカタケル

Y

(所有：文化庁／写真提供：埼玉県立さきたま史跡の博物館)

(4) 古墳時代の東アジア情勢について述べた文として誤っているものを，次の**ア〜エ**から1つ選びなさい。〈同志社〉

ア 高句麗が朝鮮半島北部へ領土を広げ，南部では百済と新羅が成立した。

イ 朝鮮半島から日本列島にわたってきた渡来人は，農業技術のほか焼き物や織物の技術も伝えた。

ウ 倭の五王が，倭の王としての地位と朝鮮半島南部の軍事的な指揮権を中国の皇帝に認めてもらおうとして，たびたび使いを送った。

エ 福岡県の志賀島で発見された金印は，倭の奴国の王が後漢の皇帝から授けられたものとされる。
（　　　　　　）

重要度 ★★★

古代国家の歩み

STEP01 要点まとめ →解答は別冊 21 ページ

（　　）に当てはまる語句を書いて，この章の内容を確認しよう。

1 聖徳太子と律令国家の成立

1 聖徳太子と大化の改新

POINT ●**聖徳太子**の政治…01（　　　　　　　）天皇の摂政となり，**蘇我氏**とともに天皇中心の政治。

→ 02（　　　　　　　　　　）の制度により家柄にとらわれない役

人登用。**十七条の憲法**により役人の心構えを示す。

→**小野妹子**らを**遣隋使**として中国へ送る。

●**飛鳥文化**…**法隆寺**（金堂・五重塔，釈迦三尊像），飛鳥寺。

●**大化の改新**…**中大兄皇子**と**中臣鎌足**が中心となって蘇我氏を

たおす→ 03（　　　　　　　）〔→全国の土地と人民を国のものとする〕。

○法隆寺

2 律令国家の成立と仏教文化

●大陸との関係…唐に対して，**遣唐使**を送る。

朝鮮半島では百済を滅亡させた新羅と唐に対して，中大兄皇子

が兵を送るが敗れる（**白村江の戦い**）。

→防衛のため**大宰府**を設け，山城と水城をつくる。

●律令国家への歩み…中大兄皇子が即位して 04（　　　　　　）天皇と

なる→その死後，皇位をめぐって 05（　　　　　　）の乱が起こり，

勝利した大海人皇子が**天武天皇**となる。

→持統天皇が中国にならった**藤原京**を築く。

POINT ●律令国家の完成…701 年，06（　　　　　　　）が制定され，2 官

8 省，**国**〔→国司が治める〕・**郡**・**里**などの政治のしくみが整う。

→人々に土地を与える**班田収授法**→**口分田**に対して**租**〔→稲〕を課す。成年男子が都まで運んで

納める**調**〔→各地の特産品〕・**庸**〔→労役の代わりの布〕。兵役（防人など）の義務。

●新しい都…710 年，奈良に 07（　　　　　　）がつくられる。

→碁盤の目のような街路。東西の市で**和同開珎**という貨幣を使用。

●進む開墾…人口増加で口分田が不足→ 743 年に 08（　　　　　　　　　）で開墾奨励（**荘園**）。

○古代の都の移り変わり

POINT ● **天平文化**…09(　　　　)天皇のころ栄えた仏教文化。国ごとに**国分寺・国分尼寺**。都に**東大寺**を建て，大仏をつくる。

東大寺の**正倉院**〔→校倉造〕に天皇の遺品。

歴史書の「**古事記**」「**日本書紀**」，地誌の「**風土記**」，歌集の「**万葉集**」。

から衣 裾に取りつき 泣く子らを

置きてぞ来ぬや 母なしにして

青丹よし 奈良の都は 咲く花の

にほふがごとく 今さかりなり

❶「万葉集」の歌
上は防人の歌，下は平城京をうたったもの

---

2 平安京と摂関政治

1 平安京と東アジアの動き

POINT ● **平安京**…寺院の勢力を避け，10(　　　　)天皇が**平城京**から**長岡京**へ移し，さらに 794 年，**平安京**へ都を移す。

→国司の監督を強め，律令政治を立て直す。

→ 11(　　　　)を**征夷大将軍**に任じ，東北の蝦夷を平定。

● 新しい仏教

最澄が比叡山**延暦寺**を開き，12(　　　)宗を広める。

空海が高野山**金剛峯寺**を開き，**真言宗**を広める。

● 東アジアの変化…唐の国力の衰え→**菅原道真**の意見により遣唐使を停止→唐は 10 世紀初めに滅び，**宋**がおこる。

→同じころ，朝鮮半島では**高麗**がおこり，新羅を滅ぼす。

❶朝廷が設置した城または柵
（数字は設置年）

秋田城（733）
志波城（803）
胆沢城（802）
出羽柵（708）
磐舟柵（648）
多賀城（724）
淳足柵（647）
白河関
勿来関

❶朝廷による東北地方への支配の広がり

2 摂関政治と国風文化

POINT ● **藤原氏**の台頭…娘を天皇のきさきにし，その子を次の天皇に立てる。

→天皇が幼いときには 13(　　)に，成長すると**関白**という天皇を補佐する職に就く（**摂関政治**）。

● 摂関政治の全盛…11 世紀の 14(　　　　)と**藤原頼通**の父子のころ→広大な**荘園**をもつ。

国司の支配する土地は**公領**。

この世をば わが世ぞと思ふ

望月の 欠けたることも

無しと思へば

❶藤原氏の栄華をうたった藤原道長の歌

● **国風文化**…貴族たちが生み出した，唐風の文化をふまえながらも日本人の感情に合った独自の文化。

貴族の邸宅に**寝殿造**。

日本の風景や人物を描く**大和絵**。

かな文字を使った文学→ 15(　　　　)の「**源氏物語**」，**清少納言**の「**枕草子**」，**紀貫之**らのまとめた「**古今和歌集**」。

阿弥陀仏にすがって死後に極楽浄土へ生まれ変わることを願う 16(　　)信仰が広まる→藤原頼通の建てた**平等院鳳凰堂**〔→阿弥陀堂〕。

❶寝殿造（模型）　　（国立歴史民俗博物館所蔵）

1 日本文明のおこりと
2 古代国家の歩み
3 中世社会の展開
4 近世社会の展開
5 近代ヨーロッパの発展と日本の開国
6 近代日本の成立
7 二度の世界大戦と日本
8 現代の日本と世界

1 次の各問いに答えなさい。

(1) 右の年表を見て，次の問いに答えなさい。〈香川県〉

① 下線部 **a** に聖徳太子が摂政となるとあるが，次のア〜エのうち，聖徳太子の行ったこととして当てはまらないものを1つ選びなさい。
（　　　　）

年代	主なできごと	
593	a 聖徳太子が摂政となる……	↕A
645	大化の改新が始まる……	↕B
701	大宝律令が定められる……	↕C
752	b 東大寺の大仏が完成する……	↕D
794	平安京に都を移す……	

ア 役人の心構えを示した十七条の憲法を定めた。

イ 進んだ制度や文化を取り入れるために，隋へ使者を送った。

ウ 優れた人物を役人に用いるために，冠位十二階の制度を設けた。

エ 蘇我氏をたおして，天皇を中心とした新しい国づくりを進めた。

② 天智天皇のあとつぎをめぐる戦いである壬申の乱が起こったのは，年表中の**A〜D**のどの時期か。1つ選びなさい。
（　　　　）

③ 下線部 **b** に東大寺の大仏が完成するとあるが，聖武天皇は，国ごとに国分寺と国分尼寺を，都には東大寺を建て，大仏をつくらせた。これらはどのような目的で行われたのか。その目的を簡単に書きなさい。

[　　　　　　　　　　　　　　　　　　　　　　　　　　]

(2) 律令国家では，公地・公民の方針のもと，人々は戸籍に登録され，班田収授法によって口分田を与えられた。口分田を与えられた人々には，与えられた口分田の面積に応じて，税が課せられた。その税の名称を，次のア〜エから1つ選びなさい。〈静岡県〉

ア 租　イ 調　ウ 庸　エ 雑徭
（　　　　）

(3) 右の資料は，天皇や貴族，農民などの歌を集めた，日本最古の歌集に収められた歌である。この歌集を何というか。また，下線部の都を，次のア〜エから1つ選びなさい。

> 青丹よし 奈良の都は 咲く花の
> にほふがごとく 今さかりなり

ア 藤原京　イ 平城京　ウ 大津宮　エ 長岡京

歌集（　　　　）　都（　　　　）

ヒント
(1)③聖武天皇のころ，伝染病やききん，貴族の争いが続いていた。

くわしく
(2)ア〜エのうち，口分田に課せられた税は男女ともに対象だった。ほかの3つは成年男子のみが対象だった。

ヒント
(3)奈良時代の都が栄える様子をうたったもので，この都は今の奈良市の市街地に重なる地域に造営された。

1
文明のおこりと日本

2
古代国家の歩み

3
中世社会の展開

4
近世社会の展開

5
近代ヨーロッパの発展と日本の開国

6
近代日本の成立

7
二度の世界大戦と日本

8
現代の日本と世界

2 次の各問いに答えなさい。

(1) 東大寺には，奈良時代に国際的な交流が行われたことがわかる，西アジアやインドなどから伝わった宝物が納められていた宝庫がある。その名称を漢字3字で書きなさい。〈福井県〉　（　　　　　　　　）

(2) 次の文の下線部**ア〜エ**のうち1か所が誤っている。その記号を選びなさい。〈東海〉

桓武天皇は，平城京から**ア**長岡京を経て平安京に遷都しながら，**イ**坂上田村麻呂を**ウ**征夷大将軍に任命して東北地方の蝦夷の反乱を平定した。その一方で，**エ**渡来人に対する監視を強めるなど，律令政治の再建に努めた。　（　　　　　　　　）

ヒント

(2)桓武天皇は地方政治の引きしめを行った。

(3) 次の文中の**a・b**に当てはまる語句の組み合わせを，あとの**ア〜エ**から1つ選びなさい。〈茨城県〉

9世紀のはじめ，　**a**　は遣唐使とともに唐に渡り仏教を学んだ。帰国後　**a**　は，比叡山に延暦寺を開き，新しい宗派である　**b**　を広めた。

ア **a**－最澄　**b**－真言宗　　**イ** **a**－空海　**b**－真言宗
ウ **a**－最澄　**b**－天台宗　　**エ** **a**－空海　**b**－天台宗（　　　　　　）

ミス注意

(3)同じころ開かれた寺院として，高野山金剛峯寺がある。

(4) 遣唐使の派遣がとりやめられた後のできごとについて述べた文として正しいものを，次の**ア〜エ**から1つ選びなさい。〈高知県〉

ア 藤原頼通によって平等院鳳凰堂が建てられた。
イ 聖徳太子が推古天皇の摂政となった。
ウ 天武天皇が天皇中心の国家建設を進めた。
エ 坂上田村麻呂が征夷大将軍に任命された。　（　　　　　　）

(5) 紫式部が活躍していたころの政治の様子を説明した，次の文中の**X**と**Y**に適する語句をそれぞれ書きなさい。〈福井県〉

藤原氏は，天皇が幼いときには　**X**　に，成長すると　**Y**　という天皇を補佐する職に就いて，政治の実権を握った。

X（　　　　　　　　）　Y（　　　　　　　　）

ヒント

(5)これらの役職名にちなんで，平安時代に藤原氏が行った政治を摂関政治と呼ぶ。

(6) 平安時代の貴族の邸宅に取り入れられた，右のような建築様式を何というか。
（　　　　　　）

（国立歴史民俗博物館所蔵）

1 次の各問いに答えなさい。

(1) 国家による支配のしくみが整えられる流れについて，次の**ア～ウ**のできごとを，年代の古い順に並べなさい。〈岐阜県〉　　　　　　　　　　　　　　　（　　　→　　　→　　　）
　　ア 中大兄皇子らが，大化の改新と呼ばれる新しい支配のしくみをつくる改革を行った。
　　イ 大宝律令がつくられ，全国を支配するしくみが細かく定められた。
　　ウ 聖徳太子が，大王(天皇)を中心とする政治制度を整えようとした。

(2) 右の文を読んで，次の問いに答えなさい。〈岐阜県〉

> 聖徳太子は，中国や **a** 朝鮮に学んで，大王(天皇)を中心とする政治制度を整えようとした。その後，7世紀半ばには，大化の改新と呼ばれる政治の改革が行われ，**b** 8世紀の初めに律令国家が成立した。

　① 下線部 **a** から伝わった仏教について，法隆寺の釈迦三尊像に代表される日本で最初の仏教文化の名を書きなさい。
　　　　　　　　　　　　　　　　　　　　（　　　　　　　　　）

　② 下線部 **b** について，地方の国ごとに編さんされ，自然，産物，伝説などを記したものを次の**ア～エ**から1つ選びなさい。
　　ア 万葉集　　**イ** 風土記　　**ウ** 古事記　　**エ** 日本書紀　　　（　　　　　）

(3) 大化の改新は，土地や人民の支配のしかたを改革することを目指していた。土地や人民の支配のしかたをどのように改革しようとしたのか，それ以前の支配のしかたと比較して説明しなさい。〈福井県〉

　　[　　　　　　　　　　　　　　　　　　　　　　　　　　　　　　　　　]

(4) 天智天皇に関して誤って述べた文を，次の**ア～エ**から1つ選びなさい。〈東海〉　（　　　　　）
　　ア 蘇我氏をたおして政治改革を進めた。　　**イ** 白村江の戦いで唐・新羅連合軍に敗れた。
　　ウ 大野城や水城を築いた。　　**エ** 壬申の乱で勝利を収め天皇に即位した。

(5) 次の**ア～エ**は，遣唐使が始まってから停止するまでの期間のできごとである。起こった順に**ア～エ**を並べなさい。〈徳島県・改〉
　　ア 墾田永年私財法が出された。　　**イ** 坂上田村麻呂の軍が蝦夷の拠点を攻めた。
　　ウ 大宝律令が定められた。　　**エ** 天皇の死後，壬申の乱が起こった。
　　　　　　　　　　　　　　　　　　（　　　→　　　→　　　→　　　）

2 次の各問いに答えなさい。

(1) 平城京に都が置かれてから平安京に都が移されるまでの時代を奈良時代という。平城京と奈良時代について述べた次のⅠ～Ⅲの文の正誤を判断し，その組み合わせとして正しいものを，右のア～カから１つ選びなさい。〈清風南海〉 （　　　）

	ア	イ	ウ	エ	オ	カ
Ⅰ	正	正	誤	誤	正	誤
Ⅱ	正	誤	正	誤	誤	正
Ⅲ	誤	誤	正	正	正	誤

Ⅰ 平城宮は，都の中央を南北に走る朱雀大路の最南端に位置していた。
Ⅱ 開墾地の私有を認める墾田永年私財法が出された。
Ⅲ 朝廷は東北地方に征夷大将軍として坂上田村麻呂を派遣し，蝦夷の抵抗をおさえた。

(2) 右の資料を読んで，次の問いに答えなさい。〈筑波大附〉

① 資料に関する次の文のAに適する内容を15字以内で答えなさい。

　　下線部のルールが定められた背景としては，この詔が出された当時，銭が　A　ことが挙げられる。

> 和銅4(711)年10月23日，天皇の詔*が出された。
> 「…銭を蓄えた者には，その額に応じ，段階を設けて位を授けることにする。従六位以下で銭10貫(1万枚)以上を蓄えた者には位一階を進める。20貫（2万枚）以上蓄えた者には，位二階を進める。」
>
> *お言葉，命令
> （『続日本紀』より口語訳）

[　　　　　　　　　　　　　　　　　　　　　　]

② 資料の詔と最も離れた時期のできごとを，次のア～カから１つ選びなさい。
ア 小野妹子が遣隋使として隋におもむいた。
イ 大宝律令が制定された。
ウ 平将門が東国で反乱を起こした。
エ 都が平安京に移された。
オ 菅原道真が遣唐使の廃止を訴えた。
カ 藤原道長が摂政となった。 （　　　）

(3) 奈良時代の租税の納入に使われたある荷札には，右のような文字が記されている。これについて，次の問いに答えなさい。〈開成〉

① 右の文字が記されていた荷札を用いて納入された租税を何というか。漢字で答えなさい。

> 伊豆国田方郡棄妾郷瀬埼里戸主茜部
> 真弓調荒堅魚十一斤十両　六連一丸

（　　　）

② この荷札と租税を説明した文として誤っているものを，次から１つ選びなさい。
ア この荷札は，都に運ばれる品物に付けられた。
イ この荷札に記載された人物は，戸籍に登録されていた。
ウ この租税は，成年男子が負担した。
エ この租税は，所有する口分田の広さに基づいて課税された。 （　　　）

1 文明のおこりと日本

2 古代国家の歩み

3 中世社会の展開

4 近世社会の展開

5 近代ヨーロッパの発展と日本の開国

6 近代日本の成立

7 二度の世界大戦と日本

8 現代の日本と世界

3 次の各問いに答えなさい。

(1) 右の文を読んで，次の問いに答え
なさい。〈広島大附・改〉

① 空欄1〜5に当てはまる語句を
答えなさい。

1 (   )
2 (   )
3 (   )
4 (   )
5 (   )

② Aに当てはまる，特権の内容を
示す語句を答えなさい。

(   )

③ 下線部①について，農民にかけ
られた税の一つである「庸」を説
明した，次の文のあ・いに当ては
まる語句を答えなさい。

あ の代わりに， い を納
める。

あ (   )
い (   )

④ 下線部②に関連して，それ以前
の様子を述べた次の文の空欄に当
てはまる語句を答えなさい。

(   )

土地や人については，律令体制では， □□□という原則であった。

よく出る

難問

⑤ 下線部③について，戸籍の何をいつわったのか，具体的に答えなさい。(   )

Ⅰ 農業の生産力が低いこの時代には，国司が多くの人を
集めて土地を耕作させることが必要であった。朝廷は，
人々に土地を与える制度である 1 を定めた。6年
ごとに作成する戸籍に基づいて 2 という土地を与
え，①その土地を与えられた農民に税をかけた。

Ⅱ 2 が不足してくると，朝廷は開墾をより奨励す
るため， 3 を定めて，②新たな開墾地であればい
つまでも自分のものにしてよいと認めた。これ以後，貴
族や寺社は国司や郡司らの協力により開墾に力を入れ，
広大な私有地を独占するようになり，その土地は
4 と呼ばれるようになった。

Ⅲ 国司は，朝廷の儀式や寺社の造営を負担した功績によ
って任じられ，地方の政治をまかせられるようになった。
国司の中には，都にとどまって代理人を派遣したり，自
分の収入を増やすことだけに努めたりする者もいた。
③農民が戸籍をいつわることや逃亡することも増加し，
1 の実施も困難になった。

Ⅳ 11世紀半ばすぎから， 4 の持ち主は，国司の税
の取り立てから逃れるため，上流貴族や大寺社に，表向
きの所有者になってもらい， A の特権を得た。ま
た国司は地方の有力者たちを役人として， 4 以外
の土地の支配をまかせていった。この土地は 5 と
呼ばれるようになった。

(2) 平安時代の文化について，右の表中の①〜
③に入るものとして適当なものを，①は次
のi群から，②はii群から，③はiii群から
1つずつ選びなさい。〈京都府・改〉

i群 ア イエズス会がキリスト教を伝える
イ 空海が真言宗を伝える
ii群 カ 遣唐使が停止された
キ 倭寇が大陸沿岸を襲った
iii群 サ 武士 シ 町人 ス 貴族

時期	できごと
8世紀末〜9世紀末	① など，大陸から新しい文化がもたらされた。
9世紀末	② が，大陸の文化はその後も商人を通じてもたらされた。
10世紀〜11世紀	③ たちが，国風文化と呼ばれる，日本の風土や生活に合った洗練された文化を生みだした。

i (   ) ii (   ) iii (   )

1 文明のおこりと日本
2 古代国家の歩み
3 中世社会の展開
4 近世社会の展開
5 近代ヨーロッパの発展と日本の開国
6 近代日本の成立
7 二度の世界大戦と日本
8 現代の日本と世界

4 次の各問いに答えなさい。

(1) 右の**カード**中の**A**と**B**の歌が収められているのはどれか、次の**ア〜エ**から１つずつ選びなさい。〈長野県〉

ア 古今和歌集　　イ 新古今和歌集
ウ 古事記　　　　エ 万葉集

A（　　　）　B（　　　）

> **カード**　Aは漢字で書かれていたが，時代が進むと，**B**のように日本独自の文字も使われるようになった。
>
> **A**防人の歌
>
> 可良己呂武 須宗尓等里都伎 奈久古良乎 意伎弖曽伎努也 意母奈之尓志弖
> （からころむ すそにとりつき なくこらを おきてそきぬや おもなしにして）
>
> **B**紀貫之の歌
>
> かすかののわかなつみにやしろたへのそてふりはへてひとのゆくらむ
> （つらゆき）

(2) 次の文は，桓武天皇のころの朝廷について説明したものである。**P〜R**の**ア・イ**からそれぞれ適切なものを選びなさい。〈富山県〉

地方の政治を立て直すため，**P**｛ア 国司　イ 防人｝に対する監視を厳しくした。また，坂上田村麻呂を**Q**｛ア 太政大臣　イ 征夷大将軍｝とする軍を**R**｛ア 東北　イ 九州｝へ送り，その勢力を広げた。

P（　　　）　Q（　　　）　R（　　　）

(3) 「源氏物語絵巻」に描かれている物語の作者が活躍したころの政治や文化について述べた文として，下線部が誤っているものを，次の**ア〜エ**から１つ選びなさい。〈東大寺学園〉

ア 4人の娘を天皇家に嫁がせた藤原道長は，宇治に平等院鳳凰堂を建立した。
イ 藤原道長の子である頼通は摂政だけでなく，関白にもなって権力を振るった。
ウ 紫式部と同時期に活躍した清少納言は，随筆集「枕草子」を著した。
エ 末法思想が広まり，念仏を唱えて阿弥陀如来にすがる浄土信仰が広まった。

（　　　）

(4) 平安時代には，自然や風俗を題材にした□□□が描かれるようになり，貴族の邸宅のふすまや屏風を飾った。□□□に当てはまる語句を書きなさい。

（　　　）

(5) 平安時代半ば，藤原氏が朝廷の高い地位をほとんど独占した。藤原氏がどのようにして朝廷の高い地位をほとんど独占したのかを，右の**図**を見て書きなさい。〈埼玉県 H28〉

[　　　　　　　　　　　　　]

図　皇室と藤原氏の関係

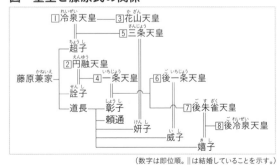

（数字は即位順。‖は結婚していることを示す。）

3 歴史

重要度 ★★★

中世社会の展開

STEP01 要点まとめ → 解答は別冊 24 ページ

（　　）に当てはまる語句を書いて，この章の内容を確認しよう。

1 武士のおこり

1 武士の台頭と院政

● 武士の登場…地方の領主が，豪族や農民を集めて武装
➡ 天皇の子孫である 01（　　　　）や**平氏**が有力に。

● 武士の反乱…関東で 02（　　　　　　）が，瀬戸内海で**藤原純友**が反乱。東北地方で前九年合戦・後三年合戦。

POINT ● 院政…03（　　　　　）天皇が，位を譲り上皇となってからも
政治を続ける →摂関政治を抑える。

❶ 武士による争乱

2 平氏の政治

POINT ● 平氏の繁栄…1156 年に天皇と上皇の間に**保元の乱**。

➡ 1159 年に 04（　　　　）の乱で平氏が源氏を破る。

➡ **平清盛**が**太政大臣**となる➡娘を天皇のきさきとし，生まれた子を天皇に立てる。

➡ 兵庫の港（大輪田泊）を整備して，中国の**宋**と貿易。

● 平氏の滅亡…源氏が兵を挙げ，1185 年，**壇ノ浦の戦い**で平氏を滅ぼす →源義経が活躍。

➡ **源頼朝**が国ごとに**守護**を，荘園や公領に**地頭**を置く➡**奥州藤原氏**を攻め滅ぼす。

➡ 1192 年，頼朝は 05（　　　　　　　）に任じられる。

2 鎌倉幕府と元寇

1 鎌倉幕府の発展

POINT ● 将軍と**御家人**…将軍は御家人の領地を公認・保護し（**御恩**），御家人は命がけで合戦に参加（**奉公**）。

● 武士の生活…領地内の屋敷に住み，武芸の訓練にはげむ。

● 北条氏の政治…源氏の将軍が絶える➡有力御家人の**北条氏**が 06（　　　　）の地位を代々独占。

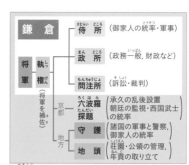

❶ 鎌倉幕府のしくみ

- **承久の乱**…**後鳥羽上皇**が 1221 年に兵を挙げる➡**北条政子**が御家人の結束を訴える➡幕府軍が上皇方を破る➡朝廷を監視するため京都に 07( )を置く。
- 武士の法律…1232 年，08( )が**御成敗式目**（貞永式目）を制定 ➡公正な裁判を行うための基準。

― 諸国の守護の職務は，頼朝公の時代に定められたように，京都の御所の警備と，謀反や殺人などの犯罪人の取り締まりに限る。 ― 武士が 20 年以上継続してその土地を支配していれば，その者の所有になる。

❶御成敗式目（一部要約）

ゴロ合わせ

日に3人 **1232** を成敗し

2 元軍の襲来

- **元寇**…モンゴル帝国の皇帝 09( )が幕府に服属を求めるが，執権の**北条時宗**は拒否➡元は高麗軍とともに九州北部に襲来するが撤退（文永の役・弘安の役）。
- 御家人の生活…恩賞の不足などで生活が苦しくなる➡幕府は 10( )を出す。

3 室町幕府と戦国大名

1 南北朝と室町幕府

- **後醍醐天皇**の政治…鎌倉幕府をたおす➡11( )の新政を行うが武士の不満が高まる➡**足利尊氏**が挙兵し後醍醐天皇は吉野へ逃れる➡**南北朝の動乱**が始まる➡1338 年，尊氏は京都に室町幕府を開く。
- 3 代将軍**足利義満**…各地の 12( )大名をおさえ，幕府のしくみを整える➡南北朝の動乱を終わらせる。中国（**明**）が倭寇の取り締まりを要求➡足利義満が正式な貿易船に 13( )という証明書を持たせ，**日明貿易**を始める ➡明に朝貢する関係。

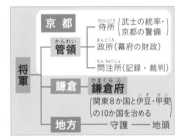

❶室町幕府のしくみ

2 戦国大名の出現／鎌倉・室町時代の文化

- **応仁の乱**…1467 年，8 代将軍 14( )のとき京都で始まる。**下剋上**などによって**戦国大名**が現れる➡城下町を築き，**分国法**を定める。
- 農村の自治…**惣**で自治が行われ，**寄合**で村のおきてが定められる。➡**正長の土一揆**，**山城の国一揆**，**加賀の一向一揆**。
- 鎌倉文化…浄土宗（法然），浄土真宗（親鸞），時宗（一遍），臨済宗（栄西），曹洞宗（道元），日蓮宗（日蓮）など新しい仏教。軍記物の「**平家物語**」。随筆の「**徒然草**」（兼好法師），「**方丈記**」（鴨長明）。東大寺南大門の 15( )像（運慶）。
- 室町文化…足利義満が京都北山に 16( )を建てる。**観阿弥・世阿弥**が**能**を大成。足利義政が京都東山に**銀閣**を建てる ➡禅宗寺院・書院造。**雪舟**が**水墨画**を描く。**お伽草子**・連歌など民衆の文化が発達。

❶書院造（東求堂同仁斎） （絵・ゼンジ）

1 次の各問いに答えなさい。

(1) 約400年続く平安時代は，政治の有力者が変化していく。右の図中の②・③に当てはまるできごとを次の**ア〜ウ**から1つずつ選びなさい。〈沖縄県〉

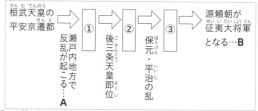

ア 平清盛が太政大臣になる **イ** 白河上皇の院政
ウ 藤原道長が摂政となる ② （　　　） ③ （　　　）

ヒント
(1)後三条天皇が藤原氏の勢力をおさえようとしたのは，11世紀半ばである。

(2) 平清盛が中国との貿易を進めたときの中国の王朝を何というか，次の**ア〜エ**から1つ選びなさい。〈三重県〉

ア 漢 **イ** 唐 **ウ** 宋 **エ** 明 （　　　）

(3) 上の図中の**A**について，この反乱は，939年から瀬戸内地方を中心に朝廷の政治に不満をもったある人物によって起こされた。この反乱を起こした人物を，次の**ア〜エ**から1つ選びなさい。〈香川県・改〉（　　　）

ア 藤原純友 **イ** 平将門 **ウ** 源義朝 **エ** 北条泰時

ヒント
(3)摂関政治を行っていた貴族と同じ氏族である。

(4) 上の図中の**B**について，源頼朝の死後，将軍が暗殺される事件が起こるなど，鎌倉幕府の政治は混乱した。この混乱の中で，後鳥羽上皇は1221年に幕府をたおすために兵を挙げた。後鳥羽上皇が幕府をたおすために兵を挙げたこのできごとは何と呼ばれるか。〈香川県・改〉

（　　　　　　）

くわしく
(4)12世紀後半から武士が権力を握るようになっていたため，後鳥羽上皇は権力を朝廷へ取り戻そうとした。

(5) 次の文を読んで，あとの問いに答えなさい。〈洛南〉

> 次の絵は，元寇で奮戦した御家人の竹崎季長が，自分の活躍ぶりを描かせた「蒙古襲来絵詞」の一部です。元の襲来に備えて築かれた石塁に陣取る将兵と，その前を攻撃に向かう竹崎が描かれています。しかし，彼は戦いで功績をあげたにもかかわらず，恩賞が与えられなかったため，みずから鎌倉におもむきa幕府に直訴し，b恩賞として肥後国海東郷の地頭職を得ました。

① 下線部 **a** について，元が
襲来した 13 世紀の幕府で
は，将軍を補佐する執権が
実権を握っていた。竹崎季
長が直訴したときの執権の
名を答えなさい。

（菊池神社）

( )

② 下線部 **b** について，このように，将軍が御家人に土地を与えたり，領
地を保護することを「御恩」という。これに対し，御家人が将軍に忠誠を
誓い，戦いがあれば一族を率いて参戦する義務を何というか。漢字 2
字で答えなさい。
( )

1 日本 文明のおこりと

2 古代国家の歩み

3 中世社会の展開

4 近世社会の展開

5 近代ヨーロッパの発展と日本の開国

6 近代日本の成立

7 二度の世界大戦と日本

8 現代の日本と世界

2 次の各問いに答えなさい。

(1) 室町幕府において，将軍を補佐する役職を何というか。次の**ア〜エ**から
1 つ選びなさい。〈山口県〉

ア 摂政 　　**イ** 執権 　　**ウ** 管領 　　**エ** 老中（ ）

(2) 室町幕府の 3 代将軍について述べた文として最も適当なものを，次の
ア〜エから 1 つ選びなさい。〈京都府〉

ア 建武の新政に反発し，兵を挙げた。

イ 南北朝の動乱をしずめ，南朝と北朝を統一した。

ウ 六波羅探題を置き，朝廷を監視した。

エ 御家人を統率し，元の侵攻を退けた。 （ ）

(3) 12 世紀に栄西が宋から伝えた仏教を，次の**ア〜エ**から 1 つ選びなさい。
〈群馬県〉 （ ）

ア 時宗 　　**イ** 臨済宗 　　**ウ** 浄土宗 　　**エ** 浄土真宗

(4) 足利義満のころ，経済力を高めた幕府から保護を受け，さまざまな文化
が発展した。このうち，観阿弥・世阿弥親子によって大成されたものは
何か。語句を書きなさい。〈岩手県〉 （ ）

(5) 京都にある右の写真の建物は，室町幕府の
将軍が建てたもので，禅宗様式がみられ
る。この建物を建てた将軍の名を，漢字 4
字で書きなさい。〈神奈川県〉
( )

（慈照寺）

ヒント

(5)①この執権が，フビライ = ハンからの服従の要求を拒否したことから，元が襲来した。

ミス注意

(1)鎌倉幕府や江戸幕府でも，将軍を補佐する役職が置かれたので，取り違えないように注意する。

くわしく

(3)座禅を組み，自分の力でさとりを開こうとする教えである。

くわしく

(5)2 層からなる黒漆塗りの建物である。

STEP03 **実戦問題**

入試レベルの問題で力をつけよう。

目標時間 **50**分

➡ 解答は別冊 25 ページ

---

1 次の各問いに答えなさい。

(1) 10 世紀に起こったできごとについて述べた文として正しいものを，次の**ア〜エ**から 1 つ選び
なさい。〈清風南海・改〉

ア 源義家が後三年合戦で勝利したことにより，源氏が東日本に勢力を強めた。

イ 中国では唐が滅亡し，諸王朝が争ったのち，宋によって統一された。

ウ 平将門は瀬戸内海の海賊を率いて反乱を起こし，大宰府を攻め落とした。

エ 白河天皇が，退位した後も政治の実権をもち続けて院政を行った。 （　　　　）

(2) 宋との貿易を推進するために瀬戸内海の航路や現在の神戸
市にあった港を整えた人物は，広島県にある右の写真に見
える神社を信仰した。この人物について述べた文として最
も適当なものを，次の**ア〜エ**から 1 つ選びなさい。

〈岡山県〉

（厳島神社）

ア 二度の内乱を経て政治の実権を握り，太政大臣に就任した。

イ 自由に商工業ができるように楽市・楽座の政策を進めた。

ウ 武家政治のよりどころとなる御成敗式目を制定した。

エ 天皇を退位後に，上皇として政治を動かす院政を開始した。

（　　　　）

(3) あるクラスでは，鎌倉幕府の支配がどのように確立したかを調べた。その結果，「承久の乱」
や「御成敗式目の制定」が支配を確立させる重要なできごとであったと考えた。いずれも有力
な考えであるが，あなたが支持する考えについて，次のできごと **I・II** から 1 つ選んだうえで，
そのできごとが幕府の支配を確立した理由として適切なものを**ア〜エ**から 1 つ選びなさい（な
お，**I・II** はいずれを選んでも構わない。）。〈富山県〉

できごと　　**I** 承久の乱　　　**II** 御成敗式目の制定

ア 上皇側に味方した貴族や武士の領地を取り上げ，そこに幕府の支配がおよぶようになった
から。

イ 将軍のあとつぎをめぐる戦いに勝って，みずからの支配権を確立したから。

ウ 朝廷の律令とは別に独自の法を制定して，長く武士の法律の見本となったから。

エ 大名同士が無断で縁組することなどを禁じ，大名を統制するしくみが整ったから。

選んだ記号 （　　　　）理由 （　　　　）

2 次の各問いに答えなさい。

(1) 備前国福岡の様子を描いた右の絵について述べた
文として適切なものを，次の**ア〜エ**から１つ選
びなさい。〈兵庫県〉

ア 交通の要地であり，定期市が開かれて商品が
並べられている。

イ 禅宗を日本に伝えた栄西が布教を行っている。

ウ 楽市・楽座などの政策により，城下町に商人
が集まっている。

エ 役人による検地が行われ，村ごとに検地帳が作成されている。　　　　（　　　　　）

(清浄光寺[遊行寺]蔵)

(2) 右の文を読んで，次の問いに答えなさい。〈青雲〉

① 下線部**A**について，12〜13世紀の京
都について述べた次の文a〜dのうち正
しいものの組み合わせを，あとの**ア〜エ**
から１つ選びなさい。

a 平清盛は後白河上皇の院政に協力し，
太政大臣として権力を確立した。

b 平清盛は鴨川に面した港を整備し，
宋の貿易船を京都に招き入れた。

c 鎌倉幕府は，承久の乱後に六波羅探
題を置いて朝廷を監視した。

d 六波羅探題の前に，鎌倉幕府を批判
する二条河原落書が現れた。

ア a・c　　**イ** a・d

ウ b・c　　**エ** b・d　（　　　　　）

② 下線部**B**に関して，足利尊氏は京都を
制圧したのちに新しい天皇を即位させた。このことを受けて後醍醐天皇はどのような行動をと
ったか，具体的な地名を１つ挙げながら，20字以内で述べなさい。

[　　　　　　　　　　　　　　　　　　　　　　　　　　　　　]

> 平安時代には，京都市街は洛外，とくに東側
> の鴨川流域へ拡大していった。鴨川東岸には六
> 波羅と呼ばれる地があり，ここは京都における
> 武家の拠点となった。**A 12世紀には平氏一門が
> 軒を連ね，鎌倉時代には武家政権により朝廷の
> 監視機関が置かれた。B 1336年に京都を制圧
> した足利尊氏は洛中（かつての平安京の内部）に
> 邸宅を構え，これ以後，多くの武家が洛中に進
> 出した。とくに３代将軍足利義満が室町に「花
> の御所」を造営したのちは，京都は武家政権の
> 中心として発展した。京都市街は，15世紀中ご
> ろの　**C**　で主戦場となり荒廃が著しかったが，
> 町衆（京都市民）の力によって復興した。

③ 　**C**　に当てはまる戦乱の名前を答えなさい。　　　　（　　　　　）

(3) 右の資料は，室町時代の土一揆に関するもので
ある。当時の農民たちはどのようなことを要求
したのか，解答欄の形に合わせて適当な語句を
記入して，文を完成させなさい。〈沖縄県〉

農民たちは幕府や領主に[　　　　　　　　　　　　　　　]を要求した。

> 正長元年ヨリサキ者　カンへ四カンカウ
> ニ　ヲキメアルヘカラス（正長元年よりさ
> きは，神戸四箇郷に負い目あるべからず）

1 文明のおこりと日本
2 古代国家の歩み
3 中世社会の展開
4 近世社会の展開
5 近代ヨーロッパの発展と日本の開国
6 近代日本の成立
7 二度の世界大戦と日本
8 現代の日本と世界

091

3 次の各問いに答えなさい。

(1) 守護大名と戦国大名について調べた右の学習メモについて，①・②に入る内容として最も適切なものを，次のア〜エから1つ選びなさい。〈宮崎県〉 （　　　　）

> 守護大名：室町幕府では，有力な守護大名は，　①
>
> 戦国大名：下剋上の風潮が広がって各地に登場し，　②

ア ①－将軍の補佐役である管領に任命された。
②－地方の政治をほとんど国司にまかせた。

イ ①－将軍の補佐役である管領に任命された。　②－領国支配のために，分国法を定めた。

ウ ①－執権として御家人たちをまとめた。　②－地方の政治をほとんど国司にまかせた。

エ ①－執権として御家人たちをまとめた。　②－領国支配のために，分国法を定めた。

(2) 日明貿易について，その内容を述べた次の文中の　　　に当てはまる適当な内容を，「倭寇」「勘合」の2つの語句を用いて30字以内(読点を含む。)で書きなさい。〈千葉県〉

> 日明貿易とは，足利義満が明の求めに応じて　　　を持たせて，朝貢の形式で始めた貿易です。日本は銅・硫黄・刀剣などを輸出し，明から銅銭や生糸などを輸入しました。

[　　　　　　　　　　　　　　　　　　　　　　　　　　　　]

(3) 武家政権の盛衰で社会が変動する中，都市にも変化が表れた。これに関連して，中世の人々の生活について調べるため，資料1・2，地図を用意した。〈長野県〉

資料1　ある村の変化（模式図）　（「若槻荘の歴史」）
1307年　■屋敷地　□田畑
1466年　■屋敷地　□田畑　濠　池　池

地図

① 資料1・2をもとに，中世の村について述べた文として適切なものを，次のア〜エからすべて選びなさい。

ア 資料1では，1か所にあった屋敷地は，しだいに点在する集落になった。

イ 資料1では，点在した屋敷地がまとまり，濠がめぐらされるようになった。

資料2　寄合で決定した村のおきて（1489年）

一，祭礼に使う塩や野菜は神主が用意し，その費用は惣から出すこと。

一，薪や炭は，惣のものをたくこと。

（「今堀日吉神社文書」部分要約改）

ウ 村のおきては，荘園領主がすべて定めたものであった。

エ 農民の生活や神社の運営について規定した村のおきてがあった。 （　　　　）

② 信仰で結びついた農民や武士たちが一揆を起こし，守護をたおして約100年間にわたって自治が行われた場所を，地図のア〜エから1つ選びなさい。 （　　　　）

4 次の各問いに答えなさい。

(1) 右の文中の**a・b**から正しいものを1つずつ選びなさい。

a（　　　）b（　　　）

> 武士が台頭する中で、貴族は朝廷の文化を見直すようになり、新しい文化が生まれてきた。a｛**ア** 後鳥羽上皇　**イ** 後醍醐天皇｝の命令で編集されたb｛**ア** 「古今和歌集」　**イ** 「新古今和歌集」｝はその代表例である。

(2) 鎌倉時代の文化について述べた文として正しいものを、次の**ア～エ**から1つ選びなさい。〈高知県〉

（　　　）

ア 観阿弥と世阿弥が能を大成した。
イ 清少納言が「枕草子」を書いた。
ウ 狩野永徳が「唐獅子図屏風」を描いた。
エ 鴨長明が「方丈記」を書いた。

難問

(3) 室町時代には、雪舟が山口を拠点に活躍し、日本独自の水墨画を完成させた。また、多くの貴族や僧が地方に移り住んだ。右の資料は、当時の都の様子が書かれた文章の一部をわかりやすく書き直したものである。貴族や僧が地方に移り住んだ理由と、彼らが地方に与えた文化的な影響について、資料中にある「この乱」の名前と、当時の都の状況を明らかにしながら、それぞれ簡潔に書きなさい。〈栃木県〉

> 予想さえしなかった。永遠に栄えると思われた花の都が、今やきつねやおおかみのすみかとなってしまって、偶然残った東寺や北野神社さえも灰や土になろうとは。昔にも世が乱れる例はあったが、この乱では仏法も破壊し、諸宗も皆絶えてしまった。

理由 [　　　　　　　　　　　　　]

影響 [　　　　　　　　　　　　　]

超難問

(4) 裕太さんは、武士の政権である鎌倉幕府について調べていく中で、北条泰時が御成敗式目を定めたことに興味をもち、次のように発表原稿にまとめた。**資料1・2**をもとに、①・②に入る適切な内容を書きなさい。〈宮崎県〉

裕太さんの発表原稿（一部）

　北条泰時が御成敗式目を定めたのは、**資料1**から、承久の乱の後に、新しい地頭が置かれ、鎌倉幕府の支配が　①　ことによって、**資料2**から、領地の支配権をめぐり、　②　ため、裁判を公平に行うための基準が必要になったからだと思います。

① [　　　　　　　　　　　　　]

② [　　　　　　　　　　　　　]

資料1　承久の乱に関する資料

乱の後、幕府が新しい地頭として東国の御家人を置いた国

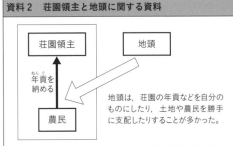

資料2　荘園領主と地頭に関する資料

荘園領主　　地頭

年貢を納める

農民

地頭は、荘園の年貢などを自分のものにしたり、土地や農民を勝手に支配したりすることが多かった。

1 文明のおこりと日本
2 古代国家の歩み
3 中世社会の展開
4 近世社会の展開
5 近代ヨーロッパの発展と日本の開国
6 近代日本の成立
7 二度の世界大戦と日本
8 現代の日本と世界

重要度 ★★★

4 歴史 近世社会の展開

STEP01 要点まとめ ➡ 解答は別冊 26 ページ

（　　）に当てはまる語句を書いて，この章の内容を確認しよう。

1 ヨーロッパとイスラム世界

1 新しい文化

- **十字軍**…イスラム教勢力から聖地**エルサレム**を取り返すため 01（　　　　　　　　）教皇が呼びかけ。
- 新しい文化…イタリアの都市で古代の文化を復興させる 02（　　　　　　）がおこる。

2 ヨーロッパ人の世界進出

POINT
- 新航路の開拓…03（　　　　　　　　）が北アメリカへ，**バスコ=ダ=ガマ**がインドへ，**マゼラン**船隊が世界一周 ［➡アジアの香辛料などを得る目的］。
- **宗教改革**…ドイツの**ルター**らがカトリック教会の腐敗を批判➡**プロテスタント**による改革 ［➡カトリックのイエズス会は海外布教へ］。

❶ヨーロッパからアジア・アメリカへの新航路

2 天下統一への歩み

1 織田信長の台頭

POINT
- 統一事業…今川義元を**桶狭間の戦い**で破る➡室町幕府を滅ぼす➡鉄砲を使って武田氏を 04（　　　　　　）の戦いで破る➡05（　　　　　　）城の城下で**楽市・楽座**。仏教勢力をおさえ，キリスト教を保護。**本能寺の変**で家臣の**明智光秀**にたおされる。

一，安土城下で楽市を命じるうえは，座の特権や税などはすべて免除する。

一，諸国で徳政令が発布されても，安土には適用されない。

❶楽市・楽座令（一部要約）

2 豊臣秀吉と桃山文化

POINT
- 統一事業…明智光秀を破り，信長の後継者となる➡06（　　　　　　　　）を実施し，石高に応じて百姓に年貢を納めさせる➡**大阪城**を築く➡バテレン追放令➡**刀狩**を実施➡1590 年に北条氏などを滅ぼし全国統一 ［➡このころ天正遣欧少年使節が帰国］➡**朝鮮侵略** ［➡明を征服するため］。
- 桃山文化…**狩野永徳**らの障壁画。07（　　　　　　）がわび茶の作法を完成。**出雲の阿国**がかぶき踊りを始める。**姫路城**などの壮大な城。

3 江戸幕府の成立と発展

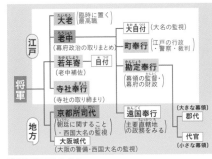

❶江戸幕府のしくみ

1 幕藩体制の確立

- 江戸幕府の成立…**徳川家康**が 08（　　　　　）の戦いで**石田三成**らを破る➡ 1603 年，**征夷大将軍**。
- 幕藩体制…大名を**親藩・譜代・外様**に区分。大名を**武家諸法度**で統制➡**参勤交代**。武士が百姓・町人を支配。

POINT
- 鎖国…キリスト教を禁止➡**島原・天草一揆**➡**絵踏・宗門改**。
  09（　　　　　）貿易で日本町➡ポルトガル船来航禁止➡オランダ商館を**長崎**の 10（　　　　　）へ。

2 産業と交通の発達

- 農業…**備中ぐわ・千歯こき**などの農具，干鰯〔➡いわし〕などの肥料，**新田開発**により耕地増加。

POINT
- 商工業…蔵屋敷が置かれた 11（　　　　　）は「**天下の台所**」。**株仲間**が営業を独占。**両替商**が貨幣を交換。佐渡（金山），石見（銀山）などの鉱山を開発し貨幣を発行。**問屋制家内工業**から**工場制手工業**へ。
- 交通…東海道などの**五街道**，**西廻り航路**などを整備。江戸と大阪の間に菱垣廻船・樽廻船。

3 文化と学問の発達

- 元禄文化…大阪・京都の町人中心。**浮世草子**の井原西鶴，**人形浄瑠璃**の近松門左衛門，**俳諧**の松尾芭蕉，**浮世絵**を始めた 12（　　　　　）。

❶富嶽三十六景（葛飾北斎）　　（個人蔵）

- 化政文化…江戸の庶民中心。小説の滝沢馬琴・十返舎一九，俳諧の**与謝蕪村・小林一茶**，錦絵の**葛飾北斎・歌川広重・喜多川歌麿**。

POINT
- 学問…杉田玄白らが 13（　　　　　）語の医学書を**翻訳**して「**解体新書**」を出版➡**蘭学**。
  本居宣長が「**古事記伝**」を著す➡**国学**。

4 幕府政治の展開

- **徳川綱吉**の政治…**生類憐みの令**。貨幣の改悪。

POINT
- **徳川吉宗**の政治…14（　　　　　）の改革。**公事方御定書**〔➡裁判の基準〕・**目安箱**・上げ米の制。**百姓一揆**や**打ちこわし**が増え始める。
- **田沼意次**の政治…15（　　　　　）を公認し商工業を振興。
- **松平定信**の政治…16（　　　　　）の改革。米を備蓄。都市の農民を村へ帰す。**朱子学**を奨励。

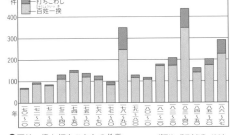

❶百姓一揆と打ちこわしの件数　　（「百姓一揆総合年表」ほか）

1 文明のおこりと日本

2 古代国家の歩み

3 中世社会の展開

4 近世社会の展開

5 近代ヨーロッパの発展と日本の開国

6 近代日本の成立

7 二度の世界大戦と日本

8 現代の日本と世界

学習内容が身についたか，問題を解いてチェックしよう。

---

1 次の各問いに答えなさい。

(1) 十字軍の遠征の影響により，14 世紀に西ヨーロッパで起きたことについて述べた文を，次の**ア～エ**から 1 つ選びなさい。〈三重県〉（　　　　）

ア ローマ帝国は，キリスト教徒を迫害したが，その後，キリスト教を国の宗教として認めた。

イ 古代ギリシャやローマの文化を手がかりに，人間のいきいきとした姿が文学や美術で描かれ始め，ルネサンス（文芸復興）が花開いた。

ウ バスコ＝ダ＝ガマの船隊がインドに到達して，ヨーロッパとインドが初めて海路で直接つながった。

エ カトリック教会内部の改革運動がさかんになり，イエズス会は，勢力回復のためにアジアやアメリカなどにキリスト教を伝えた。

くわしく

(1)十字軍遠征の影響として，ヨーロッパとイスラム世界との人や物の交流がさかんになったこと，イタリアの諸都市が経済的に力を付けたことが挙げられる。

(2) 右の表を見て，次の問いに答えなさい。〈徳島県〉

できごと	日本に与えた影響
□の伝来	戦い方が変化し，それに対応して城の備えが変わった。南蛮貿易が始まった。

① 表中の□には，織田信長が長篠の戦いで活用したある武器が当てはまる。この武器は何か，書きなさい。

（　　　　）

② 下線部では，日本からは主に銀が持ち帰られた。当時の日本における最大の銀の産地はどこか，また，その銀山の位置は地図中の**A**・**B**のどちらか，それらの組み合わせとして正しいものを，次の**ア～エ**から 1 つ選びなさい。

ア 石見－**A**　　**イ** 石見－**B**
ウ 佐渡－**A**　　**エ** 佐渡－**B**

（　　　　）

ミス注意

(2)②世界文化遺産に登録されている銀山である。もう一方は金山で，世界文化遺産には登録されていない。

(3) 豊臣秀吉の全国統一について述べた文として正しいものを，次の**ア～エ**から 1 つ選びなさい。〈青雲〉（　　　　）

ア 足利義昭を京都から追放し，室町幕府を滅亡させた。

イ 座を結んだ商人や手工業者を優遇し，商工業の発展を図った。

ウ 関白に任じられ，天皇の権威を利用して諸大名に停戦を命じた。

エ 東北一円を領有した島津氏の降伏により，全国統一を完成させた。

ヒント

(3)1590年，小田原城を本拠地とする戦国大名をたおして，豊臣秀吉は全国を統一した。

2 次の各問いに答えなさい。

(1) 右の資料は，1635年に江戸幕府が出した法令を，現代語訳したものの一部である。資料に示した法令を何というか，その名称を書きなさい。〈三重県〉

> 大名が国元と江戸とを参勤交代するよう定めるものである。毎年四月中に参勤せよ。……

（　　　　　　　）

ヒント
(1)取り締まる対象となった人々の身分を示す語が，法令名に含まれている。

(2) 右の表の①～③には，江戸時代に行われた政治であるA～Cのいずれかが入る。①～③に入る組み合わせとして適切なものを，次のア～エから1つ選びなさい。〈兵庫県・改〉

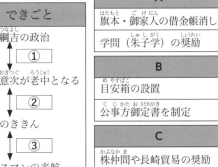

表

できごと
徳川綱吉の政治
①
田沼意次が老中となる
②
天明のききん
③
ラクスマンの来航

A
旗本・御家人の借金帳消し
学問（朱子学）の奨励

B
目安箱の設置
公事方御定書を制定

C
株仲間や長崎貿易の奨励
印旛沼の干拓

ア A－② B－③ C－①

イ A－③ B－① C－②　　ウ A－② B－① C－③

エ A－① B－③ C－②

（　　　　　　　）

ヒント
(2)享保の改革では裁判の基準になる法令が出された。寛政の改革では身分の秩序を重んじる学問を幕府の学校で学ばせた。

(3) 江戸時代には，奥州道中・日光道中・甲州道中・中山道・［　　　］の五街道が整備された。［　　　］に当てはまる陸上交通路を書きなさい。

（　　　　　　　）

(4) 江戸時代の農民が使ったほしかは，主に［　　　］からつくられた肥料であり，［　　　］漁のさかんな九十九里浜で加工されたものが有名である。［　　　］に共通して当てはまる語句を，次のア～エから1つ選びなさい。〈北海道・改〉

（　　　　　　　）

ア かつお　　イ くじら　　ウ こんぶ　　エ いわし

(5) 錦絵について，19世紀初めの文化・文政期に，風景画に優れた作品を残したのは誰か。次のア～エから1つ選びなさい。〈新潟県〉

ア 井原西鶴　　イ 尾形光琳

ウ 葛飾北斎　　エ 近松門左衛門

（　　　　　　　）

(6) 江戸時代後半に発達した蘭学では，どこの国の言語をもとに西洋の学問が学ばれたか。

（　　　　　　　）

くわしく
(6)徳川吉宗が洋書の輸入を一部解禁したことによって，この学問が発達し始めた。

右側縦組み目次：

STEP 03 実戦問題

入試レベルの問題で力をつけよう。

目標時間 **50**分

➡ 解答は別冊 27 ページ

---

1 次の各問いに答えなさい。

(1) 宗教や文化の違いが，対立や戦いを生むことがある。宗教・文化に関わる次の**ア〜ウ**のできごとを，始まった順に並べなさい。〈大阪教育大附平野〉 （　　→　　→　　）

ア 人間性を重視する古代ギリシャ・ローマの文化を理想とした，新しい文化の風潮がイタリアで生まれた。

イ 聖地エルサレムをイスラム教徒から取り戻すため，ローマ教皇が軍隊の派遣を呼びかけた。

ウ カトリックの勢力を回復するために，イエズス会が設立された。

(2) 右の文は，下剋上の風潮が広まったころの，ヨーロッパ人のアジア進出と日本の様子について説明したものである。**I・II**に当てはまる語句の正しい組み合わせを，**ア〜エ**から1つ選びなさい。〈岐阜県〉

> 　15世紀末には ☐**I** ☐ の船隊がインドに到達し，ヨーロッパとインドが初めて海路で直接つながった。その後，16世紀中ごろには ☐**II** ☐ 人を乗せた船が種子島(鹿児島県)に流れ着き，日本に鉄砲が伝えられた。鉄砲は戦国大名に注目され，日本各地に広まった。

ア **I**−コロンブス　**II**−スペイン

イ **I**−コロンブス　**II**−ポルトガル

ウ **I**−バスコ＝ダ＝ガマ　**II**−スペイン

エ **I**−バスコ＝ダ＝ガマ　**II**−ポルトガル

（　　　　）

(3) カトリックに関する次の文**ア〜エ**のうち，適当でないものを1つ選びなさい。〈東海・改〉

ア イエズス会宣教師フランシスコ＝ザビエルは日本で伝道をした。

イ カトリックの総本山バチカンは，イタリアの首都ローマ市内に位置する。

ウ 16世紀の宗教改革で，ルター派，カルバン派などのプロテスタントが現れた。

エ 天正遣欧少年使節はカトリックの最高指導者ローマ皇帝に謁見した。

（　　　　）

2 次の各問いに答えなさい。

(1) 右の資料を見て，次の文中の**a〜c**に当てはまる語句の組み合わせとして適切なものを，あとの**ア〜エ**から1つ選びなさい。〈兵庫県〉 （　　　　）

　織田信長は，柵や堀を利用するとともに， ☐**a**☐ を使用して，戦いを有利に進め， ☐**b**☐ の騎馬隊を破った。これは ☐**c**☐ の戦いと呼ばれている。

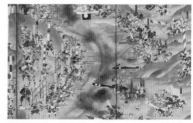

(徳川美術館所蔵　©徳川美術館イメージアーカイブ/DNPartcom)(部分)

1 文明のおこりと 日本

2 古代国家の歩み

3 中世社会の展開

4 近世社会の展開

5 近代ヨーロッパの 発展と日本の開国

6 近代日本の成立

7 二度の世界大戦と 日本

8 現代の日本と世界

ア　a－弓矢　b－武田氏　c－長篠　　イ　a－弓矢　b－今川氏　c－桶狭間
ウ　a－鉄砲　b－今川氏　c－桶狭間　　エ　a－鉄砲　b－武田氏　c－長篠

難問

(2)　右の資料は，織田信長が安土城下に出した命令を，要約したものである。この資料を読むと，織田信長が，有利な条件を与えて，商人を安土に呼び寄せようとしたことがわかる。資料中の下線部で示したきまりが商人にとって有利な条件である理由を，「商人」「帳消し」の2つの語句を用いて簡単に書きなさい。〈愛媛県〉

> 一，この町に対して楽市を命じたうえは，座に関する制約を廃止する。
>
> 一，信長の領地で，今後，徳政令を出す場合，この安土には，例外として，適用しない。
>
> 一，他国から移住してきた商人も，前から安土に住んでいた者と同様に扱うこととする。
>
> （近江八幡市共有文書）

[　　　　　　　　　　　　　　　　　　　　　　　　　　　　]

(3)　兵農分離に関する右のカードを見て，次の問いに答えなさい。〈秋田県・改〉

①　カードの**a**に当てはまる語句を書きなさい。

（　　　　　　　）

②　カードの**b**に入る適切な内容を，「区別」「支配」の語句を用いて書きなさい。

[　　　　　　　　　　　　　　　　]

> 内容
> ◇検地帳を作成し，登録された農民に　a　の耕作権を保障した。
> ◇農民による一揆を防ぐために武器を取り上げた。
> ◇農民が町人になることや，武士が農民や町人になることを禁じた。
> 影響
> ◇　b

(4)　豊臣秀吉の時代の［キリスト教への対応］と，その時代にさかんであった［貿易の様子］を描いたとされる絵画資料の組み合わせとして最も適当なものを，次の**ア〜エ**から1つ選びなさい。〈佐賀県〉

［キリスト教への対応］
a　宣教師の国外追放を命じたが，海外との貿易は認めていたため，キリスト教の禁止は徹底できなかった。
b　海外との貿易を制限し，キリスト教の禁止を徹底するため，キリスト教徒を見つけだす絵踏を行った。

［貿易の様子］

I （Photo:Kobe City Museum/DNPartcom）（部分）

II （長崎歴史文化博物館）

ア　a・I　　イ　a・II　　ウ　b・I　　エ　b・II

（　　　　　　　）

3 次の各問いに答えなさい。

難問 (1) Hさんは，鉄砲伝来から，鎖国の体制が固まるまでのできごとについて，右の年表にまとめた。年表中の**W〜Z**に当てはまるできごとを，次の**ア〜エ**から1つずつ選びなさい。

〈埼玉県 H30〉

年代	主なできごと
1543	ポルトガル人が鉄砲を伝える
1573	室町幕府が滅びる
1582	**W**
1603	江戸に幕府が開かれる
1612	**X**
1635	日本人の海外渡航・帰国を禁止する
1637	**Y**
1639	**Z**
1641	オランダ商館を長崎の出島に移す

ア キリシタン大名の大友宗麟などが，四人の少年使節をローマ教皇のもとに派遣する

イ 神の使いとされた天草四郎という少年を大将にした島原・天草一揆が起こる

ウ ポルトガル船の来航を禁止する

エ 幕府が，幕領にキリスト教禁止令を出す

W（　　　　） X（　　　　） Y（　　　　） Z（　　　　）

(2) 鎖国下の日本における世界との結びつきについて述べた文として適当でないものを，次の**ア〜エ**から1つ選びなさい。〈大分県〉 （　　　　）

ア 対馬・薩摩・松前では，それぞれの藩が幕府から外交や貿易をすることを認められた。

イ 長崎では，幕府の統制のもと，出島でオランダ人との貿易を行った。

ウ 朝鮮から，将軍の就任祝いなどで朝鮮通信使が日本を訪れ，文化交流も行われた。

エ 外国と貿易する大名や豪商に渡航を許す朱印状を与えて，収入の一部を幕府に納めさせた。

難問 (3) 江戸時代の三都について誤っている説明を，次の**ア〜ウ**から1つ選びなさい。ただし，すべて正しい場合は**エ**と答えなさい。〈大阪教育大附平野〉 （　　　　）

ア 江戸は，政治の中心地として，藩主の常住が義務づけられ，18世紀には100万人を超える大都市となった。

イ 京都は，文化の中心地として，西陣織や清水焼などの優れた手工業の産物を生産していた。

ウ 大阪は，商業の中心地として，諸藩の蔵屋敷が置かれ，年貢米が運ばれていた。

新傾向 (4) 花子さんは，江戸時代の農業について調べたところ，農作物の収穫量が増加していたことがわかった。その理由について，右の**資料1〜3**をすべて踏まえて書きなさい。〈福井県〉

資料1　耕地面積

年	面積(千ha)
1600年	2,048
1720年	2,903
1850年	3,144

（「経済社会の成立17-18世紀」）

資料2　農書の例

（国立国会図書館ホームページ「農業全書」）

資料3　備中ぐわ

（国立国会図書館ホームページ「農具便利論」より作成）

[　　　　　　　　　　　　　　]

4 次の各問いに答えなさい。

(1) 徳川綱吉，徳川吉宗，松平定信による幕府政治の改革について，次のア～エのうち，3人がそれぞれ行った改革の内容を3つ選び，年代の古いものから順に並べなさい。　〈千葉県・改〉

ア　朱子学を重んじて幕府の正式な学問とし，人材育成を図った。
イ　公事方御定書という法律を整え，裁判の基準をつくった。
ウ　公武合体策をとり，天皇の妹を将軍の夫人に迎えた。
エ　極端な動物愛護を強いる生類憐みの令を出した。　　　（　　　→　　　→　　　）

(2) 江戸幕府は，主に百姓からの年貢によって財政をまかなっていた。右の資料は，江戸幕府の8代から12代までのそれぞれの将軍の在職期間と将軍の就任年における幕領(幕府が直接支配する地域)の石高と幕領の年貢高をそれぞれ示したものである。次の文は，この資料からわかることを述べようとしたものである。文中のa・b内に当てはまるものを1つずつ選びなさい。〈香川県〉

将軍	在職期間（年）	就任年における幕領の石高（万石）	就任年における幕領の年貢高（万石）
8代 徳川吉宗	1716～1745	409	139
9代 徳川家重	1745～1760	463	177
10代 徳川家治	1760～1786	446	169
11代 徳川家斉	1787～1837	436	144
12代 徳川家慶	1837～1853	423	139

（「日本史総覧Ⅳ」）

　10代将軍徳川家治から12代将軍徳川家慶において，将軍の在職期間が最も長いのは，a〔ア　徳川家治　イ　徳川家斉　ウ　徳川家慶〕である。また，8代将軍徳川吉宗と9代将軍徳川家重のそれぞれの就任年における幕領の石高に占める年貢高の割合を比べると，b〔エ　徳川吉宗　オ　徳川家重〕の就任年のほうが高い。　　a（　　　）b（　　　）

(3) 江戸時代の文化について述べた文として最も適当なものを，次のア～エから1つ選びなさい。
〈青雲〉　　　　　　　　　　　　　　　　　　　　　　　　　　　　　　　　（　　　）

ア　元禄文化は上方を中心とする文化で，化政文化は江戸を中心とする文化である。
イ　元禄文化の時期には，本居宣長が町人の生活を小説に描く浮世草子を発表した。
ウ　化政文化の時期には，尾形光琳が江戸の風景などを浮世絵として描いた。
エ　元禄文化の時期に人気が高まった歌舞伎は，化政文化のころはほとんど上演されなかった。

(4) 次の文は，江戸時代の教育について述べたものである。文中の□□□に当てはまる適当な語句を，「寺子屋」「諸藩」「藩校」の3つの語を用いて，20字以内（読点を含む。）で書きなさい。
〈千葉県〉
　　庶民は，読み・書き・そろばんなどを□□□に学問や武道を教えて人材の育成を図った。

1 文明のおこりと日本
2 古代国家の歩み
3 中世社会の展開
4 近世社会の展開
5 近代ヨーロッパの発展と日本の開国
6 近代日本の成立
7 二度の世界大戦と日本
8 現代の日本と世界

5 歴史 近代ヨーロッパの発展と日本の開国

重要度 ★★★

STEP01 要点まとめ → 解答は別冊 29 ページ

（　）に当てはまる語句を書いて，この章の内容を確認しよう。

1 欧米諸国のアジア侵略

❶市民革命

- 啓蒙思想…**ロック**「統治二論」，**モンテスキュー**「法の精神」，**ルソー**「社会契約論」

POINT
- イギリスの革命…**クロムウェル**によるピューリタン革命 ➡ 01（　　　　　　）革命で**権利章典**を発布➡議会制度の基礎が固まる。

> 第1条　人は生まれながらに，自由で平等な権利をもつ。
> 第3条　主権の源は，もともと国民の中にある。
>
> ❶人権宣言（一部要約）

- フランスの革命…**絶対王政** ➡ 1789 年に 02（　　　　　）宣言を発表し**フランス革命**➡**ナポレオン**が権力を握る。
- アメリカの独立戦争…北アメリカのイギリス植民地の人々が独立を求めて起こす ➡ 1776 年に 03（　　　　　）宣言➡植民地側が勝ち合衆国憲法を制定。
  [➡ワシントンが初代大統領]

❷産業革命と19世紀の欧米諸国

- イギリスの産業革命…18 世紀後半より 04（　　　　　）機関で動く機械を使用➡工場で綿織物を安く大量生産。輸出も行う➡産業が急速に発達 [➡「世界の工場」と呼ばれる]。
- 新しい経済のしくみ…資本家が労働者を賃金でやとって生産する 05（　　　　）主義が成立 ➡資本家と労働者の間の貧富の差が拡大➡**社会主義**の考え方も生まれる。

POINT
- イギリスの中国進出…イギリスはインドへ綿織物を輸出し，インドで栽培させた 06（　　　　） を清（中国）へ密輸➡ 1840 年，イギリスと清の間で戦争➡イギリスが勝利し**南京条約**。

❶アヘン戦争（手前は清の帆船，右奥はイギリスの蒸気船）
（公益財団法人東洋文庫所蔵）

- イギリスのインド進出…安い 07（　　　　）製品をインドへ輸出➡インドの手工業が打撃➡ 1857 年，**インド大反乱**➡イギリスはこれをおさえ，インドを直接支配下に置く。
- アメリカ…自由貿易と奴隷制をめぐり 1861 年に 08（　　　　　）戦争➡北部を指導する**リンカン**大統領が奴隷解放宣言➡北部が勝利。
- ドイツ…プロイセンを中心に，1871 年に**ドイツ帝国**を樹立。

1 文明のおこりと日本

2 古代国家の歩み

3 中世社会の展開

4 近世社会の展開

5 近代ヨーロッパの発展と日本の開国

6 近代日本の成立

7 二度の世界大戦と日本

8 現代の日本と世界

2 開国と江戸幕府の滅亡

1 外国船の出現

● 外国船の出現…ロシア・イギリスなどの船が接近 ➡ 江戸幕府は 09(　　　　　)打払令を出す

[➡蛮社の獄で高野長英らを処罰。アヘン戦争の影響で打払令は廃止]。

● 幕府政治の改革…幕府の元役人の 10(　　　　　)が
大阪で反乱。
➡ 老中の**水野忠邦**が 11(　　　　)の改革を行う ➡ **株仲間**
の解散。

POINT ● ペリーの来航…1853 年，浦賀に来航し開国を要求 ➡ 翌年，
12(　　　　　)条約を結ぶ ➡ 鎖国の政策は崩れ，開国。
➡ 1858 年，**日米修好通商条約**を結ぶ ➡ 貿易が始まる。
アメリカに**領事裁判権（治外法権）**を認め，日本の 13(　　　　　　)がない不平等条約。

日米修好通商条約で開港の5港
函館(両方の条約)で開港
新潟
神奈川（横浜）
兵庫（神戸）
下田
長崎
日米和親条約で開港の2港

❶ 幕末の開港地
（下田は，日米修好通商条約の締結で閉鎖）

2 開国の影響と倒幕

● 開国の影響…物価が上昇。綿織物などの国内の産
業が打撃。
➡ 世直し一揆や打ちこわしが起こる。

● 幕府への批判…天皇を尊び外国の勢力を排除しよ
うとする 14(　　　　)運動が高まる。
➡ 幕府は**安政の大獄**でこれを弾圧 ➡ **桜田門外の変**
で大老の 15(　　　　)が暗殺される。

● **長州藩**の動き…外国船を砲撃 ➡ 4か国の艦隊が長
州藩に報復 [➡長州藩は攘夷をあきらめる] ➡ **木戸孝允**らが実権
を握り，倒幕へ。

● **薩摩藩**の動き…薩摩藩士が外国人を殺傷 ➡ イギリ
ス艦隊が鹿児島を報復攻撃（薩英戦争） ➡ **西郷隆
盛**や**大久保利通**らが実権を握り，軍備を強化。

POINT ● 倒幕の動き…土佐藩出身の 16(　　　　　)が
仲介し，長州藩と薩摩藩が**薩長同盟**を結び，倒幕へ。

● 江戸幕府の滅亡…15代将軍の 17(　　　　　)が1867年，
政権を朝廷に返す（**大政奉還** [➡慶喜は新政権でも主導権をもとうとした]）。
➡ **西郷隆盛**や**岩倉具視**が，朝廷を動かして**王政復古の大
号令**を出す [➡慶喜の新政権への参加は認められなかった]。
➡ 1868 年，旧幕府軍と新政府軍との間で 18(　　　　)
戦争が起こり，翌年，新政府軍が勝利。

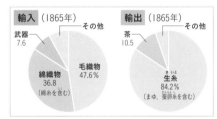

輸入 （1865年）		輸出 （1865年）	
武器 7.6	その他	茶 10.5	その他
綿織物 36.8 （綿糸を含む）	毛織物 47.6%		生糸 84.2% （まゆ，蚕卵糸を含む）

❶ 開港後の貿易　　　　　「日本経済史3　開港と維新」

❶ 長州藩の砲台を占領した4か国の艦隊　（横浜開港資料館所蔵）

❶ 大政奉還（左奥が15代将軍）
（邨田丹陵「大政奉還」聖徳記念絵画館）

学習内容が身についたか，問題を解いてチェックしよう。

---

1 次の各問いに答えなさい。

(1) 右の資料は，1689 年にイギリスで制定された法の一部である。この法を次の**ア～エ**から1つ選びなさい。〈青森県〉

> 第1条　議会の同意なしに，国王の権限によって法律とその効力を停止することは違法である。
> 第5条　国王に請願することは臣民の権利であり，この請願を理由に監禁したり裁判にかけたりすることは違法である。

ア 世界人権宣言　　**イ** 権利章典
ウ ワイマール憲法　**エ** マグナ＝カルタ　　　　（　　　　　）

ヒント

(1)**ア～エ**の中には，イギリスで制定された法が2つある。

(2) 19 世紀のイギリスとフランスの歴史について述べた次の文**X・Y**の正誤の組み合わせとして正しいものを，あとの**ア～エ**から1つ選びなさい。〈佐賀県〉

X イギリスは，アヘン戦争で清に勝利し，南京条約を結んで清から香港を手に入れた。

Y フランスは，ワシントン率いるアメリカと奴隷制をめぐって対立し，南北戦争で戦った。

ア X－正　Y－正　　**イ** X－正　Y－誤
ウ X－誤　Y－正　　**エ** X－誤　Y－誤　　　　（　　　　　）

ヒント

(2)ワシントンはアメリカの初代大統領である。

(3) 産業革命について，右の文中の**1～3**に当てはまる語句をそれぞれ漢字4字で答えなさい。〈市川〉

> 　産業革命が進む中で，経営者が労働者を賃金でやとい，利益の拡大を目的にしながら生産を行う　**1**　というしくみが広まった。　**1**　が広まると，長い労働時間，女性の重労働と低賃金，都市の不衛生な生活環境など，多くの社会問題も発生した。労働者の間では，生活と権利を守るために　**2**　をつくって，労働条件の改善や労働者を保護する法律の制定を目指す動きもみられるようになった。また，貧富の差を生み出す原因は　**1**　にあるとし，生産手段を共有することで平等な世の中を実現しようとする　**3**　を主張する思想家も現れた。

1（　　　　　　）　2（　　　　　　）
3（　　　　　　）

くわしく

(3)産業革命が起こったころのイギリスでは，工場がある都市に労働者が集中したため，生活環境が悪化していった。

2 次の各問いに答えなさい。

(1) 右の資料は，1825年に幕府が出した法令を現代語訳したものの一部である。資

> ……南蛮・西洋の国々は，日本で禁止しているキリスト教の国であるから，今後どこの海辺の村においても外国船が乗り寄せてきたことを発見したならば，その場に居あわせた人々で，有無をいわさずただちに打ち払い……

料に示した，外国船に対する幕府の対応を批判したために処罰された人物は誰か，次の**ア～エ**から1つ選びなさい。〈三重県〉 （　　　　）

ア　大塩平八郎　　イ　中江兆民　　ウ　幸徳秋水　　エ　高野長英

(2) 1854年に，江戸幕府はアメリカと日米和親条約を結んだ。この条約で定められ，開港したのは，函館ともう1つどこか，右の地図に示した**ア～エ**から1つ選びなさい。〈三重県〉 （　　　　）

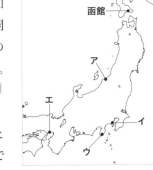

(3) 右の資料は，1858年に日本がアメリカと結んだ条約の内容をまとめたものの一部である。次の問いに答えなさい。

① 資料に示した，日本がアメリカと結んだ条約を何というか。〈三重県〉 （　　　　　　　）

> ・日本で法を犯したアメリカ人を，アメリカの領事がアメリカの法で裁く。
> ・アメリカからの輸入品に対して自由に関税をかける権利を日本に認めない。

② この条約が結ばれたときの江戸幕府の大老で，のちに，幕府を批判した人々の処罰など安政の大獄と呼ばれる弾圧を行った人物は誰か。人名を書きなさい。〈大阪府・改〉 （　　　　）

③ この条約が結ばれると，各国との貿易が開始された。この貿易の開始による影響について述べた次の**A・B**の文の正誤の組み合わせとして正しいものを，右の**ア～エ**から1つ選びなさい。〈長崎県・改〉

A 日本から大量の金貨が外国に流出し，国内の物価が下落した。

B 外国から安価な綿織物が輸入され，国内の生産地は大きな打撃を受けた。 （　　　　）

	A	B
ア	正	正
イ	正	誤
ウ	誤	正
エ	誤	誤

(4) 大政奉還ののち，朝廷は天皇を中心とする新政府の成立を宣言した。これを何というか。〈和歌山県〉 （　　　　）

ヒント
(1)この法令は外国船を打ち払うことを命じたもの。この政策の強化に対して，蘭学者から批判が起こった。

ヒント
(2)日米和親条約で開港された2港のうち，1港はのちの日米修好通商条約の締結で閉鎖された。

くわしく
(3)①資料には日本にとって不利な，2つの内容が定められている。

ヒント
(3)③資料の2つめの条文が，貿易にどのような影響を与えたかを考える。

1 文明のおこりと日本
2 古代国家の歩み
3 中世社会の展開
4 近世社会の展開
5 近代ヨーロッパの発展と日本の開国
6 近代日本の成立
7 二度の世界大戦と日本
8 現代の日本と世界

STEP03 実戦問題

入試レベルの問題で力をつけよう。

目標時間 **30**分

➡ 解答は別冊 29 ページ

---

1 次の各問いに答えなさい。

(1) イギリスのピューリタン革命以降，自由で平等な社会を実現しようとする市民社会を目指す流れが始まった。右の図中の①〜③に当てはまるできごとを次の**ア〜ウ**から1つずつ選びなさい。〈沖縄県〉

1642年〜49年	1688年〜89年	1775年〜76年	1789年
ピューリタン革命　国王の処刑	権利の章典　①	独立宣言　②	人権宣言　③

ア フランス革命　　**イ** 名誉革命　　**ウ** アメリカ独立戦争(革命)

①（　　　　）②（　　　　）③（　　　　）

(2) 右の資料の**Ⅰ**は独立宣言，**Ⅱ**は人権宣言(ともに18世紀)の一部である。□□□に共通して当てはまる語句を答えなさい。（　　　　）

> **Ⅰ** われわれは，次のことを真理として認める。すべての人は□□□につくられ，神によって，譲りわたすことができない権利を与えられていること。
>
> **Ⅱ** 人は生まれながらにして，自由で□□□な権利をもつ。

(3) 右の**図1**のアヘン戦争を知って衝撃を受けた江戸幕府が，異国船打払令を撤回したねらいを，あとの形式に合うように，10字以上，20字以内で説明しなさい。ただし，**図1・2**中の □A□ に当てはまる国名を用いること。〈島根県〉

アヘン戦争を知って衝撃を受けた江戸幕府が，
（　10字以上，20字以内　）ため。

[　　　　　　　　　　　　　　　　　　　　　　　　]

図1
中国(清)の船　　　A の船
(公益財団法人東洋文庫所蔵)

図2
A ←茶・絹— 中国(清)
銀　銀　アヘン
工業製品綿織物　　インド

(4) 19世紀前半の幕府の対外政策に関して述べた次の文**Ⅰ〜Ⅲ**について，年代順に正しく配列しなさい。〈愛光・改〉

Ⅰ アメリカ商船のモリソン号が浦賀に接近すると，異国船打払令に基づいて砲撃を行った。

Ⅱ アヘン戦争で清がイギリスに敗北したことを知ると，薪水給与令を出した。

Ⅲ ロシアの使節レザノフが通商を求めて長崎に来航したが，鎖国を理由に通商を断った。

（　　　→　　　→　　　）

2 次の各問いに答えなさい。

よく出る (1) 天保の改革について述べた次の文のうち，正しいものを次の**ア～エ**から１つ選びなさい。〈愛光〉

ア 長崎での貿易を活発にするために，輸出品である銅の専売制を実施した。

イ 裁判が合理的に行われるように，公事方御定書をつくって訴訟の手続きや刑罰の基準をはっきりさせた。

ウ 湯島聖堂の学問所で朱子学以外の講義を禁じ，学術試験を行って人材登用を図った。

エ 物価の上昇をおさえるため，営業を独占している株仲間に解散を命じた。　　（　　　　）

難問 (2) 日米和親条約が結ばれた年から版籍奉還が行われた年までの期間に起こった，次の**ア～エ**のできごとを年代の古い順に左から並べなさい。〈愛媛県〉

ア 新政府軍と旧幕府軍との間で，鳥羽・伏見の戦いが起こった。

イ 坂本龍馬らの仲介で，薩長同盟が結ばれた。

ウ 尊王攘夷運動が高まる中，桜田門外の変が起こった。

エ イギリスと薩摩藩との間で，薩英戦争が起こった。　（　　　→　　　→　　　→　　　）

難問 (3) 1860年代，貿易により国内の綿織物業が打撃を受けた。これについて，開国後，外国との貿易がさかんになっていく中で，国内の綿織物業が打撃を受けたのはなぜか。**資料１**を参考にして，欧米諸国の産業革命に触れながら，理由を書きなさい。〈滋賀県〉

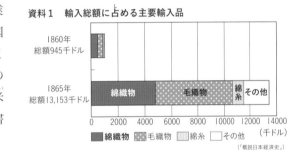

資料1　輸入総額に占める主要輸入品

〔「概説日本経済史」〕

[　　　　　　　　　　　　　　　　　　　　　　　　　　　　　]

思考力 (4) 開国に反対の長州藩は，攘夷を実行しようとしたが，ある事件がきっかけとなって攘夷の考えを変えた。長州藩が攘夷の考えを変えたのはなぜか。右の**資料２**を参考に，理由を書きなさい。〈滋賀県〉

資料2

（横浜開港資料館所蔵）

[　　　　　　　　　　　　　　　　　　　　　　　　　　　　　]

(5) 1867年，徳川慶喜は政権を朝廷に返すことを発表したが，　　　　ため，その２か月後，朝廷は王政復古の大号令を出した。　　　　に当てはまる適切な理由を次の**ア～エ**から１つ選びなさい。

ア 慶喜が実権をもち続けようとした　　イ 戊辰戦争が始まった

ウ 公武合体の動きが起こった　　エ 幕府が長州征伐を行った　　　　　（　　　　）

重要度 ★★★

近代日本の成立

STEP01 要点まとめ

➡ 解答は別冊 30 ページ

（　　　）に当てはまる語句を書いて，この章の内容を確認しよう。

1 明治維新と文明開化

❶ 新政府の成立

POINT

● 新政府の成立…明治天皇が 01（　　　　　　　　　　　　　　）で方針を示す。

● 中央集権国家を目指す…1869 年に 02（　　　　　　　　　　　）を実施 ➡ 1871 年に**廃藩置県**。

● 身分制度の廃止…公家・大名を華族，武士を士族，百姓・町人などを 03（　　　　　　　）とする。

● **富国強兵**…**徴兵令**で近代的軍隊を整備。税収を安定させるため 04（　　　　　　　　　）を実施 ［➡土地所有者が地価の 3％を現金で納税］。**学制**で 6 歳以上の男女を小学校へ。

● **殖産興業**…05（　　　　　　　）製糸場などの官営工場を設立。鉄道・銀行・貨幣制度を整備。

● 欧米の文化…西洋風の生活様式を取り入れる風潮が 06（　　　　　　　　　）と呼ばれる。**福沢諭吉**が「学問のすゝめ」を著す。

● 明治初期の外交…中国(清)と**日清修好条規**，ロシアと樺太・千島交換条約，朝鮮と**日朝修好条規**を結ぶ。

07（　　　　　　　）使節団が不平等条約の改正を試みるが失敗。

● 人々の抵抗…地租改正反対一揆。**西郷隆盛**を中心とする**西南戦争**。

● 主な士族の反乱地

秋月の乱 1876年

萩の乱 1876年 前原一誠ら

佐賀の乱 1874年 江藤新平ら

神風連の乱 1876年

西南戦争 1877年 西郷隆盛ら

若松 水沢 新発田 山形 長岡 二本松 松代 白河 萩 佐賀 秋月 松本 熊本 鹿児島

❶ 士族の反乱

❷ 立憲政治の始まり

POINT

● **自由民権運動**…**板垣退助**らが 08（　　　　　　　　　）の建白書を提出 ➡ **国会期成同盟** ➡ 政府は国会開設を約束 ➡ 板垣退助が**自由党**を，**大隈重信**が**立憲改進党**を結成。

● 憲法の準備…**内閣制度**を創設 ➡ 初代内閣総理大臣**伊藤博文**は，**プロイセン憲法**をもとに憲法草案を作成。

➡ 1889 年 09（　　　　　　　　　）憲法を発布 ［➡天皇に主権］。

➡ 衆議院議員選挙…**直接国税 15 円以上**を納める**満 25 歳以上の男性**に選挙権。

➡ 1890 年，第一回**帝国議会**（**貴族院**と**衆議院**からなる）。

第 1 条　大日本帝国ハ万世一系ノ天皇之ヲ統治ス
第 3 条　天皇ハ神聖ニシテ侵スヘカラス
第 11 条　天皇ハ陸海軍ヲ統帥ス

❶ 大日本帝国憲法（一部）

2 日清・日露戦争と産業・文化

1 帝国主義と日本

- 不平等条約の改正…1894年に 10( )外務大臣が**領事裁判権（治外法権）**の撤廃に成功。1911年に 11( )外務大臣が**関税自主権**の回復に成功。

POINT
- **日清戦争**…朝鮮での**甲午農民戦争**をきっかけに，日本と清(中国)が1894年に開戦。
  - ➡ 翌年 12( )条約を結び，**遼東半島・台湾**を日本が獲得。清は多額の賠償金を支払う。
  - ➡ ロシア・ドイツ・フランスの 13( )で日本は**遼東半島**を返還。

POINT
- **日露戦争**…日本と 14( )が，ロシアを警戒して**日英同盟**➡ 1904年，日本とロシアが開戦。

内村鑑三らが開戦に反対。

  - ➡ 両国とも戦争継続は困難となり，翌年**ポーツマス条約**➡ 韓国における優越権，長春以南の鉄道の利権，樺太の南半分を獲得。賠償金なし。
- **韓国併合**…1910年に韓国を併合して植民地とし，日本に同化させる政策を進める。
- 中国の近代化…三民主義を唱える孫文が 15( )革命を起こし，**中華民国**が成立。

2 明治後期の産業と文化

POINT
- 日本の産業革命…1880年代後半に軽工業が発展し，綿製品の輸出国となる➡ 1900年代に官営 16( )製鉄所がつくられ，重工業中心の産業革命。三井・三菱などの**財閥**が成長。
- 社会問題… 17( )銅山鉱毒事件が起こり，**田中正造**が解決に力を尽くした。労働者が**労働争議**を起こす。社会主義が弾圧され**大逆事件**が起こる。
- 明治後期の文化・科学…文学では話し言葉の導入，美術では西洋技法の吸収が進む。**野口英世**らが世界的な研究。

(川崎市市民ミュージアム)

❶日清戦争前の国際関係 日本(左)と清(右)が朝鮮という魚を釣り上げようとしている。橋の上で狙っているのはロシア。

❶日清戦争と日露戦争の比較

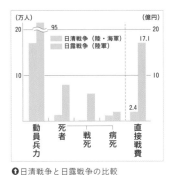
❶八幡製鉄所

明治時代の文化

文学	
坪内逍遥	「小説神髄」
二葉亭四迷	「浮雲」
森鷗外	「舞姫」
樋口一葉	「たけくらべ」
夏目漱石	「吾輩は猫である」
石川啄木	「一握の砂」

美術	
フェノロサと岡倉天心	日本美術の復興
黒田清輝	「湖畔」(洋画)
横山大観	「無我」(日本画)

医学	
北里柴三郎	破傷風の血清療法
志賀潔	赤痢菌の発見
野口英世	黄熱病の研究

❶明治時代の文化

1 文明のおこりと日本
2 古代国家の歩み
3 中世社会の展開
4 近世社会の展開
5 近代ヨーロッパの発展と日本の開国
6 近代日本の成立
7 二度の世界大戦と日本
8 現代の日本と世界

学習内容が身についたか，問題を解いてチェックしよう。

1 次の各問いに答えなさい。

(1) 右の年表を見て，次の問いに答えなさい。

① 年表中の**A**について，明治政府は，版籍奉還や廃藩置県を行った。明治政府がどのような国家を目指していたかを説明した次の文の□□□に入る適切な語句を漢字4字で書きなさい。〈富山県・改〉

年代	主なできごと
1868	明治政府が成立する‥‥‥‥‥‥‥**A**
1872	「学問のすゝめ」が出版される‥‥‥**B**
1874	民撰議院設立の建白書が提出される
	↕**C**
1890	第一回帝国議会が開かれる‥‥‥‥**D**

（　　　　　　）

幕府や藩ではなく，政府が全国を直接治める□□□□国家を目指した。

② 年表中の**B**の中で，自由や平等の思想を説いた，右の写真の人物は誰か。〈長崎県〉（　　　　　　）

（国立国会図書館）

③ 年表中の**C**の期間におけるわが国のできごとについて述べたものとして正しいものを，次の**ア〜エ**から1つ選びなさい。〈長崎県・改〉（　　　　　　）

ア 五箇条の御誓文が発布された。
イ 吉野作造が民本主義を唱えた。
ウ 大隈重信らを中心に立憲改進党が結成された。
エ 幸徳秋水らを中心に社会民主党が結成された。

④ 年表中の**D**について，帝国議会に置かれた二院のうち，国民による選挙で議員が選ばれた議院を何というか，書きなさい。

（　　　　　　）

(2) 地租改正により，土地の所有権を認められた農民は，　**a**　の3%に当たる地租を，米ではなく　**b**　で納めさせられた。**a・b**に当てはまる語句を書きなさい。

a （　　　　　　）　b （　　　　　　）

(3) 官営の富岡製糸場は，「富国強兵」を目指し，近代的な産業を育成するために建設された。このような近代的な産業の育成を図る政策を何というか，書きなさい。〈北海道〉（　　　　　　）

ヒント

(1)① それまで，藩ごとの政治は大名にまかされていた。

くわしく

(1)②「天は人の上に人をつくらず，人の下に人をつくらずと云へり」の書き出しで始まる書物。

ミス注意

(1)④ もう一方の，天皇の任命した議員などからなる議院は，日本国憲法のもとでは廃止された。

1 文明のおこりと日本

2 古代国家の歩み

3 中世社会の展開

4 近世社会の展開

5 近代ヨーロッパの発展と日本の開国

6 近代日本の成立

7 二度の世界大戦と日本

8 現代の日本と世界

2 次の各問いに答えなさい。

(1) 右の図は，日清戦争が始まる前の
国際関係を表した風刺画である。
これに関する次の文を読んで，あ
との問いに答えなさい。〈香川県・
改〉

(川崎市市民ミュージアム)

1894 年に朝鮮で**A**〔**ア** 江華島
事件 **イ** 甲午農民戦争〕が起

こり，わが国と清が朝鮮に出兵したため，両国の軍隊が衝突し，日清戦
争が始まった。橋の上で様子を見ている人物は，　**B**　の国を表してい
る。この国はわが国に対して，**C** ヨーロッパの他の 2 か国とともに，
下関条約で獲得した遼東半島を清に返還するよう勧告したあと，その一
部を支配下に置いた。

① 文中の**A**に当てはまる語句を**ア・イ**から 1 つ選びなさい。また，文
中の**B**に当てはまる国名を書きなさい。

A（　　　　　　） B（　　　　　　）

② 文中の下線部**C**のできごとを何というか。

（　　　　　　）

ミス注意

(1)①**A**は日清戦争後の
中国で起こった義和
団事件とまちがえな
いようにする。

(2) 日清戦争が終わってから日露戦争が始まるまでの間に起こったできごと
として当てはまらないものを，次の**ア〜エ**から 1 つ選びなさい。

ア 日英同盟が結ばれる。　　**イ** 韓国併合が行われる。
ウ 義和団事件が起こる。　　**エ** 八幡製鉄所がつくられる。

（　　　　　　）

ヒント

(2)日露戦争は，韓国や
満州をめぐる対立が
原因で起こった。

(3) 中国で起こった辛亥革命では，民族の独立，民主政の実現，国民生活の
安定を目指す三民主義を唱えてきたある人物が，1912 年に臨時大総統
となって中華民国の建国を宣言し，清が滅亡した。この人物を次の**ア〜
エ**から 1 つ選びなさい。〈香川県〉

ア 袁世凱　　**イ** 蔣介石
ウ 孫文　　**エ** 溥儀

（　　　　　　）

(4) 明治時代の文化・科学で活躍した人物とその業績について正しく組み合
わせたものを，次の**ア〜エ**から 1 つ選びなさい。

ア 夏目漱石…俳句と短歌の近代化に努めた。
イ 野口英世…赤痢菌を発見した。
ウ 黒田清輝…日本の伝統芸術の復興に努めた。
エ 北里柴三郎…破傷風の血清療法を発見した。

（　　　　　　）

1 次の各問いに答えなさい。

思考力

(1) 学制(1872年発布)について，**資料1**を参考に，明治時代の教育の説明として適切なものを次の**ア～エ**からすべて選びなさい。〈富山県〉

ア 1875年には，女子の就学率は，男子の就学率の半分以下であった。

イ 1880年には，全体の就学率が50%以上になった。

ウ 1900年には，女子の就学率は，1890年の2倍以上になった。

エ 1905年には，男女の就学率は，ともに90%以上になった。

資料1 学制発布後の就学率の変化

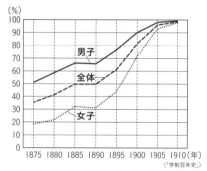

（「学制百年史」）

（　　　　　）

思考力

(2) **資料2**は明治政府の政治の方針を示した「五箇条の御誓文」の一部である。**資料2**の下線部に注目し，**資料2・3**からわかる新政府の政治の方針を書きなさい。〈滋賀県〉

[　　　　　　　　　　　　　　]

資料2 五箇条の御誓文（一部を抜粋）
一，広ク会議ヲ興シ，万機公論ニ決スヘシ。
一，智識ヲ世界ニ求メ，大ニ皇基ヲ振起スヘシ。

資料3 明治時代の政治について

（山口県立山口博物館）
帝国議会の様子　　　岩倉使節団の代表者

(3) 右のまとめを読んで，次の問いに答えなさい。〈鹿児島県〉

① 下線部**a**に関して述べた次の文の[　　]に適する語句を補い，これを完成させなさい。ただし，版籍とは何かを明らかにして書くこと。

改革の1つである版籍奉還とは，藩主が[　　]ことである。

【欧米に対抗できる国づくり】
　明治政府は，**a**政治や産業，教育などの分野で改革を行い，近代化を進めた。また，自由民権運動をきっかけに，議会政治の実現を目指して**b**政党がつくられた。その後，日本では，日清戦争から日露戦争のころにかけて**c**産業革命が進展した。

[　　　　　　　　　　　　　　　　　　　　]

② 下線部 **b** について，このころつくられた政党と，その政党を結成した人物の組み合わせとして最も適当なものを次の**ア～エ**から 1 つ選びなさい。　　　　　（　　　　　）
　ア　立憲政友会・大隈重信　　イ　立憲政友会・板垣退助
　ウ　自由党・大隈重信　　　　エ　自由党・板垣退助

③ 下線部 **c** に関して，右の**資料 4** の **A・B** は 1885 年と 1899 年のいずれかを示している。1899 年を示しているのは **A・B** のどちらか。また，その理由について述べた文として最も適当なものを次の**ア～エ**から 1 つ選びなさい。

資料 4　日本の輸入総額に占める割合（単位：％）

	A	B
綿花	28.2	2.8
綿糸	2.3	17.7

（「日本貿易精覧」）

　ア　製糸業が発展し，製品である綿糸の割合が減少しているから。
　イ　紡績業が発展し，原料である綿花の割合が増加しているから。
　ウ　製糸業が発展し，原料である綿花の割合が減少しているから。　　1899 年（　　　　　）
　エ　紡績業が発展し，製品である綿糸の割合が増加しているから。　　理由（　　　　　）

2　次の各問いに答えなさい。

(1)　近代になると，特権をなくし「平等」がかかげられた。次の **a～d** のうち正しいものの組み合わせを，あとの**ア～エ**から 1 つ選びなさい。〈大阪教育大附平野〉
　a　えた・ひにんと呼ばれていた人々は，解放令で法律上は平民となったが，生活はむしろ厳しくなった。
　b　徴兵令によって，すべての成年男子に平等に兵役の義務が課せられた。
　c　学制によって，6 歳以上の男女はすべて小学校に通うように定められた。
　d　「四民平等」によって，外国人にも日本の法律が適用されるようになった。
　ア　a・c　　イ　a・d　　ウ　b・c　　エ　b・d　　　　　　　　（　　　　　）

(2)　次の 2 つの文に共通して当てはまる人物名を答えなさい。
　・征韓論を唱えて政府の方針に反対した。
　・政府に不満をもつ士族らにおされて西南戦争を起こした。　　　（　　　　　）

(3)　岩倉使節団が行ったこととして適切なものを，次の**ア～エ**から 1 つ選びなさい。〈兵庫県〉
　ア　朝鮮の開国を目的とする条約を結ぶために交渉を行った。
　イ　条約改正の交渉を行い，領事裁判権（治外法権）を撤廃した。
　ウ　遼東半島の旅順・大連の租借権（借りる権利）を獲得した。
　エ　諸外国の政治や経済，文化などを学び，近代産業の発展に貢献した。　（　　　　　）

(4)　帝国議会について述べた文として正しいものを，次の**ア～エ**から 1 つ選びなさい。〈東海〉
　ア　衆議院議員の選挙権は，直接国税を 25 円以上納める満 25 歳以上の男子に与えられた。
　イ　初期の衆議院議員の多くは，富裕な華族であった。
　ウ　初期の衆議院では，民権派の流れをくむ政党（民党）が多数の議席を占めた。
　エ　帝国議会は衆議院のみの一院制であった。　　　　　　　　　　（　　　　　）

3 次の各問いに答えなさい。

(1) 「近代化遺産とわが国の歴史」に関する右のメモを見て，次の問いに答えなさい。〈岡山県〉

よく出る 思考力
① 　a　に当てはまる製糸場名を書きなさい。　（　　　　　　　　）

② 下線部 b について，**資料1** は1883 年に開業した大阪の紡績会社の工場内部を撮影したもので，**資料2** は 1900 年のわが国の輸出入をまとめたものである。この2つの資料をもとにした，明治時代の紡績業の発展についての説明文を，「加工」という語句を用いて書きなさい。

[　　　　　　　　　　　　　　　　　　　　　　　　　　　]

よく出る
③ 下線部 c は，日清戦争の講和条約で得た賠償金の一部をあてて建設された。わが国が遼東半島や台湾なども譲られることになったこの条約を何というか。　（　　　　　　　　）

┌─────────────────────────────┐
│ 　a　 （群馬県）
│ 　1872 年操業開始。殖産興業政策を進める明治政府が設置した官営模範工場で，b わが国の軽工業の発展を支えた。2014 年に世界遺産に登録された。
│ c 八幡製鉄所 （福岡県）
│ 　1901 年操業開始。筑豊地域(地方)で産出する石炭を利用して生産を拡大し，わが国の重化学工業の発展を支えた。2015 年に世界遺産に登録された。
└─────────────────────────────┘

資料1　紡績会社の生産の様子

資料2　輸出入の総額と品目の割合（1900 年）

	輸出		輸入	
総額	20,443 万円		28,726 万円	
品目	生糸	21.8%	綿花	20.7%
	綿糸	10.1%	砂糖	9.3%
	石炭	9.8%	鉄鋼	7.5%

(注) 品目は上位 3 品目。　　　（「数字でみる日本の 100 年」）

(2) 右のカードを見て，次の問いに答えなさい。〈和歌山県・改〉

① 　d　に当てはまる人物名を書きなさい。　（　　　　　　　　）

よく出る
② 下線部 e に関し，日本とイギリスが関係を強化しようとした理由を，「南下」という語句を用いて，簡潔に書きなさい。

[　　　　　　　　　　　　　　　　　　　　　　]

┌─────────────────────────────┐
│ 　d
│ 　第一次，第二次桂内閣で外務大臣になりました。1902 年，e 日英同盟を結びました。また，陸奥宗光が一部回復した関税自主権について，1911 年，アメリカとの間で条約を改正し，完全な回復を実現させました。
│
│ 　　　　　　　　　　　　（国立国会図書館）
└─────────────────────────────┘

(3) 右の文中の f・g に当てはまる人物名の組み合わせとして最も適当なものを，次の**ア～エ**から1つ選びなさい。〈千葉県〉　（　　　　　　）

ア　f － 市川房枝　　g － 東郷平八郎
イ　f － 与謝野晶子　g － 東郷平八郎
ウ　f － 市川房枝　　g － 陸奥宗光
エ　f － 与謝野晶子　g － 陸奥宗光

┌─────────────────────────────┐
│ 　ロシアとの戦争中に，　f　は「君死にたまふことなかれ」という詩をよんで，出兵した弟の身を案じた。日本は苦戦を重ねながら戦争を進め，　g　が指揮する海軍が日本海海戦に勝利したことを機に，アメリカの仲介によって講和条約を結んだ。
└─────────────────────────────┘

4 次の各問いに答えなさい。

(1) 次の**ア～エ**は，日露通好条約，樺太・千島交換条約，ポーツマス条約，サンフランシスコ平和条約のいずれかで定められた日本の北方領土周辺における領土を■で示したものである。このうち，ポーツマス条約によって定められた領土を示すものはどれか。最も適当なものを**ア～エ**から１つ選びなさい。〈大分県〉 （　　　　　）

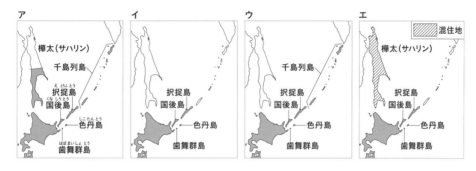

(2) ポーツマス条約の内容に対して政府への批判が高まり，東京では日比谷焼き打ち事件が起きた。この事件が起きた理由を，**資料1**と当時の国民生活を表した風刺画である**資料2**を踏まえ，「増税」の語句を用いて簡潔に書きなさい。〈栃木県〉

資料1

	日清戦争	日露戦争
死者数	約 13,000 人	約 84,000 人
戦　費	約 2.0 億円	約 17.2 億円
賠償金	約 3.1 億円	なし

（「ビジュアルワイド明治時代館」ほか）

資料2

（さいたま市立漫画会館）

[　　　　　　　　　　　　　　　　　　　　]

(3) 1890 年代から足尾銅山の鉱毒問題が大きく取り上げられるようになった。足尾銅山は何県にあったか。また，この問題で住民への損害賠償や銅山の操業停止などを求める活動に取り組んだ衆議院議員は誰か。ともに，漢字で答えなさい。〈大阪教育大附池田〉

県 （　　　　　　　　）　　人物 （　　　　　　　　）

(4) 次の文中の**A**に当てはまる人物の名前を書きなさい。また，**B**に当てはまる人物の名前をあとの**ア～エ**から１つ選びなさい。〈茨城県〉　　　　A （　　　　　　　）　B （　　　　　）

　明治時代になると，欧米の文化を取り入れた新しい文化が生まれ，西洋画を学んだ **A** が，「湖畔」や「読書図」を描いた。いっぽうで，日本の伝統の価値も見直され， **B** とフェノロサが協力して日本美術のよさを海外に広めるとともに，狩野芳崖や横山大観などの画家に大きな影響を与えた。

ア 岡倉天心　　**イ** 菱川師宣　　**ウ** 大隈重信　　**エ** 森鷗外

1 文明のおこりと日本
2 古代国家の歩み
3 中世社会の展開
4 近世社会の展開
5 近代ヨーロッパの発展と日本の開国
6 近代日本の成立
7 二度の世界大戦と日本
8 現代の日本と世界

二度の世界大戦と日本

STEP01　要点まとめ　→解答は33ページ

（　　　）に当てはまる語句を書いて，この章の内容を確認しよう。

◤1◢ 第一次世界大戦と日本

❶ ヨーロッパの対立

●2つの勢力…01（　　　　　　　　　）[→ドイツ中心] と **三国協商**[→イギリス中心] が**バルカン半島**をめぐり対立。

　→ 1914年，サラエボ事件をきっかけに**第一次世界大戦**が開戦。

●日本の参戦…02（　　　　　　　）同盟を理由に連合国（協商国）側で参戦

　→ 1915年，中国に 03（　　　　　　　　　）の要求。

●ロシア革命…1917年に帝政がたおれ，04（　　　　　　　　　）の指導で社会主義政府 → 1922年に**ソビエト社会主義共和国連邦**。

●大戦の終結…1918年，連合国が勝利 → アメリカ大統領**ウィルソン**が民族自決を主張

　→ 1919年，**パリ講和会議**で 05（　　　　　　　）条約[→敗戦国ドイツに巨額の賠償金] が結ばれる。

　→朝鮮で**三・一独立運動**。→中国で**五・四運動**。ドイツで**ワイマール憲法**を制定。

●国際協調の動き…1920年に 06（　　　　　　　　　）が成立[→新渡戸稲造が事務局次長]。

　→ 1921～22年，**ワシントン会議**で軍縮。→ 1930年，ロンドン海軍軍縮会議。

図中のラベル：
イギリス／三国協商 1907年／フランス／ロシア／対立／ドイツ／オーストリア／三国同盟 1882年／イタリア

❶三国同盟と三国協商

❷ 大正デモクラシーと大衆文化

●大戦景気…第一次世界大戦によって日本は，輸出超過で好景気に。**財閥**[→三井・三菱・住友・安田など] がさらに成長し，成金も生まれる。

●米騒動…1918年，07（　　　　　　　）出兵[→ロシア革命への干渉] を見越した米の買い占めによる米価の急上昇が原因。

●大正デモクラシー…民主主義を求める動き。**吉野作造**が民本主義を唱え，普通選挙や政党中心の議会政治の実現を主張。

●政党政治の展開…米騒動後，08（　　　　　　）を首相とする初めての本格的な**政党内閣**が成立。

　→ 1925年，**普通選挙法**[→満25歳以上のすべての男子に選挙権]，09（　　　　　　　　　）[→社会主義を取り締まり] 制定。

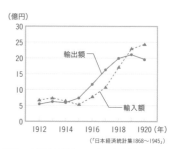

（億円）

輸出額

輸入額

1912　1914　1916　1918　1920 (年)

「日本経済統計集1868～1945」

❶第一次世界大戦中の日本の貿易額

- 社会運動の高まり…**平塚らいてう**らによる女性解放運動。部落差別からの解放を目指す 10(　　　　　)の結成。**労働争議**や**小作争議**が増加。
- 大正時代の社会…1923 年に**関東大震災**。大衆文化の登場➡雑誌，映画，1925 年**ラジオ放送**開始。

❶一般家庭に置かれたラジオ　（時事通信フォト）

2 世界恐慌と第二次世界大戦

1 世界恐慌と各国の動き

POINT
- **世界恐慌**…1929 年，アメリカの不景気が世界へ広まる。
  - ➡アメリカは 11(　　　　　)大統領による**ニューディール**(新規まき直し)政策。
  - ➡イギリス・フランスは**ブロック経済** ➡本国と植民地との関係を密にする。
  - ➡**五か年計画**を進めていたソ連は影響を受けず。
- **ファシズム**の台頭…反民主主義・反自由主義の独裁政治。
  - ➡イタリアでは**ムッソリーニ**が率いるファシスト党。
  - ➡ドイツでは**ヒトラー**が率いるナチス。

❶各国の製造業生産指数　（「近代国際経済要覧」）

POINT
- **満州事変**…1931 年，関東軍が柳条湖で南満州鉄道の線路を爆破。
  - ➡満州を占領し，翌年「満州国」をつくる。

ゴロ合わせ
ひとくさみ 1933 しい

  - ➡ 1933 年に日本は**国際連盟**を脱退。
  - ➡ 12(　　　　)事件で**犬養毅**首相暗殺➡**二・二六事件**でさらに軍国主義が強まる。
- **日中戦争**…1937 年に盧溝橋で衝突して開戦。
  - ➡ 1938 年に 13(　　　　　)を制定。1940 年に政党が解散し**大政翼賛会**へ合流。

2 第二次世界大戦と日本

- **第二次世界大戦**…1939 年にドイツがポーランド侵攻➡イギリスとフランスがドイツに宣戦布告。
- **太平洋戦争**…1940 年に日本は**日独伊三国同盟**を結ぶ➡翌年，**日ソ中立条約**を結び 14(　　　)湾のアメリカ軍基地を奇襲攻撃，イギリス領のマレー半島に上陸して太平洋戦争が開戦。

❶太平洋戦争の戦場

POINT
- 戦時下の生活…中学生や女学生を工場などで働かせる**勤労動員**，大学生を軍隊に召集する**学徒出陣**。空襲を避けて都市の小学生が地方へ 15(　　　　)。
- 第二次世界大戦の終結…1943 年にイタリアが降伏，1945 年 5 月にドイツが降伏。
  - ➡ 1945 年 4 月にアメリカ軍が沖縄に上陸➡ 8 月 6 日**広島**に，9 日**長崎**に**原子爆弾**➡ 8 日にソ連が対日参戦➡日本は 16(　　　　)宣言 ➡アメリカ・イギリス・中国の名で発表 を受諾して降伏。

右側縦書き目次：

学習内容が身についたか，問題を解いてチェックしよう。

---

1 次の問いに答えなさい。

(1) 右の図は，第一次世界大戦が始まる直前の国際関係を模式的に表したものである。図中の**X・Y**に当てはまる国の名の組み合わせとして最も適当なものを，**ア〜エ**から1つ選びなさい。〈愛媛県〉

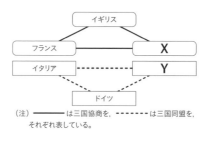

(注) ——— は三国協商を，------ は三国同盟を，それぞれ表している。

（　　　　）

ア　X－ロシア　Y－オーストリア　　　イ　X－ロシア　Y－日本
ウ　X－アメリカ　Y－オーストリア　　エ　X－アメリカ　Y－日本

ヒント

(1)イギリスはXの国の南下政策に対抗していたが，日露戦争が終わるとXの国と手を結んだ。

(2) 右の資料は，「国際連盟とは如何なものか」という資料の一部である。この資料に関する次の文中の①・②に入る語句の組み合わせとして適切なものを，あとの**ア〜エ**から1つ選びなさい。〈兵庫県〉

> 要するに事務局は国際連盟を成立せしめ，その効果を発揮せしむる重要機関の一つである。

　　①　が事務局次長を務めた国際連盟は，アメリカの　②　大統領の提案をもとに設立された。

ア　①－陸奥宗光　②－ウィルソン
イ　①－陸奥宗光　②－リンカン（リンカーン）
ウ　①－新渡戸稲造　②－ウィルソン
エ　①－新渡戸稲造　②－リンカン（リンカーン）　　　（　　　　）

ミス注意

(2)国際連盟の設立を提唱したのはアメリカ大統領であるが，そのアメリカは議会の反対で，国際連盟に加盟できなかった点に注意する。

(3) 大正時代の政治・社会の動きについて，右の年表中の**a・b**に当てはまる人物名を，次の**ア〜エ**から1つずつ選びなさい。また，年表中の**c**と同じ年に制定された，社会主義者の動きなどを取り締まるための法律を何というか。

年代	主なできごと
1918	本格的な 政党内閣である　a　内閣が成立する
1920	b　が新婦人協会を設立する
1925	加藤高明内閣のもとで普通選挙法が成立する………c

ア　津田梅子　　イ　尾崎行雄
ウ　原敬　　　　エ　平塚らいてう

a（　　　　）b（　　　　）
c（　　　　）

くわしく

(3)cは主に天皇中心の国のあり方を変革しようとする動きを取り締まるために制定された法律。第二次世界大戦後に廃止された。

2 次の問いに答えなさい。

(1) 右の文を読んで，次の問いに答えなさい。〈石川県〉

① 下線部**a**について，「五か年計画」を推進していたため，世界恐慌の影響をほとんど受けなかった国を，次の**ア～エ**から1つ選びなさい。

ア ソ連　イ アメリカ　ウ 中華民国　エ ドイツ

（　　　　　）

> 1929年に始まった**a**世界恐慌に対し，イギリスなどは，**b**本国と植民地との貿易を拡大しながら他国の商品を締めだす政策をとり，このことが国際的な対立を招く一因となった。

② 下線部**b**を何というか，書きなさい。

（　　　　　）

ヒント
(1)①資本主義経済のしくみからは切り離されていた国である。

(2) 右の文章は，国際連盟が，あるできごとに対する調査団の派遣を決定した過程について述べたものである。文章中の□□に当てはまる語句として最も適当なものを，次の**ア～エ**から1つ選びなさい。〈千葉県〉

> 1931年9月，奉天郊外の柳条湖で南満州鉄道の線路が爆破される事件が起こった。これを機に軍事行動を開始した日本軍は，□□。中国がこうした動きを侵略行為として国際連盟に訴えたため，国際連盟は調査団の派遣を決定した。

ア 青年将校らが警視庁などを襲撃する二・二六事件を起こした
イ 朝鮮に総督府を設置し，武力を背景とした支配を行った
ウ 清の最後の皇帝溥儀を元首とする満州国の建国を宣言させた
エ 二十一か条の要求を提出し，大部分の内容を中国に認めさせた

（　　　　　）

ヒント
(2)日露戦争で日本とロシアが利権をめぐって争ったこの地域に，日本は新たな国を建てたが，国際的な承認を得られなかった。

(3) 右の表のA～E国は，アメリカ，イギリス，ソ連，ドイツ，日本のいずれかであり，○印は，項目に当てはまる国であることを示している。**A・C・E**国がどの国か判断し，それぞれの国名を書きなさい。なお，「戦勝国」は，それぞれの世界大戦が終結した時点での連合国を指す。〈石川県・改〉

項目	A国	B国	C国	D国	E国
第一次世界大戦の戦勝国	○	○	○		
国際連盟が発足したときの加盟国	○		○		
第二次世界大戦の戦勝国	○	○		○	

A（　　　　　）
C（　　　　　）E（　　　　　）

ヒント
(3)日本は，第一次世界大戦ではドイツと戦い，第二次世界大戦ではドイツと同盟を結んでいた。

STEP 03 実戦問題

入試レベルの問題で力をつけよう。

目標時間 **50** 分

➡ 解答は 34 ページ

---

1 次の各問いに答えなさい。

(1) 1918 年，米の安売りを求める米騒動（こめそうどう）が起こった。米騒動が起きた理由を，年表中 **A** のロシア革命への干渉（かんしょう）戦争の名称（めいしょう）を用い，**資料1**から読み取れる米の価格の変化に着目して書きなさい。〈埼玉県 H30・改〉

年代	主なできごと
1914	第一次世界大戦が始まる
1917	ロシア革命が起こる………… A
1918	第一次世界大戦が終わる

[   ]

資料1　米1石あたりの価格の変化

年	月	価格（円）
1917	9	21.33
	10	23.61
	11	23.93
	12	23.86
1918	1	23.84
	2	24.94
	3	26.60
	4	27.38
	5	27.46
	6	28.34
	7	30.39
	8	38.70

（「日本金融史資料」）

難問 (2) 年表中の第一次世界大戦とその後の世界について，**資料2**は 1915 年度から 1940 年度における，日本の国家財政に占める軍事費の割合の推移を示している。1920 年代の前半に軍事費の割合が下がった理由を，当時の日本や欧米（おうべい）列強が重視していた外交方針に関連づけて，簡潔に書きなさい。〈静岡県〉

資料2

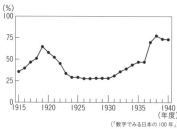

（「数字でみる日本の 100 年」）

[   ]

よく出る (3) 大正時代のできごとに関する次の**ア〜ウ**の説明文の下線部には，誤っているものが 1 つある。誤りのある文の記号を書き，正しい人名または数字に改めなさい。〈熊本県〉

ア 幸徳秋水（こうとくしゅうすい）が，デモクラシーを民本（みんぽん）主義と訳し，民意に基づいた政治を大日本帝国憲法（ていこくけんぽう）の枠（わく）内で実現するための方法を説いた。

イ 原敬（はらたかし）が，衆議院の第一党である立憲政友会（りっけんせいゆうかい）の党員で閣僚（かくりょう）の大部分を占める，初めての本格的な政党内閣を組織した。

ウ 加藤高明（かとうたかあき）内閣のもと，納税額による制限を廃止（はいし）して，満 25 歳（さい）以上のすべての男子に衆議院議員の選挙権を与（あた）える普通（ふつう）選挙法が成立した。

（　　　　）（　　　　　　　）

2 次の各問いに答えなさい。

(1) 右の文中の**A**に当て
はまる条約名，**B**に
当てはまる国名を書
きなさい。〈青森県〉

A （　　　　　　）

B （　　　　　　）

> **第一次世界大戦後の様子**
>
> 　1918年に第一次世界大戦が終わり，1919年にパリ講和会議が開かれ，
> **A** が結ばれた。この条約で **B** は領土を
> 縮小され，植民地を失い，巨額の賠償金や軍備
> 縮小を課されることになった。
> 　1920年には，アメリカのウィルソン大統領の
> 提案をもとに国際連盟が発足し，4か国が常任理
> 事国となった。

資料1

（時事通信フォト）

(2) 右上の**資料1**は， **B** で，第一次世界大戦後に札束で遊ぶ子どもの様子を表している。当時，
この国の経済はどのような状況であったか，資料を参考にして，「物価」「貨幣の価値」の語句
を用いて書きなさい。〈青森県〉

[

]

(3) 真美さんは，
大正時代の民
衆運動につい
て調べていく
中で，**資料2**
を見つけ，労
働争議の参加
人員と発生件
数が増えてい
ることを知っ
た。そこで，
資料3・4を

資料2　労働争議に関する資料

年	参加人員（人）	発生件数（件）
1914	7904	50
1916	8413	108
1918	66457	417

（「近現代日本経済史要覧」）

資料3　物価指数と実質賃金指数の推移

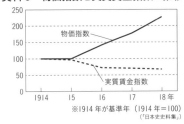

※1914年が基準年（1914年＝100）
（「日本史史料集」）

資料4　1917年のある国に関する資料

　戦争が長引き，生活が苦しくなった
この国では，労働者と農民の独裁を唱
えた指導者が，社会主義の世界革命を
目指しました。この指導者のもと，社
会主義を唱える世界で最初の政府がで
きました。

真美さんの発表原稿（一部）

　労働争議の参加人員や発生件数が増
えたのは，**資料3**より，第一次世界大戦
中の好景気が **あ** を招いたからだと
思います。また，**資料4**より， **い**
が影響を与えたことも考えられます。

使って，右のように発表原稿にまとめた。**あ**に入る内容，**い**に入る語句の組み合わせとして
最も適切なものを，次の**ア〜エ**から1つ選びなさい。〈宮崎県〉　　　　　　（　　　　）

ア **あ**−賃金の上昇　**い**−辛亥革命　　**イ** **あ**−賃金の上昇　**い**−ロシア革命

ウ **あ**−物価の上昇　**い**−辛亥革命　　**エ** **あ**−物価の上昇　**い**−ロシア革命

思考力

(4) **資料5**には，大正時代に新しく登場したメディアがみられる。大
正から昭和初期の社会において，**資料5**の**X**が果たした役割を書
きなさい。ただし，**X**に当てはまる語句を使うこと。〈鹿児島県・改〉

X 放送と家族の団らん

資料5

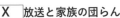

（時事通信フォト）

[

]

1 文明のおこりと日本

2 古代国家の歩み

3 中世社会の展開

4 近世社会の展開

5 近代ヨーロッパの発展と日本の開国

6 近代日本の成立

7 二度の世界大戦と日本

8 現代の日本と世界

3 次の各問いに答えなさい。

(1) 1924年に加藤高明を首相とする政党内閣が成立してから1932年まで政党内閣が続いた。この期間のできごとではないものを、次のア〜エから1つ選びなさい。
ア 金融恐慌
イ 満州事変
ウ ロンドン海軍軍縮会議
エ 関東大震災
（　　　　）

(2) ファシズムが台頭した背景には、世界恐慌による経済的混乱があった。世界恐慌に対する経済政策について述べた文として正しいものを、次のア〜オから1つ選びなさい。〈洛南〉
ア アメリカは、「ニューディール政策」により農業の集団化を進めた。
イ イギリスは、植民地との結びつきを強め「ブロック経済政策」を進めた。
ウ イタリアは、ダム建設など大規模な公共事業を実施して失業者を救済した。
エ ドイツは、「五か年計画」により鉄道・鉱山などの国有化を進めた。
オ 日本は、財閥を解体し大資本の独占を目指した。
（　　　　）

(3) 日中戦争の前に起こったできごとを示した、次のア〜エを年代の古い順に並べ、その記号を書きなさい。〈青森県〉
ア 陸軍の将校が、首相官邸や警視庁を襲撃する二・二六事件が起こった。
イ 首相の犬養毅が、海軍の将校によって暗殺される五・一五事件が起こった。
ウ 国際連盟の勧告に反発した日本は、国際連盟を脱退した。
エ 日本政府はロンドン海軍軍縮会議に参加し、軍縮条約を結んだ。
（　　　　→　　　　→　　　　→　　　　）

(4) 次の文は、日中戦争の時期の中国の様子を表したものである。次の文のXには政党名を、Yには人物名を書きなさい。〈福島県〉　X（　　　　　　）Y（　　　　　　）
　日中戦争が起こったころの中国では、蔣介石が率いる　X　と、　Y　が率いる中国共産党が対立し、内戦が行われていた。しかし、戦争が始まると、中国はこの2つの政党を中心に協力して、日本と戦った。

(5) 資料1は、太平洋戦争中のころの写真である。女子生徒が授業を受けずに工場で働いたのはなぜか、資料2と関連づけて、「労働力」の語句を使って説明しなさい。
〈富山県〉

資料1　工場で働く女子生徒

（時事通信フォト）

資料2　陸海軍の兵士の数の推移
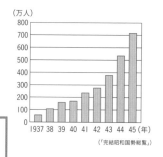
（万人）
800
700
600
500
400
300
200
100
1937 38 39 40 41 42 43 44 45（年）
（「完結昭和国勢総覧」）

4 次の各問いに答えなさい。

(1) **資料1**は，太平洋戦争の開戦直前の日本の輸入相手国を示したものである。これを見て，太平洋戦争直前の日米関係についての次の文中の**a**に当てはまる地域をあとの**ア〜エ**から1つ選び，**b**に当てはまる内容を答えなさい。

資料1

石油	アメリカ 76.7%	14.5	8.8

オランダ領インドネシア — その他 （岩波新書「昭和史」）

　日本は石油などの資源を手に入れるために　**a**　へ進出した。これに対して，アメリカは日本への石油などの　**b**　に踏み切り，オランダなどの連合国も同調した。

ア ヨーロッパ　**イ** 西アジア　**ウ** 東南アジア　**エ** アフリカ

a （　　　　） b ［　　　　　　　　　　　　　　　　　　　　］

(2) 太平洋戦争は，アジア・太平洋の各地で日本と連合国との間で行われた戦争で，第二次世界大戦の一部ともいわれる。第二次世界大戦前後の世界の動きについて述べた次の**I・II**の文の正誤を判断し，その組み合わせとして正しいものを，右の**ア〜エ**から1つ選びなさい。〈清風南海〉

	ア	イ	ウ	エ
I	正	正	誤	誤
II	正	誤	正	誤

I 日独伊三国同盟は，独ソ不可侵条約締結前に結ばれた。

II 日独伊防共協定は，日ソ中立条約締結前に結ばれた。　　　　　（　　　　）

(3) 昭和時代には，第二次世界大戦が長期化する中で，　**c**　。**c**に当てはまる最も適切なものを，次の**ア〜エ**から1つ選びなさい。〈宮城県〉

ア 欧米諸国に派遣した政府の使節団に，5人の女子留学生を同行させた

イ 6歳以上の男女の義務教育期間が，4年間から6年間に延長された

ウ 欧米諸国から教師や技術者を招き入れて，日本人の指導に当たらせた

エ 大都市に住む子どもたちを親元から離して，地方の農村へ疎開させた　　（　　　　）

(4) 2019年は，ベルサイユ条約締結100年に当たった。そこで，第一次世界大戦の対戦国のうち，ヨーロッパの三国同盟，三国協商の国々と日本，アメリカを書き出して，**資料2**の共通項でまとめた。右の共通項だけでは，**E**と**F**を区別できない。ここに新たな共通項を追加して，両国を区別したい。**A〜H**のうち，**E**または**F**を含む2か国以上が当てはまる共通項を，大正時代以降の歴史の面から1つ記しなさい（なお，ロシアとソ連は同一の国と考えてよい）。〈大阪教育大附平野・改〉

資料2

〈共通項〉

□	三国同盟	〜〜〜〜	第二次世界大戦の枢軸国
⌐ ¬（点線）	三国協商	**太字**	三国干渉を行った国
◯（楕円）	第一次世界大戦の連合国		

［　　　　　　　　　　　　　　　　　　　　　　　　　　　　　　　　　　　　］

8 歴史 現代の日本と世界

STEP01 要点まとめ ➡ 解答は別冊 35 ページ

（　　）に当てはまる語句を書いて，この章の内容を確認しよう。

1 第二次世界大戦後の世界と日本

1 日本の民主化と世界

● 敗戦後の日本…アメリカ軍を主力とする連合国軍が占領➡ 01（　　　　　　　　　）を最高司令官とする**連合国軍最高司令官総司令部（GHQ）**のもとに民主化。

　経済の改革…**財閥解体**を指令。02（　　　　　　）を実施し自作農を増やす。**独占禁止法**。

　政治の改革…女性に選挙権。**日本国憲法**を制定〔➡国民主権・平和主義・基本的人権の尊重〕。

　教育の改革…**教育基本法**を制定。

● 戦後の世界…1945 年 10 月，二度の世界大戦への反省から，03（　　　　　　　）が発足。

● **POINT** 新たな対立…アメリカを中心とする**資本主義**の西側諸国と〔➡北大西洋条約機構を結成〕，04（　　　　　　）を中心とする**社会主義**の東側諸国の間で，**冷たい戦争（冷戦）**と呼ばれる鋭い対立➡ドイツは東西に分裂〔➡ベルリンの壁〕。朝鮮は南北に分裂。

> そこでこんどの憲法では，日本の国が，けっして二度と戦争をしないように，二つのことをきめました。その一つは，兵隊も軍艦も飛行機も，およそ戦争をするためのものは，いっさいもたないということです。これからさき日本は，陸軍も海軍も空軍もないのです。これを戦力の放棄といいます。

❶「あたらしい憲法のはなし」（一部）

2 日本の独立

● 占領政策の転換…非軍事化と民主化から経済復興重視へ➡ 1950 年，05（　　　　　）戦争が起こる➡ GHQの指令で**警察予備隊**を設立（のちの**自衛隊**）。日本経済は**特需景気**を迎える➡復興が早まる。

● **POINT** 日本の独立…1951 年，06（　　　　　）首相が**サンフランシスコ平和条約**に調印し，翌年独立を回復。沖縄・奄美・小笠原諸島ではアメリカによる統治が続く。

❶サンフランシスコ平和条約の調印　（時事通信フォト）

　➡同時に 07（　　　　　　　）条約が結ばれ，アメリカ軍が日本に引き続き駐留。

● 原水爆禁止運動…第五福竜丸がアメリカの水爆実験で被爆。

　➡翌年から原水爆禁止世界大会。

2 国際社会の変化

❶ 多極化する世界

- 新しい勢力…第二次世界大戦後に独立した国を
  中心に，1955 年，08(　　　　　　　　)会
  議がインドネシアで開かれる。

- 冷戦下のアジア…インドシナ半島で起こった
  09(　　　　　　)戦争がアメリカの軍事介入
  で激化➡ 1976 年，南北ベトナム統一。

- 日本の国際社会への復帰…1956 年，ソ連と
  日ソ共同宣言を調印〔➡北方領土問題は残される〕。
  ➡同年，国際連合へ加盟。
  1965 年，韓国と**日韓基本条約**を結ぶ。
  1972 年，10(　　　　)が日本に返還。
  1972 年，中華人民共和国と**日中共同声明**で国交正常化，1978 年に**日中平和友好条約**に調印。

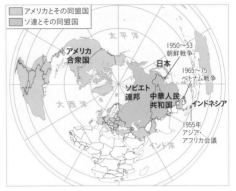

❶冷戦下の世界

❷ 経済の動きとこれからの日本

- 政治の安定…1955 年，与党を自由民主党，
  対立する野党第一党を日本社会党とする **55
  年体制**が始まる。

POINT

- 経済の発展…11(　　　　　　　　)と呼ば
  れる成長が 1955 年から 20 年近く続く。
  家庭電化製品が普及(三種の神器，新三種の
  神器または 3C と呼ばれる)。
  池田勇人首相が**所得倍増計画**。
  重化学工業が発展〔➡貿易は黒字に〕。
  1964 年に東海道新幹線が開通。同年，**東京オリンピック・パラリンピック**を開催。
  水俣市・四日市などで 12(　　　　)が起こる➡**公害対策基本法**，**環境庁**(現・環境省)。
  都市で過密化，山間部で**過疎化**。

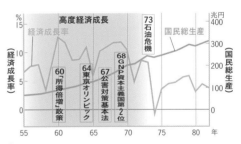

❶日本経済の成長

- 経済成長の終わり…1973 年の**第四次中東戦争**をきっかけに 13(　　　　　　　)が起こり，
  先進国の経済に打撃〔➡日本は省エネルギーを進め国際競争力を強化〕➡先進国は**主要国首脳会議(サミット)**開催。

- 核軍縮…1960 年代に**部分的核実験停止条約**(PTBT)，**核拡散防止条約**(NPT)。

- 冷戦の終わり…1980 年代，ソ連で 14(　　　　　　)政権による改革➡東ヨーロッパで
  民主化➡ 1989 年，**ベルリンの壁**が崩壊➡ 1990 年，東西ドイツが統一➡ 1991 年，ソ連解体。

- 地域紛争…1991 年に**湾岸戦争**。2001 年にアメリカ 15(　　　　　　)テロ。

- 平成時代の日本…**バブル経済**が崩壊➡**阪神・淡路大震災**➡**東日本大震災**。

1 文明のおこりと日本

2 古代国家の歩み

3 中世社会の展開

4 近世社会の展開

5 近代ヨーロッパの発展と日本の開国

6 近代日本の成立

7 二度の世界大戦と日本

8 現代の日本と世界

1 次の各問いに答えなさい。

(1) 年表中の**A**について，GHQによる民主化政策として正しいものを，次の**ア〜エ**から1つ選びなさい。〈高知県〉

ア 教育勅語の発布
イ 国家総動員法の制定
ウ 版籍奉還の実施
エ 財閥の解体

( )

年代	主なできごと
1945	GHQ による民主化政策が始まる‥**A**
1946	日本国憲法が公布される‥‥‥‥‥ ↕**ア**
1950	朝鮮戦争が始まる‥‥‥‥‥‥‥**B** ↕**イ**
1956	日本が国際連合に加盟する‥‥‥**C** ↕**ウ**
1964	東海道新幹線が開通する‥‥‥‥ ↕**エ**
1972	沖縄が日本に復帰する‥‥‥‥‥**D**

ヒント
(1)連合国軍総司令部による改革は非軍事化，政治の改革，経済の改革，教育の改革などからなる。

(2) 右の資料は，ある条約の一部である。この条約が結ばれた時期を，年表中の**ア〜エ**から1つ選びなさい。〈兵庫県〉

( )

> 連合国は，日本国及びその領海に対する日本国民の完全な主権を承認する。

ヒント
(2)「主権を承認」される前は，日本は連合国の占領下に置かれていた。

(3) 年表中の**B**の戦争が起こると，GHQの指令で ☐**X**☐ がつくられ，のちに ☐**Y**☐ へと改組された。**X・Y**に当てはまる語句を次の**ア〜エ**から1つずつ選びなさい。

ア 自衛隊　　**イ** 平和維持軍　　**ウ** 警察予備隊　　**エ** 義和団

X ( )　**Y** ( )

(4) 年表中の**C**のきっかけとなったできごとについて述べたものを，次の**ア〜エ**から1つ選びなさい。 ( )

ア 中東で起こった戦争の影響で石油危機となった。
イ ソ連との間に日ソ共同宣言を調印し，ソ連と国交を回復した。
ウ アメリカとの関係を強化する新しい安保条約を調印した。
エ 韓国政府を朝鮮半島における唯一の政府と承認した。

くわしく
(5)このときわが国は，中華民国（台湾）とは国交を断絶した。同じころ，国際連合安全保障理事会の常任理事国の資格も中華民国から中華人民共和国へ移った。

(5) 年表中の**D**と同じ年に，わが国はある国との国交を正常化した。この国の名称を次の**ア〜エ**から1つ選びなさい。〈高知県〉 ( )

ア ソビエト社会主義共和国連邦　　**イ** 大韓民国
ウ 中華人民共和国　　**エ** 朝鮮民主主義人民共和国

2 次の各問いに答えなさい。

(1) 次の**ア〜エ**は，冷戦の時期のできごとである。これらを古い順に並べた
とき，3番目になるものを選びなさい。〈ラ・サール〉 （　　　　）
ア ベトナム戦争の本格化　　**イ** アジア・アフリカ会議の開催
ウ 北大西洋条約機構の結成　　**エ** ソ連のアフガニスタン侵攻

ヒント
(1)資本主義諸国による軍事同盟の結成が，まず最初にくる。

(2) 高度経済成長期のできごととして最も適当なものを，次の**ア〜エ**から1
つ選びなさい。〈福井県〉 （　　　　）
ア バブル景気が起こった。　　**イ** 環境庁が設置された。
ウ 財閥解体が行われた。　　**エ** 主要国首脳会議が始まった。

ヒント
(2)重化学工業の発展に伴い，各地で公害が深刻化していた。

(3) 第1回主要国首脳会議が開催された背景として正しい説明はどれか，
次の**ア〜オ**から1つ選びなさい。〈市川〉 （　　　　）
ア アメリカの隣国キューバに，ソ連が核ミサイル基地を建設した。
イ 東西対立の象徴であったベルリンの壁が崩壊し，ドイツ統一が果た
された。
ウ 第四次中東戦争が起こると，アラブの産油国が原油の値上げを発表
した。
エ アメリカで同時多発テロが起き，数千人が犠牲となった。
オ インドのネルー首相と中国の周恩来首相が，平和五原則を発表した。

ミス注意
(3)主要国首脳会議は，先進国が政治・経済の課題について話し合う会議。非同盟諸国が集まるアジア・アフリカ会議は，これより前に開かれていた。

(4) 冷戦の終結を象徴しているできごとを，次の**ア〜エ**から1つ選びなさい。
〈福岡県〉
ア 日中平和友好条約が結ばれた。　　**イ** 石油危機が起こった。
ウ ヨーロッパ共同体(EC)が発足した。
エ 東西ドイツが統一された。 （　　　　）

(5) 戦後の世界の流れとして，ベルリン
の壁が崩壊した時期は右の資料の**ア
〜エ**のどこに当てはまるか，1つ選
びなさい。〈福井県〉
（　　　　）

(6) 2001年にテロ組織による大規模な
攻撃を受け，その組織をかくまって
いたアフガニスタンを攻撃した国は
イギリスとどこか。

（　　　　）

くわしく
(5)ベルリンの壁は，東ドイツから西側への脱出を防ぐために建設された。

STEP03 実戦問題

入試レベルの問題で力をつけよう。

目標時間 **30**分

---

1 次の各問いに答えなさい。

(1) 第二次世界大戦後，政府は地主から農地を買い上げ，小作農に安く売り渡し，自作農を増やす農地改革を行った。**資料1**は，1944年，1946年，1949年，1955年における，わが国の農家総数と自作農の農家数を示したものである。右の**ア〜エ**のうち，それぞれの年における農家総数に占める自作農の農家数の割合を示したものとして最も適しているものはどれか，1つ選びなさい。〈大阪府〉

資料1　農家総数と自作農の農家数（戸）

	1944年	1946年	1949年	1955年
農家総数	5,536,508	5,697,948	6,246,913	6,042,945
自作農の農家数	1,728,529	1,869,298	3,564,118	4,199,620

（「完結昭和国勢総覧」）

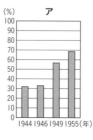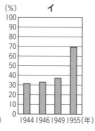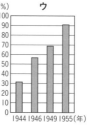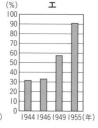

（　　　　）

(2) かつて「明治100年」の年は，明治を振り返る機会となった。そのことに関連して，次の**a〜d**のうち「明治100年」により近い時期に起こったできごと2つの組み合わせとして正しいものを，右の**ア〜カ**から1つ選びなさい。〈筑波大〉

ア	イ	ウ	エ	オ	カ
a	a	a	b	b	c
b	c	d	c	d	d

a PKO協力法が成立し，初めて海外に自衛隊が派遣された。
b 日韓基本条約が締結され，韓国との国交が正常化した。
c ベトナムでの戦争にアメリカが本格介入し，北ベトナムへの爆撃を行った。
d 二度の世界大戦への反省などから，51か国が参加して国際連合が発足した。

（　　　　）

(3) **資料2**のグラフは，何の推移を示していると考えられるか，次の**ア〜エ**から1つ選びなさい。〈石川県〉
　ア アメリカとソ連による核実験の回数
　イ 国際連合が行う平和維持活動（PKO）の数
　ウ ヨーロッパ連合（EU）に加盟している国の数
　エ 日本が国際平和に協力するために自衛隊を派遣した国の数

（　　　　）

資料2
（縦軸の単位は省略）

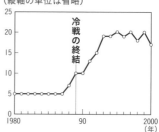

2 次の各問いに答えなさい。〈島根県〉

(1) 右の**資料1**を見て，次の問いに答えなさい。

① 高度経済成長期(1955～1973年)の状況として最も適当なものを，次の**ア～エ**から1つ選びなさい。
（　　　）

ア 郵便制度が始まり，郵便が全国均一の料金で利用できるようになった。

イ 冷蔵庫・洗濯機などの家庭電化製品が普及し，人々の暮らしが便利になった。

ウ インターネットが普及し，世界各地とすばやい情報のやりとりができるようになった。

エ ラジオ放送が始まり，発行数を伸ばした新聞と並び人々の情報源になった。

資料1

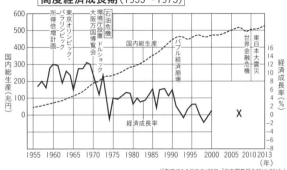

高度経済成長期(1955～1973)

（「数字でみる日本の100年」「日本国勢図会2016/2017」）

よく出る

② 1973年に始まった石油危機の説明を，右の**資料2**を参考にして，次の形式に合うように，10字以上，20字以内で答えなさい。

　石油危機とは，1973年10月に中東で起きた戦争をきっかけとして，(　10字以上，20字以内　)ために発生した世界経済の混乱のこと。

資料2　原油の公示価格の推移

年月	1バーレルの価格
1973年10月	3.01ドル
1974年1月	11.65ドル

※1バーレル≒159リットル

（石油連盟「戦後石油産業史」）

思考力

③ **資料1**中の**X**に当てはまる，経済成長率のグラフとして最も適当なものを，右の**ア～エ**から1つ選びなさい。
（　　　）

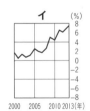
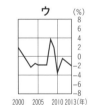
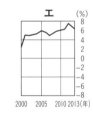

思考力

(2) 右の**資料3**は沖縄で使用された切手を示している。このように変更されたのはなぜか。**資料4**からわかる理由を，15字以上，25字以内で説明しなさい。ただし，　　　に当てはまる国名を用いること。

資料3

1972年以前の例　　1972年以後の例

（1961年発行）　　（1985年発行）

（切手の博物館[東京・目白]）

資料4　佐藤栄作内閣が結んだ協定

　　　　は，(中略)琉球諸島及び大東諸島に関し(中略)すべての権利及び利益を，この協定の効力発生の日から日本国のために放棄する。

流れがわかる
重要年代

1 文明のおこりと日本

57 年	倭の奴国の王が漢の皇帝から**金印**を授かる
239 年	邪馬台国女王**卑弥呼**が魏に使いを送る

2 古代国家の歩み

593 年	**聖徳太子**が推古天皇の**摂政**になる
607 年	**小野妹子**が**遣隋使**となる
645 年	**大化の改新**が始まる
672 年	**壬申の乱**が起こる
701 年	**大宝律令**が定められる
710 年	**平城京**に都が移される
743 年	**墾田永年私財法**が出される
794 年	**平安京**に都が移される
894 年	**遣唐使**が停止される
935 年	**平将門の乱**が起こる
1016 年	**藤原道長**が摂政となる

3 中世社会の展開

1086 年	**白河上皇**が**院政**を始める
1156 年	**保元の乱**が起こる
1167 年	**平清盛**が**太政大臣**になる
1185 年	**壇ノ浦の戦い**で**平氏**が滅びる
1192 年	**源頼朝**が征夷大将軍に任じられる
1221 年	**承久の乱**が起こる
1232 年	**北条泰時**が**御成敗式目**を定める
1274 年	**文永の役(元寇)**が起こる
1297 年	**永仁の徳政令**が出される
1333 年	**鎌倉幕府**が滅びる
1338 年	**足利尊氏**が**室町幕府**を開く
1392 年	**足利義満**が**南北朝の動乱**を終わらせる
1467 年	**応仁の乱**が起こる

4 近世社会の展開

1543 年	ポルトガル人が種子島に**鉄砲**を伝える
1549 年	**ザビエル**が**キリスト教**を伝える
1573 年	**織田信長**が室町幕府を滅ぼす
1582 年	**豊臣秀吉**が**太閤検地**を実施する
1590 年	**豊臣秀吉**が全国を統一する
1600 年	**関ヶ原の戦い**が起こる
1603 年	**徳川家康**が**江戸幕府**を開く
1637 年	**島原・天草一揆**が起こる
1716 年	**徳川吉宗**が**享保の改革**を行う
1787 年	**松平定信**が**寛政の改革**を行う

5 近代ヨーロッパの発展と日本の開国

1837 年	**大塩平八郎**が乱を起こす
1841 年	**水野忠邦**が**天保の改革**を行う
1853 年	**ペリー**が黒船で**浦賀**に来航する
1854 年	**日米和親条約**を結ぶ
1858 年	**日米修好通商条約**を結ぶ
1867 年	**大政奉還**が行われる

6 近代日本の成立

1868 年	**五箇条の御誓文**が出される
1873 年	**地租改正**が行われる
1877 年	**西南戦争**が起こる
1889 年	**大日本帝国憲法**が発布される
1894 年	**日清戦争**が起こる
1902 年	**日英同盟**が結ばれる
1904 年	**日露戦争**が起こる
1910 年	日本が**韓国を併合**する
1911 年	中国で**辛亥革命**が起こる

7 二度の世界大戦と日本

1914 年	**第一次世界大戦**が起こる
1918 年	**米騒動**が起こる
1919 年	**ベルサイユ条約**が結ばれる
1929 年	**世界恐慌**が起こる
1931 年	**満州事変**が起こる
1932 年	**五・一五事件**が起こる
1936 年	**二・二六事件**が起こる
1939 年	**第二次世界大戦**が起こる
1941 年	**太平洋戦争**が起こる
1945 年	**第二次世界大戦**が終わる

8 現代の日本と世界

1946 年	**日本国憲法**が公布される
1950 年	**朝鮮戦争**が起こる
1951 年	**サンフランシスコ平和条約**が結ばれる
1956 年	日本が**国際連合に加盟**する
1964 年	**東京オリンピック**が開かれる

公民編

重要度 ★★★

公民 1

現代社会と日本国憲法

STEP01 要点まとめ → 解答は別冊 37 ページ

（　　）に当てはまる語句を書いて，この章の内容を確認しよう。

1 現代社会と私たち

❶ 現代社会の変化

● 01（　　　　　　　　　　　）…人やものなどが国境をこえて移動することで，世界の一体化が進むこと。

　→ 02（　　　　　　　　　　）…生産が得意な商品を輸出し，生産が不得意な商品を輸入すること。

● 情報社会…大量の情報が生産され，その情報が大きな役割を果たす社会。

● 03（　　　　　　　　　　）…子どもの数が減り，人口に占める高齢者の割合が増加すること。

❷ 生活と文化

● 04（　　　　　　　　　　）…毎年，決まった時期に行われる行事。

1月	初詣	7月	七夕
2月	節分	8月	お盆
3月	ひな祭り	9月	彼岸
4月	花祭り	10月	秋祭り
5月	端午の節句	11月	七五三
6月	衣替え	12月	大みそか

❶主な年中行事

2 個人と社会生活

❶ 現代社会の中の私たち

● 意見の調整…**対立**が発生しているとき，意見を調整して**合意**を目指す。

POINT ● 合意の形成…05（　　　　　　　　　）と**公正**。公正には**手続きの公正さ**と**機会（結果）の公正さ**がある。

● **全員一致（全会一致）**は，全員の賛成で決定。**多数決**は，多数派の賛成で決定。

❷ 家族のはたらきと形態

● 06（　　　　　　　　）**世帯**…親と子，または夫婦だけの世帯。➡ 近年は**一人（単独）世帯**が増加。

3 民主政治と人権

❶ 啓蒙思想の発達

POINT ● **啓蒙思想**…ロック『**統治二論（市民政府二論）**』➡ 自然権，社会契約説，抵抗権（革命権）。

ルソー『社会契約論』➡ 人民主権。**モンテスキュー『法の精神』**➡ 三権分立。

❷ 人権思想の発達

POINT ● 人権思想の成立…**人権**とは，人が生まれながらにして持つ権利のこと。

➡ イギリスで 1689 年に 07（　　　　　　　　　　）を制定。

➡ アメリカ合衆国では**アメリカ独立宣言**。フランスでは 08（　　　　　　　　　　）［➡アメリカ独立

宣言の影響を受ける］を制定。

● **社会権**…1919年にドイツで 09（　　　　　　　　）憲法が定められ，初めて**社会権**が認められる。

4 日本国憲法の原理と基本的人権

❶ 立憲主義と日本国憲法

● 政治権力の制限…10（　　　　　　　　）は，憲法によって政治権力を制限するという考え方。

● 憲法の性質…憲法は国の 11（　　　　　　）法規 ［➡憲法に反する法律や命令は効力を持たない］である。

● 大日本帝国憲法の制定…1889 年，天皇が国民に与えるという形で制定される。

● **日本国憲法の制定**…**1946 年 11 月 3 日**に公布，**1947 年 5 月 3 日**に施行。

❷ 日本国憲法の基本原理

● 3 つの基本原理…12（　　　　　　　），

平和主義 ［➡非核三原則］，**基本的人権の尊重**。

POINT ● **憲法改正**…憲法改正の発議の後，

13（　　　　　　　）の実施。

● **天皇**…日本と日本国民統合の

14（　　　　　　　）。内閣の助言と承認に基

づき，国会の召集や法律の公布などの 15（　　　　　　）を行う。

❶憲法改正の手続き

内閣　→　発案　←　国会議員

衆議院 衆議院総議員の 2/3以上の賛成

参議院 参議院総議員の 2/3以上の賛成

→ 発議 → ⑩（　）で有効投票の過半数の賛成があれば承認される → **国民** **承認** → 天皇が国民の名で公布 → **天皇** **公布**

❸ 基本的人権の尊重と国民の義務

● **平等権**➡ 差別を受けずに，だれもが等しく同じ扱いを受ける権利。

POINT ● **自由権**➡ 国から不当な制約を受けず，自由に行動する権利。

● **社会権**➡ 人間らしい生活を送る権利。

● 基本的人権を守るための権利…**参政権**，**請求権**。➡ 基本的人権は 16（　　　　　　）による制限を受ける。

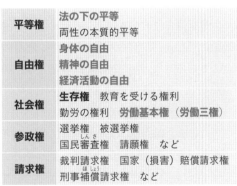

❶基本的人権

平等権	法の下の平等 両性の本質的平等	
自由権	身体の自由	
	精神の自由	
	経済活動の自由	
社会権	**生存権**　教育を受ける権利	
	勤労の権利　労働基本権（労働三権）	
参政権	選挙権　被選挙権	
	国民審査権　請願権　など	
請求権	裁判請求権　国家（損害）賠償請求権	
	刑事補償請求権　など	

POINT ● **新しい人権**…憲法に規定されていないが，近年になって認められるようになった権利。環境権 ［➡環境アセスメント］，自己決定権，知る権利，17（　　　　　　　）の権利 ［➡個人情報を勝手に公開されない権利］など。

● 国民の義務…**子どもに普通教育を受けさせる義務，勤労の義務，納税の義務**。

学習内容が身についたか，問題を解いてチェックしよう。

---

1 次の各問いに答えなさい。

(1) 次の **I**，**II** のグラフは，それぞれ，1970 年と 2015 年のいずれかの年における，我が国の全世帯数に占める家族の類型別の世帯数の割合を表したものである。グラフ **I**，**II** 中の **a**，**b** は，それぞれ核家族，一人世帯のいずれかに当たる。2015 年のグラフに当たる記号と，核家族に当たる記号の組み合わせとして正しいものを，次の**ア～エ**から 1 つ選びなさい。〈愛媛県〉

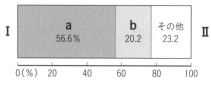
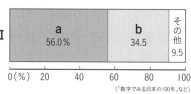

「数字でみる日本の100年」など

ア **I** と **a**　　**イ** **I** と **b**　　**ウ** **II** と **a**　　**エ** **II** と **b**

（　　　　）

(2) 年中行事について，田植えの時期と最も関わりの深いものを，次の**ア～エ**から 1 つ選びなさい。〈栃木県〉

ア 成人式　　**イ** 端午の節句　　**ウ** 盆おどり　　**エ** 七五三

（　　　　）

(3) 合意を得るための考え方に「効率」や「公正」がある。次の文はある問題に対し，「効率」か「公正」いずれかの考え方で解決策を説明したものである。「公正」の考え方の文として最も適当なものを，次の**ア～エ**から 1 つ選びなさい。〈福井県〉

ア あるカフェでは夜の混雑時に駐車場が不足しているため，夜間営業のない隣のパン屋の駐車場を借りて不足を補う。

イ ある県道には渋滞になる区間があるため，県は渋滞を緩和する新たなバイパス道路を建設する予算を立てる。

ウ 国連総会の 1 国 1 票の制度に不満を持つ国が多いため，国連加盟国の人口や分担金に応じた票数配分を考える。

エ 温室効果ガスを削減するため，優れた環境技術を 1 か国が独占するのではなく，世界に普及させる制度をつくる。

（　　　　）

くわしく

(1)核家族とは，親と子どもまたは夫婦だけの世帯のこと。以前は三世帯家族（祖父母と親と子どもの世帯）が多かったが，現在は一人世帯が増加している。

ヒント

(2)田植えは主に 5 ～ 6 月ごろに行われる農作業である。

ヒント

(3)効率は無駄を減らすこと。公正は手続きや結果に不公平が生じないこと。優れた技術を広めることは「公正」ではなく「効率」に当たる。

2 次の各問いに答えなさい。

(1) 憲法に関して，立憲主義とはどのような考え方のことか。憲法によって制限するものと守るものがわかるように，簡潔に書きなさい。〈北海道〉

[ ]

(2) 憲法改正について述べた文として誤っているものを，次の**ア〜エ**から1つ選びなさい。

ア 衆議院と参議院で総議員の3分の2以上の賛成を得られなければ，憲法改正の発議を行うことはできない。

イ 憲法の改正には，国民投票において，有権者の過半数の賛成を得ることが必要である。

ウ 国民の承認を得られれば，天皇は内閣の助言と承認を受けて，国民の名において，改正された憲法を公布する。

エ 2018年までに日本国憲法が改正されたことは一度もない。

( )

ミス注意

(2)憲法の改正にあたっては，通常の法律の改正などに比べて，非常に厳しい条件が課せられている。国民投票は国民の意思を直接表すための制度。

(3) 右の表は，聡美さんが日本国憲法に規定された基本的人権についてまとめたものであり，次の**X**，**Y**は日本国憲法の条文である。**X**，**Y**に示された権利を表に当てはめるとき，**ア〜エ**のどこに入れるのが適当か，それぞれ1つずつ選びなさい。〈熊本県〉

基本的人権	自由権	精神の自由 身体の自由（　**ア**　）
	社会権	生存権　教育を受ける権利 労働基本権（　**イ**　）
	平等権	法の下の平等　両性の本質的平等 （　**ウ**　）
	参政権	選挙権　被選挙権 国民審査権　請願権
	請求権	国家（損害）賠償請求権 刑事補償請求権（　**エ**　）

X すべて国民は，勤労の権利を有し，義務を負ふ。

Y 何人も，裁判所において裁判を受ける権利を奪はれない。

X（ ）　Y（ ）

(4) 「新しい人権」と呼ばれる知る権利とプライバシーの権利は，それぞれどのような情報を対象とした権利であるか。対象の違いを明らかにして，30字以上，60字以内で説明しなさい。〈熊本県〉

[ ]

ミス注意

(4)「知る権利」は他人の個人情報を知る権利ではない。

1 現代社会について，次の各問いに答えなさい。

(1) グローバル化の進展から，国や地方公共団体が**資料1**のような表示を推進していることに気づいた花子さんは，**資料1**のような表示を推進する理由とその目的について発表することにした。どのような発表内容が適当か，**資料1〜3**をすべてふまえて書きなさい。〈福井県〉

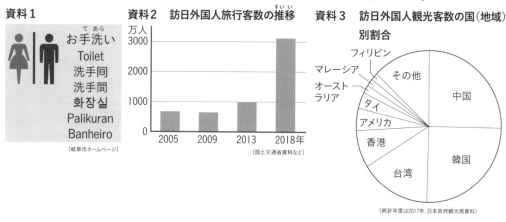

資料1 （岐阜市ホームページ）

資料2 訪日外国人旅行客数の推移 （国土交通省資料など）

資料3 訪日外国人観光客数の国（地域）別割合 （統計年度は2017年，日本政府観光局資料）

[   ]

(2) 各国が，得意分野の商品を生産し，貿易によって交換し合うことを何というか，その名称を**漢字**で答えなさい。〈三重県〉

(   )

(3) 家族の形の変化について，**資料4**と**資料5**から読み取れる変化を書きなさい。〈秋田県〉

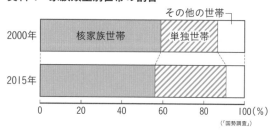

資料4 家族類型別世帯の割合 （「国勢調査」）

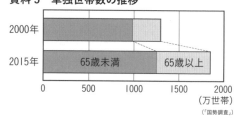

資料5 単独世帯数の推移 （「国勢調査」）

[   ]

(4) 意見がまとまらない場合について，ゆたかさんの中学校では，体育祭の競技種目について，生徒会執行部が全校生徒にアンケート調査を実施し，その結果を参考に決定することにした。次の**資料6**は，アンケート結果をクラスごとにまとめたもので，**資料7**は，その後の生徒会執行部の話し合いの様子である。**資料7**の（ **X** ）と（ **Y** ）には，どのような**理由**が入るか。**資料6**から読み取れることにふれて，簡潔に書きなさい。〈岩手県〉

資料6

生徒数 競技種目	1年1組	1年2組	2年1組	2年2組	3年1組	3年2組
	30	30	30	30	30	30
玉入れ	5	13	15	15	7	15
長縄跳び	4	5	1	2	4	4
綱引き	21	12	14	13	19	11

（単位：人）

資料7

> 生徒会役員A：アンケートの結果を見て，みなさんはどう思いますか。
> 生徒会役員B：私は，玉入れがよいと思います。その理由は，（ **X** ）からです。
> 生徒会役員C：私は，綱引きのほうがよいと思います。それは，（ **Y** ）からです。

X [　　　　　　　　　　　　　　　　　　　　　　　　]

Y [　　　　　　　　　　　　　　　　　　　　　　　　]

2 人権の歴史や法について，次の各問いに答えなさい。

(1) 『統治二論（市民政府二論）』で抵抗権を主張し，モンテスキューの三権分立論に影響を与えたイギリスの思想家は誰か，人物名を答えなさい。

（　　　　　　　　　　　　　　　）

(2) 人権思想に関連することがらを正しく述べているものを，次の**ア〜エ**から1つ選びなさい。

〈千葉県〉

ア フランス人権宣言は，「すべての人は平等につくられ，生命・自由・幸福の追求の権利が与えられている」と宣言し，アメリカ独立宣言に影響を与えた。

イ 大日本帝国憲法において，「人権は侵すことのできない永久の権利である」と規定され，国民の権利が大幅に拡大された。

ウ ドイツのワイマール憲法は，「個人として尊重され自由に生きる権利」である自由権を，世界で初めて取り入れた憲法である。

エ 世界人権宣言は，「すべての人間は，生まれながらにして自由であり，かつ，尊厳と権利とについて平等である」と宣言し，これを具体化するために，国際人権規約が採択された。

（　　　　　　　　　　　　　　　）

(3) 人権の歴史の中で，20世紀になって自由権だけでなく社会権が認められるようになった理由を書きなさい。ただし，「貧富の差」と「人間」という語句を必ず使うこと。〈福井県〉

[   ]

(4) 右の**資料**は，人の支配と法の支配を模式的に示したものである。【人の支配】と【法の支配】では，法の役割に違いがみられる。**資料**を参考にして，【法の支配】において**保障されること**と**制限されること**を，それぞれ答えなさい。〈大分県〉

資料

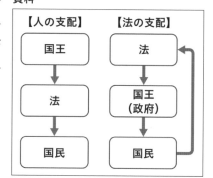

保障されること （   ）
制限されること （   ）

---

3 **日本国憲法と基本的人権**について，次の各問いに答えなさい。

(1) 日本国憲法で保障されている基本的人権について述べた文章として正しいものを，次の**ア〜エ**から1つ選びなさい。〈洛南〉

ア 身体（人身）の自由は，正当な理由なく身体的な拘束を受けないという自由である。そのため，どんな場合であっても，裁判官が出す令状がなければ個人を逮捕できないとされている。

イ 経済活動の自由は，職業選択の自由や財産権の保障をその中身としている。そのため国が，個人の私有財産である土地を，公共のために用いることは許されないとされている。

ウ 生存権は，健康で文化的な最低限度の生活を営む権利を国民に示したものである。最高裁判所は，その権利は国の努力目標を示したもので，その内容を裁判所が具体的に定めるものではないとする立場をとっている。

エ 参政権は，国民が直接または間接に政治に参加する権利である。日本に永住する外国人に対しても同様に，衆議院議員選挙・参議院議員選挙の選挙権が認められている。

（   ）

(2) 天皇は，内閣の助言と承認により国事行為を行う。天皇の国事行為として<u>誤っているもの</u>を，次の**ア〜エ**から1つ選びなさい。〈静岡県〉

ア 法律の公布　　**イ** 衆議院の解散
ウ 国会の召集　　**エ** 最高裁判所長官の指名

（   ）

(3) 次は，日本国憲法の条文の一部である。条文中の□□□に当てはまる語句によって制限を受けることがないものを，あとの**ア〜エ**から1つ選びなさい。〈大分県〉

> 第12条 【自由・権利の保持の責任とその濫用（らんよう）の禁止】
> 　この憲法が国民に保障する自由及（およ）び権利は，国民の不断（ふだん）の努力によつて，これを保持しなければならない。又（また），国民は，これを濫用してはならないのであつて，常に□□□□□□のためにこれを利用する責任を負（う）ふ。

ア 大学に進学するため，大分県から北海道へ転居すること。

イ 幼いころからの夢であったので，資格がなくても医師になれること。

ウ 公園や道路の建設があっても，自らの土地（財産）は保障されること。

エ インフルエンザにかかっているが，学校へ登校すること。

（　　　　）

(4) 自由権は，その内容によって，精神の自由，生命・身体の自由，経済活動の自由に分類される。自由権の内容のうち，異なる分類に当たるものを，次の**ア〜エ**から1つ選びなさい。〈福島県〉

ア 思想・良心の自由　　**イ** 居住・移転・職業選択の自由

ウ 学問の自由　　　　　**エ** 集会・結社・表現の自由

（　　　　）

(5) 近年では，医療（いりょう）においてインフォームド・コンセントが求められている。インフォームド・コンセントにあてはまらないものを，次の**ア〜エ**から1つ選び答えなさい。〈香川県〉

ア 複数の手術例を伝え，どの手術にするか患者（かんじゃ）に選択してもらう。

イ 薬の副作用について説明し，患者といっしょに処方する薬を考える。

ウ 手術で輸血する際に，輸血の必要性を患者に説明して納得してもらう。

エ 患者に代わって，専門家として最善の治療（ちりょう）方法を決定する。

（　　　　）

難問 4 日本国憲法は，立憲主義の精神を基礎（きそ）においた憲法であるといわれる。このことを念頭におきながら次の各問いに答えなさい。〈同志社〉

日本国憲法第99条には以下の記述がある。

「□□□□□□□は，この憲法を尊重し擁護（ようご）する義務を負（う）ふ。」

(1) □□□に当てはまる文に含（ふく）まれない語句を，次の**ア〜オ**から1つ選びなさい。

ア 国会議員　　**イ** 天皇又（また）は摂政（せっしょう）　　**ウ** 国民　　**エ** 国務大臣　　**オ** 裁判官

（　　　　）

(2) (1)でその答えを選んだ根拠（こんきょ）を書きなさい。

[

]

2 公民 国会・内閣・裁判所のしくみ

STEP01 要点まとめ　→解答は別冊39ページ

（　）に当てはまる語句を書いて、この章の内容を確認しよう。

1 国会のしくみと仕事

1 国会の地位

- 国会の地位…国会は**国権の最高機関**であり、国の唯一の

  01（　　　　　　　　）機関。

POINT
- **二院制（両院制）**…衆議院と参議院からなる。

  ➡参議院には衆議院の行き過ぎをおさえる役割がある。

POINT
- **衆議院の優越**…重要な議題について、衆議院の議決を優先する。➡法律案の議決、予算の議決と条約の承認、02（　　　　　　　　　　　）の指名。

  また、予算の 03（　　　　　　　）権、内閣信任・不信任の決議権は、衆議院にのみ認められている。

	衆議院	参議院
議員定数	465	※248
任期	4年	6年
解散	あり	なし
被選挙権	25歳以上	30歳以上

※2022年の選挙までの議員数は245
❶衆議院と参議院の比較

2 国会の種類

- **常会（通常国会）**…毎年1回、1月中に召集。会期は150日間。
- **臨時会（臨時国会）**…内閣が必要と認めたときや、いずれかの議院の総議員の4分の1以上の要求があった場合などに召集。
- **特別会（特別国会）**…衆議院解散後の総選挙の日から 04（　　　　　　　）日以内に召集。
- **参議院の緊急集会**…衆議院の解散中に、緊急の必要があるとき。

3 国会の仕事

POINT
- **法律の制定**…**委員会**で審査された後、本会議で議決。衆議院で可決後、参議院で否決された場合は、衆議院で出席議員の 05（　　　　　　　　）以上の賛成で再可決すると法律になる。
- **内閣総理大臣の指名**…06（　　　　　　　）の中から指名。衆議院と参議院で異なる人を指名した場合、07（　　　　　　　　　）でも意見が一致しないときは、衆議院の議決を優先。
- **そのほかの主な仕事**…予算の審議、条約の**承認**、**弾劾裁判所**の設置、国政調査 [➡政治全般に関する調査] など。

▶2 内閣のしくみと仕事

■1 内閣と議院内閣制

● 内閣の地位…**行政**の最高機関。

● 内閣の構成…内閣総理大臣と 08（　　　　　　　　　）。

POINT ● **国会との関係**…内閣は国会の**信任**に基づいて成立し，国会に対して連帯して責任を負う。

➡ 09（　　　　　　　　　　　）［➡アメリカは大統領制］。

➡ 内閣不信任の決議が可決された場合は，

10（　　　　　　　　　）日以内に衆議院を解散するか，総辞職しなければならない。

● 内閣の主な仕事…法律の執行，外交関係の処理，**条約の締結**，法律案や予算の作成，**最高裁判所長官の指名**など。国務大臣の多くは各省の長として仕事をする。

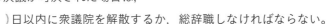

国会　　　内閣信任・不信任の決議　　　内閣

衆議院　　　衆議院解散の決定　　　内閣総理大臣

　　　　国会議員の中から指名　　　罷免 任命

参議院　　　過半数は国会議員　　　08（　　　）

　　　　連帯責任

選挙　　　　　　　　　世論

国　民

❶日本の議院内閣制

■2 行政機関と行政の諸問題

● **行政機関**…内閣府のほか，省や庁，委員会など多数の機関が行政の仕事を分担している。

● **行政改革**…大きな政府から小さな政府へ。許認可権を見直す**規制緩和**の実施など。

▶3 裁判所のしくみと権力分立

■1 裁判所の種類としくみ

● 裁判所の地位…11（　　　　　　　　）を担う。➡**司法権の独立**。

POINT ● **裁判所の種類**…12（　　　　　　　　）裁判所と下級裁判所（高等裁判所，地方裁判所，家庭裁判所，簡易裁判所）。➡第一審に不服があれば**控訴**，第二審に不服があれば**上告**［➡三審制］。

● 裁判の種類…**刑事裁判**と**民事裁判**。刑事裁判では，13（　　　　　　　　）が被疑者を裁判所に訴える。民事裁判では，訴えた人が 14（　　　　　　　　），訴えられた人が被告。

● **司法制度改革**…裁判官とともに，被告人の有罪・無罪や刑罰の内容を決定する

15（　　　　　　　　）制度が始まる。ほかに，日本司法支援センター（法テラス）の設立など。

● 16（　　　　　　　　　　）…法律などが違憲か合憲か判断すること。➡最高裁判所は「**憲法の番人**」と呼ばれている。

POINT ### ■2 三権の抑制と均衡

● 17（　　　　　　　　）が著書の『**法の精神**』で主張。

● 三権分立（権力分立）の目的…国家権力の集中を防ぎ，国民の権利と自由を守ること。

● 国民による監視…国会に対しては**選挙**，内閣に対しては**世論**，裁判所に対しては**国民審査**。

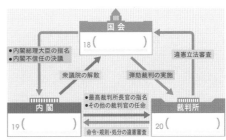

国　会

18（　　　　）

● 内閣総理大臣の指名　　　　　　　　　　違憲立法審査
● 内閣不信任の決議

衆議院の解散　　　弾劾裁判の実施

● 最高裁判所長官の指名
● その他の裁判官の任命

内閣　　　　　　　　　　　裁判所

19（　　　　）　　　　　　　20（　　　　）

命令・規則・処分の違憲審査

❶わが国の三権分立（権力分立）制

STEP02 基本問題

学習内容が身についたか，問題を解いてチェックしよう。

1 国会について，次の各問いに答えなさい。

(1) 国会について，次の日本国憲法の条文の ┃ X ┃ に当てはまる語句を書きなさい。〈長崎県〉

> 第41条　国会は，国権の最高機関であって，国の唯一の ┃ X ┃ である。

（　　　　　　　　）

(2) 次の説明文は，国会が二院制をとる理由についてまとめたものである。説明文中の（　　　）に当てはまる文を書きなさい。〈和歌山県〉

> 国会は衆議院と参議院からなる二院制をとっています。衆議院だけでなく，参議院が置かれているのは，国民のさまざまな意見や利益を政治に反映させることと，（　　　）ことが期待されるからです。

[　　　　　　　　　　　　　　　　　　　　　]

くわしく

(2)衆議院と参議院が同じしくみをとっていると，二院制をとる意味があまりない。あえて衆議院と異なる選出方法をとる参議院には，衆議院に対する抑制の役割が期待されている。

(3) 次の**A**，**B**の文を読んで，あとの問いに答えなさい。

> **A** 衆議院の解散後に行われる総選挙の日から，（　**a**　）日以内に開かれる。
> **B** 毎年1回，（　**b**　）月中に開かれる。

① **A**，**B**の説明に当てはまる国会の種類を，次の**ア〜エ**から1つずつ選びなさい。

ア　常会（通常国会）　　　イ　臨時会（臨時国会）

ウ　特別会（特別国会）　　エ　参議院の緊急集会

A（　　　　　）　**B**（　　　　　）

② **a**，**b**に当てはまる数字を書きなさい。

a（　　　　　）　**b**（　　　　　）

③ **A**の国会の主な議題を，次の**ア〜エ**から1つ選びなさい。

ア　予算の審議　　　　　イ　緊急の議題

ウ　内閣総理大臣の指名　エ　補正予算　　（　　　　　）

ヒント

(3)②予算の期間は4月1日〜翌年の3月31日まで。予算の審議は，ほとんどの場合，1月から3月までの間に行われる。

2 内閣について，次の各問いに答えなさい。

(1) 国会と内閣の関係について，**資料**は，たかやさんがまとめたものの一部である。**資料**に示したような，内閣が国会の信任に基づき，国会に対して連帯して責任を負うしくみを何というか，その名称を書きなさい。

資料 〈三重県〉

> ・内閣総理大臣は国会議員の中から，国会によって指名される。
> ・内閣総理大臣は国務大臣を指名するが，その過半数は国会議員でなければならない。
> ・衆議院は内閣を信頼できなければ，内閣不信任の決議を行うことができる。
> ・内閣不信任の決議が可決されると，内閣は10日以内に衆議院の解散をするか，総辞職しなければならない。

（　　　　　　　　　）

くわしく

(1)内閣は，国会の信任に基づいて成立する。これはイギリスのしくみにならってつくられた制度であり，国会と内閣は互いに抑制し合っている。

(2) 内閣総理大臣と内閣が指揮監督する国の行政活動には，その活動範囲や規模について「小さな政府」と「大きな政府」という2つの考え方がある。一般的に「小さな政府」の考え方に基づいて実施される政策として適当なものを，次の**ア〜オ**からすべて選びなさい。〈愛知県〉

ア 国家公務員の削減　　**イ** 社会保障制度の充実
ウ 公共事業の拡大　　　**エ** 政府事業の民営化
オ 大学の授業料無償化

（　　　　　　　　　）

ミス注意

(2)「小さな政府」において，行政は，安全保障など必要最低限のことを行う。「大きな政府」は，「小さな政府」の役割に加えて，教育や雇用の確保などの仕事を行う。

3 裁判所について，次の各問いに答えなさい。

(1) 裁判員について述べた次の**A**，**B**の文の正誤の組み合わせとして正しいものを，次の**ア〜エ**から1つ選びなさい。〈長崎県〉

A 裁判員は，裁判官から独立して，裁判員だけで有罪か無罪かを判断する。
B 裁判員は，殺人などの重大な刑事裁判のみならず，民事裁判も担当する。

ア A＝正，B＝正　　**イ** A＝正，B＝誤
ウ A＝誤，B＝正　　**エ** A＝誤，B＝誤

（　　　　　　　　　）

くわしく

(1)裁判員は重大な刑事裁判の第一審に参加する。裁判員裁判は，裁判官3名と裁判員6名で構成され，有罪の判決を下すには，最低1名の裁判官の同意がなければならない。

(2) 裁判所には，法律や規則などが最高法規である憲法に違反していないかどうかを判断する権限がある。その権限を何というか，書きなさい。

〈徳島県〉

（　　　　　　　　　）

1 国会について，次の各問いに答えなさい。

(1) 国会が国権の最高機関とされる理由を書きなさい。ただし，**主権者**，**議員**という語句を使うこと。〈鹿児島県〉

[   ]

(2) 内閣総理大臣の指名について，右の**資料**は，衆議院と参議院での投票結果である。この投票結果に基づいて，衆議院と参議院が異なる国会議員を指名し，両院協議会を開いても意見が一致

資料

	a 議員	b 議員	c 議員	d 議員
衆議院	151 票	233 票	63 票	18 票
参議院	150 票	65 票	17 票	10 票

しなかった場合に，内閣総理大臣として指名される議員を，**資料**中の**a〜d**議員の中から1人選びなさい。また，その理由も書きなさい。〈青森県〉

記号（   ）議員

理由 [   ]

(3) 日本の国会について述べた次の**A**，**B**の文の正誤の組み合わせとして正しいものを，あとの**ア〜エ**から1つ選びなさい。〈長崎県・改〉

A 衆議院解散による総選挙後に開かれる臨時会(臨時国会)では，内閣総理大臣が指名される。
B 弾劾裁判所を設置して，不適任と思われる国務大臣をやめさせるかどうかを判断することができる。

ア **A**−正，**B**−正　　**イ** **A**−正，**B**−誤
ウ **A**−誤，**B**−正　　**エ** **A**−誤，**B**−誤　　　　　（   ）

2 法律の制定について，次の各問いに答えなさい。

(1) 次の文中の　**a**　〜　**c**　に当てはまる語句の組み合わせとして正しいものを，次の**ア〜エ**から1つ選びなさい。〈岐阜県〉

> 国会の役割の一つに，法律の制定がある。法律案の議決について，日本国憲法では，**a**で可決し，**b**でこれと異なった議決をした場合，**a**で出席議員の**c**で再び可決したとき，法律となると規定されている。

ア **a**−衆議院　**b**−参議院　**c**−過半数
イ **a**−衆議院　**b**−参議院　**c**−3分の2以上の多数
ウ **a**−参議院　**b**−衆議院　**c**−過半数
エ **a**−参議院　**b**−衆議院　**c**−3分の2以上の多数　　（   ）

(2) 右の**資料**は，法律が公布されるまでの過程を表している。**A～C**に当てはまる語句の組み合わせとして正しいものを，次の**ア～エ**から１つ選びなさい。〈青森県〉

資料

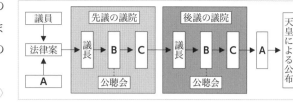

ア A－委員会　B－本会議　C－内閣　　**イ** A－内閣　B－委員会　C－本会議

ウ A－委員会　B－内閣　C－本会議　　**エ** A－内閣　B－本会議　C－委員会

（　　　　）

3 **内閣について，次の各問いに答えなさい。**

(1) 内閣について，次の文の　**X**　，　**Y**　に当てはまる語句の組み合わせとして正しいものを，あとの**ア～エ**から１つ選びなさい。ただし，憲法の規定をふまえて答えること。〈鹿児島県〉

> 内閣総理大臣の任命は，　**X**　が行う。また，内閣総理大臣は，国務大臣を任命する。ただし，その　**Y**　は，国会議員の中から選ばれなければならない。

ア X－国会　Y－３分の２　　**イ** X－国会　Y－過半数

ウ X－天皇　Y－３分の２　　**エ** X－天皇　Y－過半数

（　　　　）

(2) 観光庁や公正取引委員会などの外局は，内閣府や省に属し特別な事務をつかさどっている。次の文は，法律の規定に基づいて観光庁を外局として置いている国の行政機関について述べたものである。文中の　　　に共通して当てはまる語句を書きなさい。〈大阪府〉

> 　　　は，2001（平成13）年に設置された国の行政機関である。　　　設置法に基づいて，観光の振興やホテル及び旅館の登録などに関する事務をつかさどる観光庁のほか，気象庁，運輸安全委員会，海上保安庁を外局として置いている。

（　　　　）

(3) 現在の日本は，議院内閣制を採用している。議院内閣制とはどのような制度か，簡潔に書きなさい。〈山口県〉

[
　
]

(4) 近年，簡素で効率的な行政を目指す行政改革が進められ，行政機関の許認可権を見直して自由な経済活動をうながす規制緩和が行われてきた。規制緩和の例として当てはまらないものを，次の**ア～エ**から１つ選びなさい。〈香川県〉

ア 株式会社が保育所を設置できるようになると，保育所が増える。

イ 電気事業が自由化されると，利用者は電力会社を選ぶことができるようになる。

ウ 派手な色の看板を掲げられないようにすると，景観が保たれて観光客が増える。

エ 航空業界に新規参入ができるようになると，価格競争が起こり運賃が安くなる。

（　　　　）

裁判について，次の各問いに答えなさい。

資料1

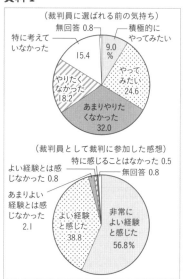

（「最高裁判所ホームページ」）

(1) 裁判員について，右の**資料1**は，裁判員に選ばれた人の，選ばれる前の気持ちと裁判に参加した後の感想を示している。裁判員制度の導入のねらいについて，**資料1**から読み取れることにふれ，「国民の理解」の語句を用いて簡潔に書きなさい。

〈栃木県〉

(2) 貴史さんの班では，現代の社会の課題についてまとめ，発表した。右の**ワークシート**と**資料2**はそのときに使用したものの一部である。次の問いに答えなさい。

〈群馬県〉

ワークシート「よりよい社会を目指して」

	貴史さん
課題であると感じたこと	無実の罪で有罪となる **A** によって長期間拘束されていた人がいる。
理想だと思うこと	**A** を生まない制度や救済手段があること。
課題を解決するために大切だと思うこと	法律についての相談窓口や救済手段についてよく学んでおく。

① **ワークシート**の **A** にあてはまる語句を書きなさい。

（　　　　　　　）

② **ワークシート**の下線部について，貴史さんは相談窓口について調べたことを，**資料2**を用いて，次のように発表した。**資料2**を参考にして，**B** に当てはまる文を，簡潔に書きなさい。

資料2　人口10万人当たりの裁判官，検察官，弁護士の人数

	日本	アメリカ	フランス
裁判官	3.1	10.0	8.5
検察官	2.2	10.1	2.9
弁護士	31.7	385.4	97.6

（「裁判所データブック2018」）

　日本は，アメリカやフランスと比べると，　**B**　ことがわかる。そこで，司法制度改革の一環として，法律にまつわる問題を解決するための総合案内所である **C** が設置された。

③ 　**C** 　に当てはまる語句を書きなさい。

（　　　　　　　　　　　　　）

(3) 人権の保障について説明した，次の　　　　中の　**あ**　，　**い**　に当てはまる語句の組み合わせとして正しいものを，次の**ア～エ**から１つ選びなさい。〈神奈川県〉

> 　警察は，原則として，　**あ**　が出す令状がなければ逮捕をすることはできない。被疑者は，取り調べられた結果に基づいて起訴されるか，あるいは不起訴となる。なお，　**い**　で構成された検察審査会は，不起訴となったことが妥当かを審査する。

ア　**あ**：裁判官　**い**：国民から選ばれたもの

イ　**あ**：裁判官　**い**：国会で指名されたもの

ウ　**あ**：検察官　**い**：国民から選ばれたもの

エ　**あ**：検察官　**い**：国会で指名されたもの

（　　　　　　　　　　　　　）

5 国の政治の特徴を説明した次の文を読んで，次の各問いに答えなさい。〈富山県〉

> 　国の権力を立法，行政，司法の三権に分け，権力が一つに集中することを防ぎ，①三権が互いに抑制と均衡を保つようにしている。また，国民は主権者として，それぞれの権力に対して②国民のために機能しているかを監視している。

資料

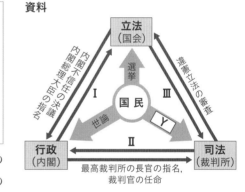

よく出る

(1) 右上の**資料**は下線部①，②の内容を図示したものである。Ⅰ～Ⅲの内容として適切なものを，次の**ア～ウ**からそれぞれ１つずつ選びなさい。

ア　命令，規則，処分の違憲・違法審査

イ　弾劾裁判所の設置

ウ　衆議院の解散

Ⅰ（　　　　　）　Ⅱ（　　　　　）　Ⅲ（　　　　　）

(2) 下線部②について，**資料**中の　**Y**　には，国民が最高裁判所裁判官に対して，任命が適切かどうかを直接判断することを表す語句が入る。　**Y**　に入る適切な語句を書きなさい。

（　　　　　　　　　　　　　）

3 公民 国民の政治参加と地方自治

STEP01 要点まとめ

→ 解答は別冊 41 ページ

（　　　）に当てはまる語句を書いて，この章の内容を確認しよう。

1 国民の政治参加

❶ 選挙の原則と選挙制度

● 01（　　　　　）選挙…満 18 歳以上の男女に選挙権を保障している。

● 秘密選挙…すべての選挙は，投票用紙に投票者の氏名を書かない無記名投票で実施される。

● 02（　　　　　）選挙…1 人 1 票で，投票の価値をすべて等しくする。

POINT ● 直接選挙…候補者に対して直接投票する。

		選挙権	被選挙権
国	衆議院議員	18 歳以上	25 歳以上
	参議院議員	18 歳以上	**30 歳以上**
地方公共団体	市（区）町村長	18 歳以上	25 歳以上
	市（区）町村議会議員	18 歳以上	25 歳以上
	都道府県知事	18 歳以上	**30 歳以上**
	都道府県議会議員	18 歳以上	25 歳以上

❶ 選挙権と被選挙権を得る年齢

❷ 選挙制度の種類

● 03（　　　　　）制…1 選挙区から 1 名の代表を選出する。

➡ 大政党の候補者が当選しやすく，議会で多数派ができやすい。

● 大選挙区制…1 選挙区から 2 名以上の代表を選出する。

➡ 小党分立が起きやすい。

POINT ● 04（　　　　　）制…選挙で各政党が得た得票数に応じて議席を配分する（ドント式）。

➡ 死票が少ないが，小党分立が起きやすい。

➡ 日本の衆議院議員総選挙では 05（　　　　　　　　　　　）制がとられている。

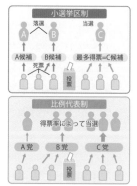

❶ 小選挙区制と比例代表制

❸ 選挙をめぐる問題

● 投票率の低下…若年層を中心に，投票率の低下が問題になっている。

POINT ● 一票の格差…選挙区ごとの議員 1 人あたりの有権数が異なる，一票の価値の格差が問題になっている。➡ 憲法の「法の下の平等」に違反している恐れがある。

1

現代社会と
日本国憲法

2

国会・内閣・裁判所の
しくみ

3

国民の政治参加と
地方自治

4

経済と生産・財政

5

今日の日本と
国際社会

◢ 世論と政党

- ●06(　　　　　　　　　)…社会的・政治的なことがらについての多くの人の意見。
- ●**政党政治**… 各政党は選挙時に**公約**（マニフェスト）を示す。
  - ➡ 07(　　　　　　　)…議会で多くの議席を占め，政権を担当する政党。
  - ➡ 08(　　　　　　　)…政府・与党の政策を批判。

２ 地方の政治と自治

▮ 地方自治のしくみ

- ●**地方自治**…地域の住民が，その地域の実情に合わせて政治を自主的に行うこと。
  - ➡**地方公共団体**（**地方自治体**）…地方自治を行う都道府県や市(区)町村。地方自治法で組織や運営などを定める。
- ●**地方議会**…09(　　　　　　　)〔➡その地方公共団体にのみ適用される決まり〕の制定，予算の議決などを行う。
- ●**首長**…都道府県知事・市(区)町村長。予算や条例の案を作成して，議会に提出する。
  - ➡議会が首長の不信任議決を行った場合，首長は議会を解散しなければ失職する。
- ●**行政委員会**…教育委員会・公安委員会・選挙管理委員会・監査委員など。

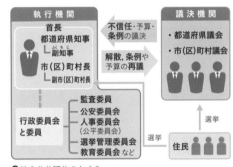

❶地方公共団体のしくみ

▮ 地方公共団体の仕事と財政

- ●公園・道路・学校などの整備・管理，水道・バス事業などの経営，警察と消防など。
- ●10(　　　　　　　)…地方税・地方債・**地方交付税交付金**〔➡使いみちの指定なし〕・**国庫支出金**〔➡使いみちの指定あり〕。
  - ➡地方税など，自主的に徴収できる 11(　　　　　　)財源が少ない。
- ●地方分権一括法…1999 年に成立。国と地方の上下関係➡対等・協力関係に。

▮ 地方自治と住民参加

POINT

- ●住民の権利…**直接請求権**。住民投票。オンブズマン制度〔➡オンブズパーソン〕。**情報公開制度**。

直接請求		法定署名数	請求先	請 求 の 効 果
条例の制定・改廃の請求		有権者の 12(　　　　)	首　長	●首長が地方議会に付議➡地方議会の決議➡結果公表
監査請求		以上	監査委員	●請求事項を監査➡結果を公表・報告
解職請求	首長・議員	有権者の 13(　　　　)	選挙管理委員会	●住民投票➡過半数の同意があれば職を失う
	その他の役職員		首　長	●首長が地方議会に付議➡3分の2以上出席➡4分の3以上の同意で職を失う
解散請求		以上	選挙管理委員会	●住民投票➡過半数の同意があれば解散

❶直接請求の種類とその内容

1 次の各問いに答えなさい。

(1) 選挙権に関して，都道府県知事の選出方法として，正しく述べているものを，次の**ア～エ**から１つ選びなさい。〈栃木県〉

　ア 被選挙権は 25 歳以上で，地方議員の中から議会で指名される。

　イ 被選挙権は 30 歳以上で，地方議員の中から議会で指名される。

　ウ 被選挙権は 25 歳以上で，住民の直接選挙で選ばれる。

　エ 被選挙権は 30 歳以上で，住民の直接選挙で選ばれる。

　　　　　　　　　　　　　　　　　　　　　（　　　　　）

くわしく

(1)被選挙権について，参議院議員と都道府県知事は満30歳以上，それ以外は満25歳以上となっている。

(2) 主権者が政治に参加する権利について，有権者 60,000 人のＡ市で条例の制定を請求する際に，必要となる有権者の署名数とその請求先の組み合わせとして正しいものを，次の**ア～エ**から１つ選びなさい。〈石川県〉

　ア 署名数－ 1,200　　請求先－市長

　イ 署名数－ 1,200　　請求先－選挙管理委員会

　ウ 署名数－ 20,000　請求先－市長

　エ 署名数－ 20,000　請求先－選挙管理委員会

　　　　　　　　　　　　　　　　　　　　　（　　　　　）

ヒント

(2)直接請求権で必要な署名数は，条例の制定・改廃の請求や監査請求は有権者の50分の1以上である。

(3) 地方自治や平成における地方の動向などについて述べた文として，内容が<u>適当でないもの</u>を，次の**ア～エ**から１つ選びなさい。

　　　　　　　　　　　　　　　　　　　　　〈岡山県〉

　ア 地方自治は，住民の身近な政治参加の場であることから，「民主主義の学校」とも呼ばれる。

　イ 地方分権一括法の成立により，地方公共団体が独自の活動を行える範囲が拡大するなどした。

　ウ 現在，地方公共団体の首長は，その地域の 20 歳以上の住民による選挙で選ばれる。

　エ 地域の重要課題について，住民の意思をはかるために，住民による投票が行われることがある。

　　　　　　　　　　　　　　　　　　　　　（　　　　　）

くわしく

(3)2015年に公職選挙法の一部が改正され，選挙権年齢が「満20歳以上」から「満18歳以上」に引き下げられた。

2 次の各問いに答えなさい。

(1) 次の文は，社会科の授業で，さやかさんが，「日本の衆議院議員選挙における比例代表制の議席配分のしくみ」について調べ，まとめたレポートの一部である。文中の $\boxed{Ⅰ}$ ～ $\boxed{Ⅳ}$ にあてはまる数字の組み合わせとして正しいものを，あとの**ア～エ**から１つ選びなさい。〈千葉県・改〉

> 衆議院議員選挙は，小選挙区制と比例代表制を組み合わせて行われます。このうち，比例代表制では，有権者は政党名で投票し，得票数に応じてドント式で各政党に議席が配分されます。
>
> この議席配分のしくみを理解するために，例えば，定数が５議席のブロックで，各政党の得票数が下の**表**のようになった場合を考えてみます。この場合には，A党に $\boxed{Ⅰ}$ 議席，B党に $\boxed{Ⅱ}$ 議席，C党に $\boxed{Ⅲ}$ 議席，D党に $\boxed{Ⅳ}$ 議席が配分されます。

表　定数が５議席のブロックにおける各政党の得票数

政　党	A党	B党	C党	D党
得票数	15,000	12,000	6,000	3,000

ア　Ⅰ－3　Ⅱ－2　Ⅲ－0　Ⅳ－0
イ　Ⅰ－2　Ⅱ－2　Ⅲ－1　Ⅳ－0
ウ　Ⅰ－3　Ⅱ－1　Ⅲ－1　Ⅳ－0
エ　Ⅰ－2　Ⅱ－1　Ⅲ－1　Ⅳ－1

（　　　　）

(2) 右の**図**から，平成25年の参議院議員選挙には，日本国憲法が保障している基本的人権の１つに関わる課題があることがわかる。その課題とは何か。議員１人当たりの有権者数と課題に関わる基本的人権にふれて，「格差」の語句を用いて，簡潔に書きなさい。〈栃木県・改〉

図

平成25年参議院議員選挙		
選挙区	有権者数（万人）	定数
A	460	4
B	455	4
C	59	2
D	48	2

（総務省ホームページ）

ヒント

(1)ドント式の計算方法は，まず各政党の得票数を1, 2, 3…の整数で割り，その商の大きい順に定数まで各政党に議席が配分される。

ヒント

(2)Aの選挙区では，議員１人当たりの有権者数は115万人，Bの選挙区では約114万人，Cの選挙区では約30万人，Dの選挙区では24万人である。

1 次のカードは，地方における政治について特徴(とくちょう)を表すテーマを1つ設けて，説明したものである。カードを見て，次の各問いに答えなさい。

> 〈地方自治〉
> 　それぞれの地域(ち いき)は，住民自身によって運営されるべきだという**a**地方自治の考えがあり，首長や地方議員を選挙するだけでなく，住民による直接民主制の要素を取り入れた直接請求権(せいきゅうけん)が認められている。

(1) **a**地方自治について説明した次の文中の　**X**　に当てはまる語句を，漢字4字で書きなさい。

〈富山県〉

> 　近年，地方議会で議論するだけでなく，**資料**の例示のように，ある事項(じ こう)について住民全体の意見を明らかにするため　**X**　が実施(じっ し)されている。

資料

実施年	地方公共団体名	問われた事項
1996	新潟県巻町※	原子力発電所建設
2003	長野県平谷村	市町村合併(がっぺい)
2015	大阪府大阪市	特別区の導入

※巻町は現在新潟市

（　　　　　　）

(2) 日本の地方公共団体について述べた次の文**a**と**b**の正誤の組み合わせとして正しいものを，下の**ア～エ**から1つ選びなさい。〈大阪教育大附属（平野）〉

a 　地方の予算のうち地方交付税・地方譲与税(じょうよぜい)・国庫支出金は，国から地方に移譲される予算である。

b 　地方公共団体で住民が行う議会の解散や長（首長）・地方議会の議員の解職請求のような直接請求の制度は，国政では行われない。

　ア 　**a**－正　**b**－正　　**イ** 　**a**－正　**b**－誤　　**ウ** 　**a**－誤　**b**－正　　**エ** 　**a**－誤　**b**－誤

（　　　　　　）

2 選挙について，次の各問いに答えなさい。

(1) 国会議員を選ぶ現在の選挙制度について述べた文として誤っているものを，次の**ア～エ**から1つ選びなさい。〈高知県〉

　ア 　参議院議員は，3年ごとに定数の半数が改選される。

　イ 　衆議院議員の被選挙権は，満18歳(さい)以上の日本国民に認められている。

　ウ 　参議院議員選挙の比例代表制では，全国を一つの単位として選挙が行われる。

　エ 　衆議院議員の小選挙区制では，各選挙区から1人の議員が選出される。

（　　　　　　）

(2) 次の**ア〜ウ**は，平野君のクラスメートが2014年の「一票の格差」（衆議院小選挙区の議員1人当たりの有権者数）についてのグラフを見て発言した内容である。このうち発言内容に誤りを含むものをすべて選びなさい。

〈大阪教育大附属（平野）〉

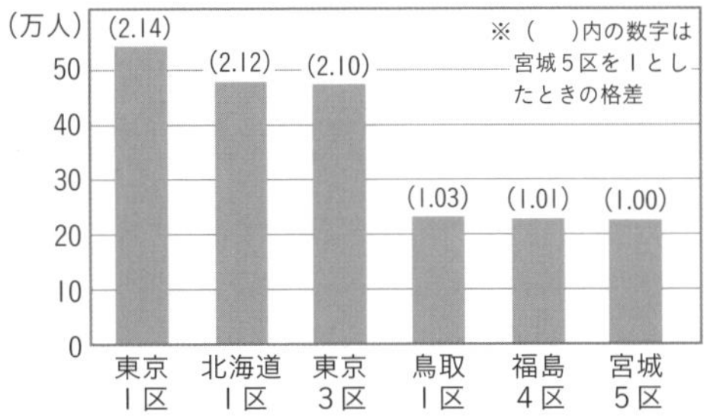

ア 選挙が民主的であるためにはいくつかの原則があった。そのうち，財産や性別による差別なしに選挙権が認められることを，平等選挙というんだ。

イ 右上のグラフによると，宮城5区の有権者より，東京1区の有権者の一票の価値のほうが，2倍以上重くなっている。「一票の格差」は，解消するべきだよ。

ウ 一票の格差が2倍以上ある衆議院議員の小選挙区選挙について最高裁判所は，「違憲状態」だという判決を下していたよね。

(   )

（3） 2016年に，選挙権年齢を18歳以上に引き下げる法律が施行され，若い世代の積極的な政治参加が求められている。**グラフ1**は，選挙権年齢が引き下げられる前の，2014年の衆議院議員総選挙における，年代別の，有権者数と投票者数を示している。**表**は，2014年の衆議院議員総選挙における，20〜30歳代と60歳以上の有権者が投票の際に考慮したことの調査結果を示している。**グラフ2**は，2005年度と2015年度における，国の歳出の総額と歳出の内訳を示している。有権者数と投票率の世代間の違いによって生じる，若い世代にとっての問題点を，**グラフ1**，**表**，**グラフ2**から考えられる，有権者数と投票率の世代間の違いが，政治に与えている影響に関連づけて，70字程度で書きなさい。〈静岡県〉

グラフ1

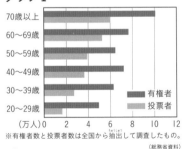

※有権者数と投票者数は全国から抽出して調査したもの。

（総務省資料）

表

	20〜30歳代	60歳以上
1位	景気対策	年金
2位	子育て・教育	医療・介護
3位	消費税	景気対策

（明るい選挙推進協会資料）

グラフ2

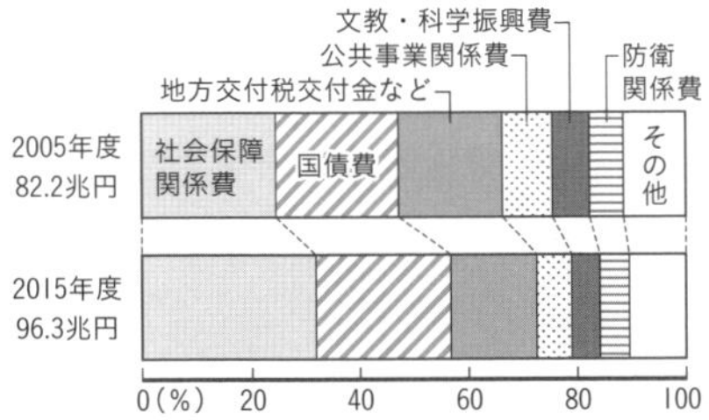

文教・科学振興費
公共事業関係費
地方交付税交付金など
防衛関係費

| 2005年度 82.2兆円 | 社会保障関係費 | 国債費 | | | | その他 |

| 2015年度 96.3兆円 |

0（%）20　40　60　80　100

（財務省資料）

重要度 ★★★

4 公民 経済と生産・財政

STEP01 要点まとめ → 解答は別冊 42 ページ

（　　）に当てはまる語句を書いて，この章の内容を確認しよう。

1 消費生活と経済

1 経済活動と家計

- 経済の 01（　　　　　　　　）…**家計**(消費の主体)と**企業**(生産の主体)，**政府**が結び付き，生産・流通・消費を繰り返して成長すること。
- 家計の**支出**…02（　　　　　　　　）と税金などの非消費支出，**貯蓄**からなる。
- 商品の**流通**経路…生産者→卸売業→小売業→消費者。

2 消費生活

- **消費者保護**に関する法律…**製造物責任法**（**PL 法**）〔→1994 年制定〕，**消費者契約法**〔→2000 年制定〕，消費者保護基本法を改正した 03（　　　　　　　　　　　）〔→2004 年制定〕など。

2 生産のしくみと企業

1 私企業と公企業

- **私企業**…利潤を目的とする。農家などの個人企業や**株式会社**などの法人企業。
- **公企業**…利潤を目的としない。水道や市営バスなどの地方公営企業，造幣局などの独立行政法人などがある。

2 株式会社

- 04（　　　　　　　）…株式を購入した出資者であり，05（　　　　　　　　）を受けとる権利を持つ。
- 06（　　　　　　　）…04（　）によって組織される会議。会社の経営方針を決定する。

3 労働・労働者の権利

POINT
- **労働三法**…**労働基準法**，07（　　　　　　　　），労働関係調整法。
- 女性の労働環境…1985 年に 08（　　　　　　　　　　　）〔→雇用における男女差別の禁止〕が，1999 年に 09（　　　　　　　　　　　）〔→男女が対等に参画できる社会の実現を目指す〕が制定される。

3 価格と金融

■1 市場経済

- **需要**と**供給**…買おうとする量を**需要量**，売ろうとする量を**供給量**，これらがつり合う価格を 10(　　　　　　　　)という。
- **独占**…製品の供給が1社だけの状態➡ 11(　　　　　　　　)が制定され，12(　　　　　　　　)が運用している。
- 13(　　　　　　　　)…国民生活に与える影響が大きいものに対して定められている価格。鉄道運賃，公営水道料金など。

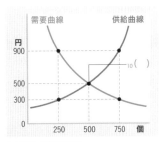

❶需要と供給の関係
縦が価格，横が数量。ある商品が500円のとき，需要量と供給量がつり合う。

■2 金融のしくみ

- 金融…直接資金を集める**直接金融**と，銀行などを通じて集める 14(　　　　　　　　)がある。
- 日本銀行の3つの役割…15(　　　　　　　　)，16(　　　　　　　　)，17(　　　　　　　　)。
- **金融政策**…**日本銀行**が行う。公開市場操作による景気の調整。

■3 物価と景気変動

- 物価…商品やサービスの価格を平均化したもの。物価が継続的に上昇する現象を 18(　　　　　　　　)，物価が継続的に下がる現象を 19(　　　　　　　　)という。
- 景気変動…**好景気（好況）**と**不景気（不況）**が交互に繰り返されること。

4 政府と財政

■1 財政

- 歳出…20(　　　　　　　　)，国債費，地方交付税交付金の割合が大きい。
- 歳入…租税（所得税などの**直接税**や消費税などの**間接税**）と公債金がほとんどを占める。

■2 さまざまな税金

- **直接税**…税金を納める人と負担する人が一致する税。➡ 異なる場合は**間接税**。
- 21(　　　　　　　　)…所得が多くなればなるほど高い税率を適用する。所得税・相続税など。

■3 財政政策・社会保障

- 22(　　　　　　　　)…増税や減税，公共事業への支出の増減による景気の調整。

- **公債**…国が発行する場合は 23(　　　　　　　　)，地方公共団体が発行する場合は地方債。
- 社会保障の4つの柱…**社会保険，公的扶助，社会福祉，公衆衛生**。

社会保険	医療保険，介護保険，年金保険，雇用保険，労災保険
公的扶助	生活保護（生活扶助，住宅扶助，教育扶助，医療扶助など）
社会福祉	高齢者福祉，児童福祉，障がい者福祉，母子・父子・寡婦福祉
公衆衛生	感染症対策，上下水道整備，廃棄物処理，公害対策など

❶社会保障の4つの柱

STEP02 基本問題 → 解答は別冊 43 ページ

学習内容が身についたか，問題を解いてチェックしよう。

---

1 消費生活や株式会社，労働者の権利について，次の各問いに答えなさい。

(1) 右の**資料**は，家計，企業（きぎょう），政府の結び付きを示したものの一部である。**資料**中の 　I 　に当てはまる語句を，次の**ア〜エ**から１つ選びなさい。〈三重県〉

　　ア　労働力　　**イ**　世論（よろん・せろん）
　　ウ　預金　　　**エ**　公共サービス
　　　　　　　　　（　　　　　）

資料

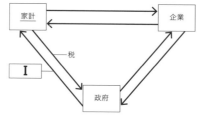

ヒント 💬
(1)労働力は家計から企業に対する結び付きである。

(2) **資料**中の下線部について，家計の収入として得られた所得のうち，食料費や住居費など，商品やサービスの購入などに支出される費用を何というか，書きなさい。

　　　　　　　　　　（　　　　　　　　　　　　）

ヒント 💬
(2)所得のうち，税金などの支払い（しはら）のために支出される費用を非消費支出という。

(3) 次の文中の　　　　に当てはまる人物の名前を書きなさい。また，　 a 　，　 b 　に当てはまる語句の組み合わせとして正しいものを，あとの**ア〜エ**から１つ選びなさい。〈茨城県〉

> 　1962 年，アメリカの　　　　大統領は，消費者の四つの権利を宣言し，各国の消費者行政に影響（えいきょう）を与（あた）えた。その後，日本では消費者の権利を守るため，さまざまな法律や制度がつくられてきた。例えば，商品の欠陥（けっかん）によって，消費者が被害（ひがい）や損害（そんがい）を受けた場合の賠償（ばいしょう）について定めた　 a 　が 1994 年に制定（1995 年施行（しこう））された。また，消費者が商品の重要な項目（こうもく）について，事実と異なることを説明された場合に，売買の約束の取り消しができることなどを定めた　 b 　が 2000 年に制定（2001 年施行）された。

ミス注意 ❗
(3)消費者保護基本法は，2004 年に消費者基本法に改正された。消費者基本法は，消費者の権利を明記するとともに，国や地方公共団体の責務などを規定している。

　　ア　a－消費者保護基本法　　　　b－消費者契約法（けいやく）
　　イ　a－消費者保護基本法　　　　b－消費者基本法
　　ウ　a－製造物責任法（PL 法）（ビーエル）　b－消費者契約法
　　エ　a－製造物責任法（PL 法）　　b－消費者基本法

　　　　　人物名（　　　　　　　　）記号（　　　　　）

(4) 株式会社に関する説明として<u>誤っているもの</u>を，次の**ア～エ**から１つ選びなさい。〈熊本県〉

ア 株式会社が負債（ふさい）をかかえて倒産（とうさん）した場合，株主は出資した金額以上の負担を負う。

イ 株式会社の利益の一部は，株式の保有数に応じ，株主に配当として分配される。

ウ 株主は，株主総会に出席し，経営方針など重要事項の議決（ぎけつ）を行うことができる。

エ 一定の基準（条件）を満たした会社の株式は，証券取引所（株式市場）で売買される。

（　　　　　）

ヒント

(4)株主は株式を購入した出資者である。株式会社が倒産した場合，その会社の株式の価値はなくなるので，株主は出資した金額を失うことになる。

(5) 次は，生徒が職場体験の後に，働くことに関する法律と企業の特色について調べ，まとめたものである。　**A**　と　**B**　に当てはまる法律名を，それぞれ書きなさい。また，　**C**　に当てはまる内容を，あとの**ア～エ**から１つ選びなさい。〈秋田県〉

ミス注意

(5)労働三法と呼ばれる労働基準法，労働組合法，労働関係調整法は労働者を守るための法律である。

・労働者は，労働条件の最低基準を定めた　**A**　や，雇用の男女平等を目指す　**B**　など，さまざまな法律によって守られている。

・企業には，公企業と私企業があり，職場体験で訪れた新聞社やスーパーマーケットは，分類すると　**C**　を目的とする私企業に当たるが，現在，多くの企業が積極的に社会貢献（こうけん）に取り組んでいる。

ア 資金の貸し借りをすること　　**イ** 紙幣を発行すること

ウ 行政の仕事を実行すること　　**エ** 利益を上げること

A（　　　　　　　　　　）　B（　　　　　　　　　　）

C（　　　　　）

2 財政について，右の資料は，国の一般会計のうち，歳出の内訳の変化を表している。資料中のaに当てはまるものを，次のア～エから１つ選びなさい。

〈青森県〉

ア 国債（こくさい）費

イ 地方交付税交付金など

ウ 社会保障関係費

エ 公共事業関係費

（　　　　　）

資料
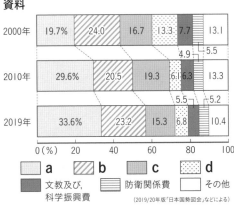

	a	b	c	d	防衛関係費	その他
2000年	19.7%	24.0	16.7	13.3	7.7	13.1
2010年	29.6%	20.5	19.3	6.1/6.3	4.9/5.5	13.3
2019年	33.6%	23.2	15.3	6.8	5.5/5.2	10.4

（文教及び，科学振興費）

(2019/20年版「日本国勢図会」などによる)

ヒント

国債費は公債の返済や利子の支払いのための費用，地方交付税交付金は地方の収入格差を調整するための費用，社会保障関係費は社会保障を行うための費用，公共事業関係費は公共事業を行うための費用である。

1 コンビニエンスストアでは，販売額を伸ばすために，POS システムを用いてどのような工夫を行っていると考えられますか。資料1，2から簡潔に書きなさい。〈広島県〉

資料1　コンビニエンスストアの特徴

・売場面積が 100 ㎡程度で比較的狭い店舗が多く，1日の営業時間が 14 時間以上である。

・主に弁当や飲料などの食料品を販売している。

・本部と契約して加盟店になる形式の店舗が多く，商品は本部を通じて配送される。

資料2　POS システムについて

販売時に商品のバーコードを読み取り，価格の計算をすると同時に，いつ，どこで，何がどれだけ売れたのかをデータとして把握するシステム。

[

]

2 企業の社会的責任(CSR)にあたるものとして正しいものを，次のア〜エから1つ選びなさい。〈岩手県〉

　ア　株式を発行して出資者を集めること。　イ　物価の安い海外に生産拠点を移すこと。

　ウ　雇用の確保や働きやすい条件を整えること。　エ　生産者どうしで価格や生産量を決めること。

（　　　　　）

3 いちごの価格は季節によって変わる。このことに関する次の各問いに答えなさい。〈群馬県〉

　資料の1月〜11月を見ると，一般的に，いちごの入荷量が多い時期は，価格は　i　くなっている。12月は11月に比べ，いちごの入荷量が多くなっているにも関わらず，価格は，　ii　くなっている。この理由として，　iii　ことが考えられる。

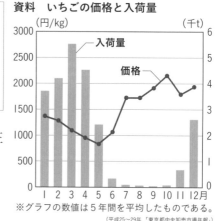

資料　いちごの価格と入荷量

※グラフの数値は5年間を平均したものである。

（平成25〜29年「東京都中央卸売市場年報」）

(1)　i　，　ii　に当てはまる語の組み合わせとして正しいものを，次のア〜エから1つ選びなさい。

　ア　i－高　ii－高　　イ　i－高　ii－低

　ウ　i－低　ii－高　　エ　i－低　ii－低

（　　　　　）

思考力 (2) | ⅲ |にあてはまる文を,「需要」と「供給」という語句を用いて,簡潔に書きなさい。

[　　　　　　　　　　　　　　　　　　　　　　　　　　　　　　　　　　　]

(3) お店の経営状態は景気に左右される。このことに関して,不況のときに企業が一般的に行うと考えられる取り組みとして当てはまるものを,次の**ア～エ**から1つ選びなさい。

　　ア 従業員の数を増やす。　　　**イ** 商品の生産を減らす。
　　ウ 従業員の給与を上げる。　　**エ** 商品を値上げして販売する。

（　　　　　　）

思考力 **4** 未来さんは,電気自動車の価格が高い原因の一つが,主要な部品である蓄電池の価格にあることを知り,資料1,2を集め,自分の意見をノートにまとめた。ノートの| あ |～| う |に当てはまる正しい語句の組み合わせを,次のア～エから1つ選びなさい。〈長野県〉

資料1 車載用蓄電池（リチウムイオン電池）の価格の推移

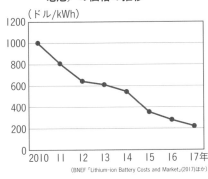

（ドル/kWh）

(BNEF「Lithium-ion Battery Costs and Market」(2017)ほか)

資料2 車載用蓄電池市場に占める製造企業の割合の変化
（X,Yは,2013年,2016年のいずれかのものである）

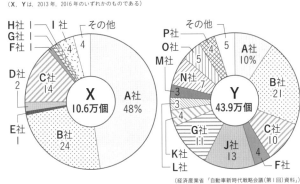

(経済産業省「自動車新時代戦略会議(第1回)資料」)

┌───┐
│ **ノート**　車載用蓄電池の価格が**資料1**のように推移している背景の一つには,蓄電池を │
│ 製造する企業の市場に占める割合が**資料2**の| あ |から| い |へと変化していること │
│ があげられる。つまり,蓄電池の市場の| う |が進んでいるということだ。このこと │
│ から,私は,電気自動車の価格も次第に下がるのではないかと思う。 │
└───┘

ア あ－X　い－Y　う－寡占　　**イ** あ－Y　い－X　う－競争
ウ あ－X　い－Y　う－競争　　**エ** あ－Y　い－X　う－寡占

（　　　　　　）

5 金融について，次の各問いに答えなさい。

(1) 次の**資料**は，銀行の金融機関の1つとしての役割について示したものである。銀行はどのような役割を果たしているか。**資料**のお金の流れに着目して書きなさい。〈福岡県〉

資料

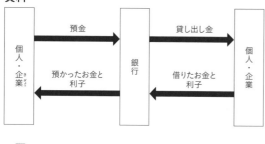

[   ]

(2) 金融機関として当てはまらないものを，次の**ア～エ**から1つ選びなさい。〈青森県〉

　ア　消費生活センター　　**イ**　証券会社　　**ウ**　生命保険会社　　**エ**　農業協同組合

（　　　　　　　）

6 次の各問いに答えなさい。

(1) 日本銀行の役割について述べた文として適切なものを，次の**ア～エ**から1つ選びなさい。

〈兵庫県〉

　ア　地方銀行に指示し，各地域の経済に必要な量の紙幣を発行させている。
　イ　不景気（不況）のときに，国債を売ることで市場に出回る通貨量を減らす。
　ウ　政府の資金を預金として預かり，その出し入れを行う。
　エ　普通銀行と同様に，企業や個人へ直接預金を貸し出す。

（　　　　　　　）

(2) 次の文は，税金について述べたものである。文中の　**X**　，　**Y**　に当てはまる語句を，それぞれ漢字3字で書きなさい。

　　税金は，納付の仕方によって大きく2つに分かれる。所得税や法人税など，納税者と税の負担者が一致する　**X**　と，消費税や酒税など，納税者と税の負担者が一致しない　**Y**　がある。

X（　　　　　　　）Y（　　　　　　　）

7 次の経済用語について述べた文を読んで，次の各問いに答えなさい。〈青雲〉

> **プライマリーバランス**
>
> 　プライマリーは「基本の」という意味で，バランスはこの場合「収支」という意味である。従ってプライマリーバランスは「基礎的財政収支」と訳される。プライマリーバランスとは，簡単に言えば借金以外の収入と借金返済以外の支出の差である。国家財政で考えると，**a**プライマリーバランスが赤字であり続ければ国家財政は破綻の可能性が高まる。
>
> 　平成29年度末の日本の国債発行残高は約　**b**　円程度となることが予想され，この額は年々増加する可能性が高い。つまり今後しばらくはプライマリーバランスが赤字の状態が継続するということだが，これを黒字化するためには**c**増税や歳出の削減が必要である。一方，国の一般会計では**d**社会保障関係費の支出が最も大きく，これを減額することは容易ではない。

超難問

(1) 下線部**a**に関して，2000年代にプライマリーバランスの赤字を続けたEU加盟国が2009年に債務危機を引き起こし，EU全体の経済に打撃を与えるできごとがあった。この加盟国名を書きなさい。

（　　　　　　　　）

(2) 　**b**　に当てはまる数字として正しいものを，次の**ア～エ**から1つ選びなさい。なお，「国債発行残高」と「国の借金」は異なる。

　ア 850億　　**イ** 1050億　　**ウ** 850兆　　**エ** 1050兆

（　　　　　　　　）

(3) 下線部**c**について述べた文として正しいものを，次の**ア～エ**から1つ選びなさい。

　ア 国の主要な直接税である消費税の税率は，10％に引き上げられた。
　イ 東日本大震災の後，復興財源確保のため復興特別税が新たに課税された。
　ウ 冷戦が終結した1990年代から，防衛関係費は毎年削減されている。
　エ 歳出のうち公共事業関係費を削減すると，一般に景気が活発になることが多い。

（　　　　　　　　）

(4) 下線部**d**に関して，日本の社会保障における次の**Ⅰ～Ⅲ**の用語と，その具体例である**A～C**の各文の組み合わせとして正しいものを，あとの**ア～カ**から1つ選びなさい。

　Ⅰ 社会保険　　**Ⅱ** 社会福祉　　**Ⅲ** 公衆衛生
　A 待機児童の解消を目指して，公立保育園が増設された。
　B 地元の保健所が，インフルエンザ警報を発表した。
　C 65歳に達したので，年金が受給できるようになった。

　　ア Ⅰ－A　Ⅱ－B　Ⅲ－C　　**イ** Ⅰ－A　Ⅱ－C　Ⅲ－B
　　ウ Ⅰ－B　Ⅱ－A　Ⅲ－C　　**エ** Ⅰ－B　Ⅱ－C　Ⅲ－A
　　オ Ⅰ－C　Ⅱ－A　Ⅲ－B　　**カ** Ⅰ－C　Ⅱ－B　Ⅲ－A

（　　　　　　　　）

重要度 ★★★

5 公民 今日の日本と国際社会

STEP01 要点まとめ → 解答は別冊 44 ページ

（　　）に当てはまる語句を書いて，この章の内容を確認しよう。

1 今日の日本経済と社会

1 為替相場・環境の保全

POINT ● **為替相場**…通貨の交換比率。ドルに対して円の価値が高くなる場合は**円高**ドル安という。

➡ 逆に円の価値が安くなる場合は**円安**ドル高。

● 環境を守るための法律…**環境基本法**や循環型社会形成推進基本法など。[→ 3 Rの推進]

2 国際社会と世界平和

1 主権国家と国際法

● **国家**は**主権**・01（　　　　　　　　　　）[→領土・領海・領空]・**国民**からなる。

● **排他的経済水域**…領海を除く，02（　　　　　　　　　　　　　　）海里までの水域。経済水域の外側は公海。

● 日本の国旗と国歌…「**日章旗**」を国旗，「**君が代**」を国歌としている。

● **国際法**…03（　　　　　　　　　　　　　）と成文国際法（条約）。

● **国際司法裁判所**…国と国との争いを解決する。裁判を行うには，当事国双方の**同意**が必要。

2 国際連合のしくみとはたらき

POINT ● **国際連合**（国連）は，1945 年に成立。本部はアメリカの04（　　　　　　　　　　）。

● **総会**…すべての加盟国が 1 国 1 票をもつ。

POINT ● **安全保障理事会**…5 つの**常任理事国（アメリカ・中国・フランス・イギリス・ロシア）**と 10 の非常任理事国（任期 2 年）からなる。常任理事国は 05（　　　　　　　　　）権をもつ。

信託統治理事会	総会	経済社会理事会	専門機関
活動を停止中	全加盟国で構成。平和と安全の維持などさまざまな問題を話し合い，決議する。	経済・社会などの国際協力を進める	・国連教育科学文化機関（UNESCO）・世界保健機関（WHO）・国連食糧農業機関（FAO）・国際労働機関（ILO）など
国際司法裁判所		世界貿易機関（WTO）	
国家間の法的争いを裁く		安全保障理事会	
事務局		世界の平和と安全の維持を担う中心機関	
事務総長が最高責任者			

平和維持活動（PKO）

国連児童基金（UNICEF）
国連難民高等弁務官事務所（UNHCR）など

❶ 国際連合の主な組織

● 06（　　　　　　　　　　　　　）（PKO）…停戦の**監視**などを行う。[→自衛隊の派遣]

1
現代社会と
日本国憲法

2
国会・内閣・裁判所の
しくみ

3
国民の政治参加と
地方自治

4
経済と生産・財政

5
今日の日本と
国際社会

❸ 絶えない地域紛争

- 紛争地域では，住んでいた土地を離れ，周辺国へ逃げる 07( ) が多く発生。
- 08( ) …発展途上国の農作物や製品を，公正な価格で取引すること。

❹ 核軍縮の動き

- **核拡散防止条約（NPT）** …核軍縮を目指し，核保有国以外の核兵器所有を禁じる。
- 包括的核実験禁止条約（CTBT） …地下核実験を含むすべての核実験の禁止。未発効。

❺ 世界各地の地域機構

- **POINT** **地域主義（リージョナリズム）** …国どうしが，特定の地域で政治的・経済的な統合を進める動き。➡ EU（ヨーロッパ連合・欧州連合）・ASEAN（東南アジア諸国連合）など。
- **POINT** 貿易の自由化…**自由貿易協定（FTA）**・経済連携協定（EPA）などの締結。2018 年には，日本やオーストラリアなどが参加する**環太平洋経済連携協定** [09( )] が発効。

3 地球規模の課題

POINT ❶ 地球の環境問題

- 地球温暖化，オゾン層の破壊 [➡フロンガスによる]，**酸性雨**の発生，砂漠化の進行 [➡過放牧や過伐採など]，森林（熱帯林）の減少など。
- 地球温暖化…**二酸化炭素**などの**温室効果ガス**が原因とされる。
- 地球環境問題の解決のため，1992 年に**国連環境開発会議（地球サミット）**，1997 年に地球温暖化防止京都会議 [➡京都議定書] が開かれた。➡ 2016 年に 10( ) 協定が発効。
- **再生可能エネルギー**の開発➡**持続可能な社会**の実現を目指す。

❶各国の二酸化炭素排出量（2016年）

（その他 32.5 / 中国 28.2% / 323億 t / アメリカ 15.0 / 日本 3.5 / ロシア 4.5 / インド 6.4 / EU 9.9）(2019/20年版「世界国勢図会」)

❷ 南北問題と人口・食料問題

- 11( ) …先進工業国と発展途上国との間の経済格差。
- 12( ) …発展途上国の間で生じている経済格差。
- 新興国の台頭…**BRICS**（ブラジル・ロシア・インド・中国・南アフリカ共和国）や NIES（新興工業経済地域）など。
- 2015 年の国連サミットで，飢餓や貧困，環境問題などの解決を目指す **SDGs** を採択。

❸ 国際社会における日本の役割

- 日本の**政府開発援助** [13( )] の額は世界でも有数。また，**非政府組織（NGO）**による海外援助も活発。
- 14( ) [➡持たず, つくらず, 持ち込ませず] を掲げ，唯一の被爆国として核軍縮を訴える。
- 15( ) …すべての人の生命・安全・人権を守るという考え方。

学習内容が身についたか，問題を解いてチェックしよう。

---

1 次の各問いに答えなさい。

(1) 国家の主権がおよぶ範囲である領土，領海，領空をあわせて何というか，書きなさい。〈栃木県〉

(　　　　　　)

ヒント

(1)国家の三要素は，主権・○○・国民。

(2) 次の文は，国際社会のルールについて述べたものである。文中の（ **A** ），（ **B** ）に当てはまる語句の組み合わせとして正しいものを，あとの**ア〜エ**から１つ選びなさい。〈岩手県〉

> 国際法は，条約と国際慣習法の二種類に大別され，（ **A** ）の例としては，公海自由の原則がある。国家間の争いを法に基づいて解決するために，国際連合には国際司法裁判所が設置されているが，裁判を開始するには（ **B** ）が必要である。

ア 　**A**−条約 　　　　　**B**−当事国による同意
イ 　**A**−条約 　　　　　**B**−安全保障理事会の承認
ウ 　**A**−国際慣習法 　　**B**−当事国による同意
エ 　**A**−国際慣習法 　　**B**−安全保障理事会の承認

(　　　　　　)

ミス注意

(2)成文国際法（条約）は国と国とが文書で結ぶもの，国際慣習法は明文化されていないが，長年の慣行が法となったもの。

(3) **資料**は，2019〜2021 年の国際連合通常予算の分担率上位 6 か国を示したものである。この 6 か国のうち，安全保障理事会において拒否権をもつ国は，[a] か国である。国連の専門機関や補助機関のうち，難民の保護や救援活動を行う機関は，**b**（ア 　UNCTAD 　イ 　UNESCO 　ウ 　UNHCR）である。[a] に当てはまる数字を書きなさい。また，**b**の（ 　 ）の中から適当なものを１つ選びなさい。

資料

```
(%)
25
20
15
10
 5
 0
   アメリカ  中国  日本  ドイツ  イギリス  フランス
   合衆国
```
(2019/20年版「世界国勢図会」)

〈熊本県〉

ヒント

(3)安全保障理事会において拒否権をもつのは，5つの常任理事国。
UNCTADは国連貿易開発会議の略称。

a (　　　　) b (　　　　)

2 国際社会と国際協力について，次の各問いに答えなさい。〈秋田県〉

資料1 主な先進国のODAの実績(%)
(2018年)

※おもな先進国…開発援助委員会の加盟国29か国
(2019/20年版「世界国勢図会」)

資料2 ODA援助先の地域別割合
(2016年)

(2017年版「開発協力白書」)

・① APEC など，特定の地域でまとまりをつくり，協調や協力を強めようとする動きが世界各地でみられる。
・国際協力には，さまざまな支援の形があり，② ODA のような国家による援助だけでなく，私たちが参加できる取り組みもある。

(1) 下線部①の参加国を，**資料1**に示した4か国から2つ選んで書きなさい。
（　　　　　　　）（　　　　　　　）

(2) 下線部②について，**資料1**と**資料2**から読み取れる，日本の ODA の現状を書きなさい。

[　　　　　　　　　　　　　　　　　　　　　　　　　　　　]

3 次の文は，地球温暖化について，みどりさんが書いたレポートの一部である。下線部について，どのようなことが不十分だと指摘されたのか，資料を参考にして説明しなさい。〈富山県〉

みどりさんのレポート

地球温暖化問題を解決するため，先進国に温室効果ガスの排出削減を義務づける京都議定書が1997年に採択された。しかし，その後，温室効果ガス削減に向けた取り組みとしては，京都議定書で定めた内容では不十分だと指摘されるようになった。

資料 世界の二酸化炭素排出量割合

(2019/20年版「世界国勢図会」)

[　　　　　　　　　　　　　　　　　　　　　　　　　　　　]

ヒント
(1)APECはアジア太平洋経済協力会議の略称。

ヒント
(2)資料1を見ると，日本のODA実績は，主な先進国29か国中4番目だとわかる。資料2を見ると，日本のODA援助先は特定の地域に集中していることがわかる。

くわしく
京都議定書では，先進国全体で，先進国の温室効果ガスの排出量を1990年比で平均5.2%減少させることを目標として掲げた。

入試レベルの問題で力をつけよう。

目標時間 30 分

➡ 解答は別冊 46 ページ

1 ある班は，為替相場の変動について調べた。為替相場の変動が日本の家計や企業に与える一般的な影響について述べた文として正しいものを，次のア～エから1つ選びなさい。〈京都府〉

ア 円高になると，日本国内から海外旅行に出かける旅行者数が減少する。
イ 円高になると，輸出産業をになう日本国内の企業にとって有利になる。
ウ 円安になると，輸入される商品の日本国内における販売価格が高くなる。
エ 円安になると，日本国内にある工場の海外移転が増加する。

( )

2 国際社会のしくみについて，次の各問いに答えなさい。

(1) 右の**資料**は，2017年12月の安全保障理事会における，ある重要な決議案の表決をまとめたものである。**資料**を見て，この決議案が可決されたか，否決されたかを，そう判断した理由とともに説明しなさい。〈埼玉県 H30〉

資料

国名	表決
アメリカ合衆国	反対
イギリス	賛成
イタリア	賛成
ウクライナ	賛成
ウルグアイ	賛成
エジプト	賛成
エチオピア	賛成

国名	表決
カザフスタン	賛成
スウェーデン	賛成
セネガル	賛成
中国	賛成
日本	賛成
フランス	賛成
ボリビア	賛成
ロシア	賛成

[ ]

(2) 国際連合のさまざまな活動のうち，UNICEF が行っている活動として正しいものを，次の**ア～エ**から1つ選びなさい。〈新潟県〉

ア 紛争後の平和の実現のために，道路の補修工事，停戦や選挙の監視などの活動をする。
イ 難民を保護して各国に難民の受け入れを求め，生活を改善するための活動をする。
ウ 子ども（児童）の権利に関する条約に基づき，子どもたちの生存と成長を守る活動をする。
エ 自然遺産や文化遺産などの世界遺産の保護や，文化や教育の振興に取り組む活動をする。

( )

3 **国際社会のさまざまな課題について，次の各問いに答えなさい。**

(1) 地球温暖化について，次の文中の あ ， い に当てはまるものの組み合わせとして正しい
ものを，あとのア～エから１つ選びなさい。〈神奈川県〉

> 1992年には，温室効果ガスの濃度を安定化させることを究極の目標とする あ に多
> くの国が調印をし，地球温暖化対策に世界全体で取り組んでいくことに合意した。 あ
> に基づき，1995年に第1回締約国会議が開催されてから，今年までに20回を超える締
> 約国会議が開催されている。国際社会の合意形成がなければ，今後，地球をとりまく温
> 室効果ガスの濃度はますます高まり，地球の温暖化による い や農作物への影響など
> が懸念される。

ア　あ－京都議定書　　　い－紫外線の増大　　イ　あ－京都議定書　　　い－海面の上昇
ウ　あ－気候変動枠組条約　い－紫外線の増大　エ　あ－気候変動枠組条約　い－海面の上昇

（　　　　　）

(2) 持続可能な社会とはどのような社会か。「世代」の語句を用いて，簡潔に書きなさい。〈奈良県〉

[　　　　　　　　　　　　　　　　　　　　　　　　　　　　　　　　　　]

(3) **資料1**は，FIFAワールドカップの過去3大会の開催国を示したも
のである。この3か国を含む5か国は，それぞれの国名の頭文字
をつなげてBRICSと呼ばれており，今後の経済発展によって世界
経済に与える影響力はさらに大きくなると予想されている。BRICS
に含まれる残り2か国の国名を書きなさい。〈長崎県〉

資料1

年度	開催国
2010	南アフリカ
2014	ブラジル
2018	ロシア

（　　　　　）（　　　　　）

(4) **資料2**は，フェアトレード商品であることを示すラベルである。**資料2**の
ラベルで示された商品の取引価格の推移を表したものは，**資料3**の**ア**，**イ**
のどちらか。また，このフェアトレードのしくみを，その目的を明らかにし
て書きなさい。ただし，「発展途上国」，「生活」の語句を用いること。

資料2

資料3　コーヒー豆の価格の推移

〈鹿児島県〉

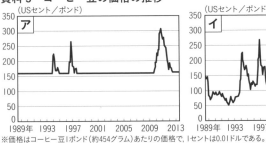

※価格はコーヒー豆1ポンド（約454グラム）あたりの価格で，1セントは0.01ドルである。

（国際通貨基金の資料ほか）

記号（　　　　　）

しくみ[　　　　　　　　　　　　　　　　　　　　　　　　　　　　　]

よく出る 憲法の条文

● **第1条 天皇の地位**

天皇は,日本国の象徴であり日本国民統合の象徴であつて,この地位は,主権の存する日本国民の総意に基く。

┗→天皇が政治上の決定権をもたないことを示している   ┗→国の政治のあり方を最終的に決める権限

● **第9条 戦争の放棄**

①日本国民は,正義と秩序を基調とする国際平和を誠実に希求し,国権の発動たる戦争と,武力による威嚇又は武力の行使は,国際紛争を解決する手段としては,永久にこれを放棄する。

┗→2項に続く「戦力の不保持」「交戦権の否認」と合わせて,平和主義を示している

● **第12条 基本的人権の濫用禁止**

この憲法が国民に保障する自由及び権利は,…国民は,これを濫用してはならないのであつて,常に公共の福祉のためにこれを利用する責任を負ふ。

社会の大多数の人の利益を指す┛

● **第25条 生存権の保障**

①すべて国民は,健康で文化的な最低限度の生活を営む権利を有する。

┗→この条文に基づいて社会保障制度が整えられている

よく出る アルファベット略称

エイペック APEC Asia-Pacific Economic Cooperation
アジア太平洋経済協力会議
アジア諸国と太平洋に面する国々が,経済協力を目的に開催する会議。

オーディーエー ODA Official Development Assistance
政府開発援助
発展途上国に対して,先進国の政府が行う経済援助。

アセアン ASEAN Association of South-East Asian Nations
東南アジア諸国連合
東南アジアの国々が,経済・政治・安全保障などで協力するために結成した組織。

オーイーシーディー OECD Organization for Economic Cooperation and Development
経済協力開発機構
加盟国の経済成長,貿易自由化,発展途上国への支援などを目的とした国際協力機関。

ブリックス BRICS Brazil, Russia, India, China, South Africa
ブラジル,ロシア,インド,中国,南アフリカ共和国の頭文字
経済発展が著しい5か国の総称。

ピーケーオー PKO Peacekeeping Operations
(国連の)平和維持活動
国連が,紛争地域の停戦の監視や選挙の監視など,平和維持のために行う活動。

シーティービーティー CTBT Comprehensive Nuclear Test Ban Treaty
包括的核実験禁止条約
地下,水中,大気圏などあらゆる場所での核実験を禁止した条約。

ユネスコ UNESCO United Nations Educational, Scientific and Cultural Organization
国連教育科学文化機関
教育・科学・文化を通して,世界の平和と安全をはかる目的で設立された,国連の専門機関。

エフティーエー FTA Free Trade Agreement
自由貿易協定
2国間,あるいは多国間で,自由貿易を進めるために結ぶ協定。

ユニセフ UNICEF United Nations Children's Fund
国連児童基金
発展途上国の児童に対する援助などを目的に設立された,国連の補助機関。

アイエーイーエー IAEA International Atomic Energy Agency
国際原子力機関
原子力の平和利用の促進と,軍事利用への転用防止を目的に設立された国際機関。

ダブリュエイチオー WHO World Health Organization
世界保健機関
世界のすべての人々の健康維持・増進を目的に,感染症対策などを行う国連の専門機関。

アイエムエフ IMF International Monetary Fund
国際通貨基金
国際通貨の安定や貿易拡大などを目的に設立された,国連の専門機関。

ダブリュティーオー WTO World Trade Organization
世界貿易機関
世界貿易の自由化と秩序維持を目的に設立された機関。

入試
予想問題

入試予想問題

本番さながらの予想問題にチャレンジしよう。➡ 解答は別冊 47 ページ

制限時間	得点
60分	点/100点

---

1 次の地図1，2は，経線が 20 度ごとに引かれた世界地図の一部を示したものである。
地図1，2を見て，あとの各問いに答えなさい。【⑶②5点　他は各4点　合計17点】

地図1

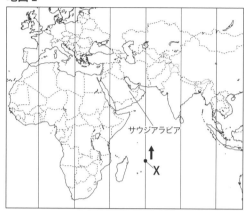

地図2

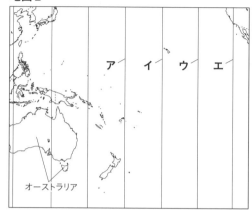

(1) **地図1**中の **X** の地点から↑の方向にまっすぐ進み，北極点を通って再び **X** の地点に戻ってくるときに通る経線として正しいものを，**地図2**中の**ア〜エ**から１つ選びなさい。

(2) **地図1**中のサウジアラビアなどの西アジアの国々などが中心となって，産油国の利益を守るために結成した組織の略称を**アルファベット**で書きなさい。

(3) **地図2**中のオーストラリアについて，次の各問いに答えなさい。

　① オーストラリアの先住民を何といいますか。

　② 右の**グラフ**は，オーストラリアの輸出品の変化を示したものである。約 60 年の間に，オーストラリアの輸出品にはどのような変化が見られたか。「原料」の語句を用いて，簡潔に書きなさい。

グラフ

1960 年 計 19.4 億ドル	羊毛 40.5%	小麦 7.7	肉類 7.2	原皮類 3.1	機械類 1.7	その他 39.8

2017 年 計 2302 億ドル	鉄鉱石 21.1%	石炭 18.8	液化天然ガス 8.5	金（非貨幣用）5.9	肉類 3.9	その他 41.8

(2019/20 年版「世界国勢図会」ほか)

(1)		
(2)		(3) ①
(3) ②		

2 次の各問いに答えなさい。【(1)4点　(2)各3点　合計10点】

(1) ある生徒は調べ学習で福島県について調べ，「福島県の産業の中心は工業である」と仮説を立てた。この根拠となる資料として最も適切なものを，次の**ア～エ**から1つ選びなさい。

　ア　県内総生産に占める製造業・建設業の割合　　**イ**　第二次産業就業者数の推移

　ウ　全国平均と比べた小売業事業所数　　**エ**　発電方式別発電量の割合

　　　　　＊県内総生産…県内の生産活動による付加価値の総額。国の規模では，国内総生産（GDP）に当たる。

(2) 右の**表**は，長野県，大阪府，香川県，宮崎県のさまざまな統計を示したもので，**表**中の**ア～エ**には長野県，大阪府，香川県，宮崎県のいずれかが当てはまる。大阪府，宮崎県に当てはまるものを**ア～エ**から1つずつ選びなさい。

表　　　　　　　　　　　　　　　　　（＊¹ 2017年，＊² 2019年）

	面積（km²）		電子部品等出荷額＊¹（億円）	豚の飼養頭数＊²（頭）
	1980年	2018年		
ア	1880	1877	442	38500
イ	1864	1905	5428	3450
ウ	13585	13562	7663	64600
エ	7734	7735	1846	835700

＊¹ デバイス・電子回路を含む。　　　　　　　（2020年版「県勢」）

(1)		(2)	大阪府		宮崎県	

3 次の会話を読み，あとの各問いに答えなさい。【(1)3点　(2)5点　合計8点】

> Aさん：「日本は，携帯電話や家電製品などに使われている　**X**　をほぼ輸入に依存しているね。」
>
> Bさん：「特定の国からの輸入に依存すると，その国が輸出規制をしたときに，日本が大きな打撃を受けたりしない？」
>
> Aさん：「そうならないために近年日本では，　**Y**　ことで，　**X**　の安定供給を目指しているよ。」

グラフ　インジウム＊¹の主な国の埋蔵量と日本の都市鉱山＊²備蓄量の比較

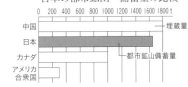

＊¹ **X** の一種。＊² 使用済み家電製品の中にある貴金属や **X** を，都市にある鉱山という意味で使われている呼び名。

（2006年）（物質・材料研究機構資料ほか）

(1) 文中の　**X**　に共通して当てはまる語句を**カタカナ**で書きなさい。

(2) 文中の　**Y**　に当てはまる内容を，上の**グラフ**や次の**資料**を参考にして，簡潔に書きなさい。

資料　小型家電や携帯電話のリサイクルへの取り組み

> 政府は小型家電リサイクル法を制定し，資源の有効な利用を進めている。また，民間も，使用済み携帯電話や充電器などを回収し，資源のリサイクルを進めている。

(1)	
(2)	

4 中国を支配した国(王朝)を示す次の地図を見て，あとの各問いに答えなさい。【各4点　合計16点】

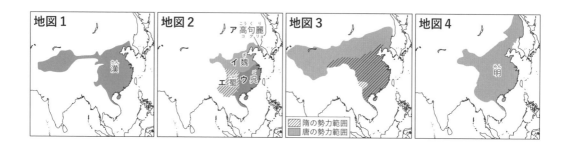

(1) **地図1**の時代の，世界と日本のできごとを，次の**ア～カ**から1つずつ選びなさい。

　　ア　ムハンマド(マホメット)がイスラム教をおこした。

　　イ　ローマ帝国の支配下でキリスト教がおこった。

　　ウ　インダス川流域にモヘンジョ＝ダロの都市が成立した。

　　エ　奴国の王が中国の皇帝から金印を授けられた。

　　オ　三内丸山遺跡に大型の掘立柱建物がつくられた。

　　カ　ワカタケル大王が中国へ使いを送った。

(2) 右の資料の下線部の人物が使いを送った国はどこか。**地図2**中の**ア～エ**から1つ選びなさい。

> 女王の卑弥呼は神に仕え，まじないによって政治を行い，1000人もの女の召使いを置いている。

(3) **地図3**について，隋の時代，唐の時代に日本で定められた法律を正しく組み合わせたものを，次の**ア～エ**から1つ選びなさい。

　　ア　隋－墾田永年私財法　唐－御成敗式目(貞永式目)

　　イ　隋－十七条の憲法　唐－御成敗式目(貞永式目)

　　ウ　隋－十七条の憲法　唐－墾田永年私財法

　　エ　隋－大宝律令　唐－墾田永年私財法

(4) **地図1～地図4**で描かれている時期の日本のできごとについて正しいものを，次の**ア～エ**から1つ選びなさい。

　　ア　**地図1**から**地図2**の間の時期，漢字や仏教が日本に伝えられた。

　　イ　**地図2**から**地図3**の間の時期，貴族の藤原氏による政治が最も安定した。

　　ウ　**地図3**から**地図4**の間の時期，平清盛が日宋貿易を進めるために航路を整備した。

　　エ　**地図4**のころ，中国と朝鮮半島の国の軍が九州に攻めてきて，御家人たちが迎えうった。

(1) 世界　　　　　日本 　　　　　　　　(完答)		(2)	(3)
(4)			

5 **右の年表を見て，次の各問いに答えなさい。**【(1)8点　他各4点　合計20点】

(1) 年表中の **A** の太閤検地が行われた結果，ど
のような農民に対して，どのような権利が認
められ，どのような義務が生じたか，「検地
帳」という語句を用いて簡潔に説明しなさい。

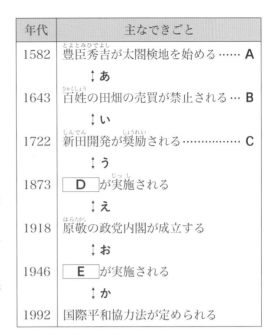

年代	主なできごと
1582	豊臣秀吉が太閤検地を始める……… **A**
	↕ **あ**
1643	百姓の田畑の売買が禁止される… **B**
	↕ **い**
1722	新田開発が奨励される…………… **C**
	↕ **う**
1873	□ **D** □ が実施される
	↕ **え**
1918	原敬の政党内閣が成立する
	↕ **お**
1946	□ **E** □ が実施される
	↕ **か**
1992	国際平和協力法が定められる

(2) 年表中の **B・C** の政策について説明した次の
文中の□□に共通して当てはまる内容を，
あとの**ア～エ**から1つ選びなさい。

・**B**…□□□するため，原則として田畑の売
買を禁じた。

・**C**…新田を開発して農地を増やすことで
□□□し，幕府の財政を立て直そうとした。

　ア 一揆を防止　　**イ** 年貢米の生産を確保

　ウ 商品作物の生産を拡大

　エ 耕作する権利を保障

(3) 右の資料は，ある改革による全国の農地の割合の
変化の様子を表している。このような変化をもた
らしたのは，年表中の **D・E** のどちらの改革か。
1つ選びなさい。また，その空欄に当てはまる語
句を答えなさい。

前	自作地 54.5%	小作地 45.5%	その他 0.2
後	89.9	9.9	

（「完結昭和国勢総覧」ほか）

(4) 次の①・②の文化の様子がみられた年表中の時期を**あ～か**から選んだものの組み合わせとして
正しいものを，あとの**ア～オ**から1つ選びなさい。

① ラジオ放送が始まり，国内や世界のニュースがすばやく伝えられ
るようになり，国民にとって新聞と並ぶ情報源になった。

② 右の資料のような絵が描かれるようになり，版画も制作された。

　ア ①－え　②－い　　**イ** ①－え　②－う

　ウ ①－お　②－あ　　**エ** ①－お　②－い

　オ ①－か　②－え

（東京国立博物館）

(1)			
(2)	(3) 記号／語句（完答）		(4)

6 結衣さんの中学校では，社会科の授業で班別発表会が行われた。次の表は，そのプロ
グラムである。表を見て，次の各問いに答えなさい。【(2)完答　各4点　合計20点】

テーマ	内容
1班 「国の政治のしくみ」	・a 選挙のしくみ ・国会・内閣・裁判所のしくみ ・b 三権分立
2班 「暮らしを支える地方自治」	・地方公共団体の仕事 ・c 地方公共団体の財政と課題
3班 「私たちの暮らしと経済」	・d 国民生活と経済のしくみ ・税と財政 ・e 日本の社会保障

(1) 下線部 **a** について，日本の衆議院議員総選挙で採用されている選挙制度を，漢字で書きなさい。

(2) 下線部 **b** について，右の**資料1**は，三権分立のしくみを示し
　たものである。**資料1**中の　**A**　～　**C**　に当てはまる内容と
　して正しいものを，次の**ア**～**カ**からそれぞれ選びなさい。

　ア　弾劾裁判所の設置　　**イ**　衆議院の解散
　ウ　法律の違憲審査　　**エ**　命令・処分の違憲・違法審査
　オ　内閣不信任の決議　　**カ**　最高裁判所長官の指名

資料1

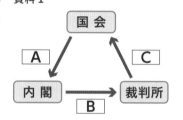

(3) 下線部 **c** について，右の**資料2**は，東京都と大阪府，
　島根県の歳入の内訳を示したものである。**資料2**中の
　X～**Z**に当てはまる項目の組み合わせとして正しいも
　のを，次の**ア**～**エ**から1つ選びなさい。

　ア　X―地方交付税交付金　Y―地方税　Z―国庫支出金
　イ　X―地方交付税交付金　Y―国庫支出金　Z―地方税
　ウ　X―地方税　Y―地方交付税交付金　Z―国庫支出金
　エ　X―地方税　Y―国庫支出金　Z―地方交付税交付金

資料2

項目	東京都	大阪府	島根県
X	52,892	13,289	806
Y	0	2,448	1,832
Z	3,897	2,208	692
その他	16,255	8,755	1,602

(単位：億円)

(2017年度)（2020年版「データでみる県勢」)

(4) 下線部 **d** について，右の**資料3**は市場の価格のはたらきを
　示したものであり，**資料3**中の**X**，**Y**の曲線は，需要曲線
　と供給曲線のいずれかを示している。**Y**が**Y'**へ動いた場合，
　取引量と価格はどのように変化するか。その組み合わせと
　して正しいものを，次の**ア**～**エ**から1つ選びなさい。

　ア　取引量―増加する　　価格―上昇する
　イ　取引量―増加する　　価格―下落する
　ウ　取引量―減少する　　価格―上昇する
　エ　取引量―減少する　　価格―下落する

資料3

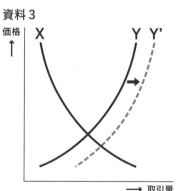

(5) 下線部 **e** について，社会保障制度の説明として正しいものを，次の**ア～エ**から１つ選びなさい。

ア 公的扶助とは，人々があらかじめ保険料を支払い，病気をしたり高齢になったりしたときに保険金の給付やサービスの提供を受けることである。

イ 社会保険とは，人々が健康で安全な生活を送れるように，感染症の予防などを行うことである。

ウ 公衆衛生とは，経済的に生活が困難な人に対し，生活保護法に基づいて生活費や教育費などを支給することである。

エ 社会福祉とは，高齢者や障がいのある人など，社会的に弱い立場にある人たちの生活を保障するしくみである。

(1)			(2) **A**	**B**	**C**
(3)	(4)	(5)			

7 次の資料を見て，次の各問いに答えなさい。【(1)② 4 点　他 3 点　合計 10 点】

資料

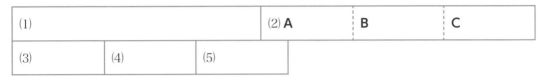
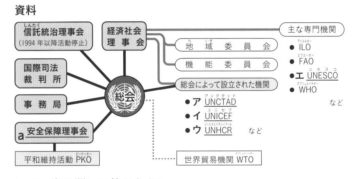

(1) 下線部 **a** について，次の問いに答えなさい。

① 安全保障理事会は，５か国の常任理事国と 10 か国の非常任理事国で構成される。常任理事国としてあてはまらない国を，次の**ア～エ**から１つ選びなさい。

ア ドイツ　**イ** イギリス　**ウ** フランス　**エ** 中国

② 安全保障理事会の常任理事国には，拒否権が認められている。拒否権とはどのような権利か。「反対」という語句を用いて，簡潔に書きなさい。

(2) 次の文が説明している機関を，**資料**中の**ア～エ**から１つ選びなさい。

> 本部はアメリカのニューヨークにあり，子ども（児童）の権利条約に基づいて，発展途上国の子どもに対する長期援助や，災害地の子どもや母親への緊急援助などを行っている。

(1) ①	②	
		(2)

編集協力	中屋雄太郎，菊地聡，㈲マイプラン， 野口光伸，たくみ堂，笹原謙一，八木佳子，佐野秀好，㈱クレスト，余島編集事務所， 粕谷佳美，KEN編集工房，小林麻恵，㈲望出版，小西奈津子，山﨑瑠香
カバーデザイン	寄藤文平＋古屋郁美［文平銀座］
カバーイラスト	寄藤文平［文平銀座］
本文デザイン	武本勝利，峠之内綾［ライカンスロープデザインラボ］
本文イラスト	加納徳博
図版	㈲木村図芸社，ゼム・スタジオ，㈱アート工房
写真提供	写真そばに記載，無印：編集部または学研写真資料課
DTP	㈱明昌堂　データ管理コード：21-1772-1651（CC2019）

この本は下記のように環境に配慮して製作しました。
●製版フィルムを使用しないCTP方式で印刷しました。●環境に配慮してつくられた紙を使用しています。

学研 パーフェクトコース

わかるをつくる 中学社会問題集

わかるを
つくる

中学

社会

問題集

解答と解説

SOCIAL STUDIES

ANSWERS AND
KEY POINTS

学研
GAKKEN
PERFECT
COURSE
パーフェクト
コース

Gakken

地理編

1 ^{地理} 世界と日本の地域構成

STEP01 要点まとめ

本冊008ページ

1 01 **7：3**
02 **ユーラシア大陸**
03 **大西洋**
04 **赤道**
05 **本初子午線**
06 **ロシア連邦**

2 07 **領空**
08 **排他的経済水域**
09 **北方領土**
10 **135**

3 11 **タイガ**
12 **熱帯**
13 **乾燥帯**
14 **キリスト教**

解説 ▼

02 面積が大きい順に，ユーラシア大陸，アフリカ大陸，北アメリカ大陸，南アメリカ大陸，南極大陸，オーストラリア大陸となる。

06 ロシア連邦はヨーロッパ州とアジア州にまたがっている国で，面積は日本の約45倍ある。

07 領空の範囲は領土と領海の上空にあたる。

09 北方領土は日本固有の領土であるが，第二次世界大戦後にソ連に占領され，ソ連解体後も引き続きロシア連邦が占拠している。

10 日本の標準時子午線は，兵庫県明石市を通る東経135度の経線である。

11 広大な針葉樹の森林であるタイガは，シベリアやカナダ北部などに見られる。

12 熱帯は主に太平洋上の島々や南アメリカ大陸北部，アフリカ大陸中央部など，赤道周辺に分布している。

13 乾燥帯は主に西・中央アジアやアフリカ北部，オーストラリア中央部などに分布している。

14 キリスト教徒は日曜日に教会に行き，礼拝をする習慣がある。

STEP02 基本問題

本冊010ページ

1 (1) **c**
(2) **ユーラシア大陸**
(3) **エ**

解説 ▼

(1) 赤道はアフリカ大陸中央部やインドネシア，南アメリカ大陸北部などを通っている0度の緯線である。**a**は北緯30度，**b**は北緯15度，**d**は南緯15度の緯線を示している。

(3) 東京はおよそ東経140度，北緯36度に位置しているため，地球上でこの地点の正反対に当たる地点はおよそ西経40度南緯36度の地点で，ブラジルの南東の大西洋上にある。

2 (1) 県名 **宮城県** 記号 **イ**
(2) （12月）**9**（日）**午後5**（時）

解説 ▼

(1) **ア**の盛岡市は東北地方の岩手県の県庁所在地，**ウ**の水戸市は関東地方の茨城県の県庁所在地，**エ**の宇都宮市は関東地方の栃木県の県庁所在地である。

(2) まず，東京とデンバーの経度差は135+105=240度である。時差は経度15度ごとに1時間生じることから，東京とデンバーの時差は240度÷15=16で16時間あることがわかる。日付変更線の西側に近い東京の方がデンバーより時刻が早いので，デンバーの日時は東京の日時の16時間遅れの12月9日午後5時となる。

ミス注意 (!)

標準時子午線が東経の都市どうし，西経の都市どうしの経度差は，経度が大きい方から小さい方を引いて求める。いっぽう，標準時子午線が東経の都市と西経の都市の経度差は，2つの都市の経度を足して経度差を求める。

3 (1) **ア b イ a**
(2) **イスラム教**
(3) **ウ**
(4) （例）**標高が高い**

解説 ▼

(1) **a**の都市（ブエノスアイレス）は，南半球に位置していることから，北半球と季節が逆になる。よって，6〜8月に気温が低い**イ**が当てはまると判断する。一方，**b**の都市（シンガポール）は熱帯に属していることから一年を通して気温が高く降水量が多い。よって**ア**と判断する。

(2) イスラム教は ⬤ で示したアフリカ北部の国々や西アジアで信仰がさかんである。

(3) **A**はシベリアと呼ばれる地域の一部で，大部分が**冷帯（亜寒帯）**に属する。**ア**は温帯，**イ**は熱帯，**エ**は乾燥帯に属する地域について述べた文である。

(4) ラパスは南アメリカ大陸の西部を南北に連なるアンデス山脈にある高山都市。標高が100m高くなると

1 世界と日本の地域構成

2 世界の諸地域①

3 世界の諸地域②

4 世界と日本の自然・人口

5 世界と日本の資源・産業・結びつき

6 日本の諸地域①

7 日本の諸地域②

8 身近な地域の調査

気温は約 0.6〜0.7 度下がるといわれており，同緯度に位置する平地と比べて気温が低くなっている。

STEP03 実戦問題 本冊012ページ

1 (1) エ
　　(2) イ
　　(3) ウ

解説 ▼

(2) **地図2**はロンドンからの距離と方位が正しく示されていることから，シドニーはロンドンから見て北東に位置していることがわかる。また，**地図2**上でロンドンと東京を直線で結ぶと，スカンディナビア半島に位置しているスウェーデンの上空を通過することがわかる。

(3) **地図1**の経線が 20 度ごとに引かれていることを手がかりに，ペキン，シドニー，ロンドン，ロサンゼルスが位置するおおよその経度を読み取り，その経度からペキンと他の 3 つの都市との時差を求める。まず，これら 4 つの都市が位置するおおよその経度は，ペキンが東経 120 度，シドニーが東経 150 度，ロンドンは経度 0 度，ロサンゼルスが西経 120 度であることがわかる。次に，日付変更線の西側に近い都市の方が時刻が早いことをふまえ，ペキンと 3 つの都市との経度差からペキンとの時差を求めると，シドニーより 2 時間遅く，ロンドンより 8 時間早く，ロサンゼルスより 16 時間早い。あとは，生徒 c〜e が会議に参加した時間と会議が終了した時間に着目すればよい。

2 (1) 大陸 **アフリカ大陸** 大洋 **大西洋**
　　(2) ウ

解説 ▼

(1) **X**の範囲が緯度 0 度〜南緯 20 度，西経 160 度〜経度 180 度であることから，**X**の地球上の正反対の範囲は緯度 0 度〜北緯 20 度，経度 0 度〜東経 20 度である。

(2) 緯線と経線が直角に交わる地図では，高緯度の地域ほど面積が大きく表される。しかし，実際には高緯度の地域ほど経線の間隔がせまく，**Z**の面積がもっとも小さい。

3 (1) 記号 **a** 県庁所在地名 **前橋市**
　　(2) **沖ノ鳥島**
　　(3) （例）**県名に川の漢字が使われていること。**
　　(4) ① **島国〔海洋国〕**
　　　　② **オーストラリア**

解説 ▼

(1) 中部地方との境界に接する県は，**a**の前橋市を県庁所在地とする群馬県と，**c**の福島市を県庁所在地とする福島県である。

(2) 東京都の東端は，日本の東端でもある南鳥島。西端は沖ノ鳥島で，日本の南端でもある。そのため，**表1**の西端，南端の緯度・経度は同じである。

(3) ▬▬で示した県は東から神奈川県，石川県，香川県で，県名に「川」の漢字が使われている点で共通している。「**県名と県庁所在地名が異なること。**」でも正解。

(4) **ア**はカナダ，**イ**はブラジルが当てはまる。

4 (1) ウ
　　(2) エ
　　(3) （例）**宗教の決まりごととして，食べることのできない食品があるから。**

解説 ▼

(1) ケープタウンとウェリントンが温帯に属している。テヘランは乾燥帯，ホーチミンは熱帯，オタワは冷帯（亜寒帯）に属している。

(2) オーストラリア大陸は多くが乾燥帯に属していることから**エ**と判断する。**ア**はユーラシア大陸，**イ**は北アメリカ大陸，**ウ**は南アメリカ大陸。

(3) 豚肉はイスラム教徒が，牛肉はヒンドゥー教徒が宗教の教えにより食べない。

くわしく 🔍

宗教の主な慣習をまとめよう。
◎**キリスト教**…日曜日に教会で礼拝をする。
◎**イスラム教**…イスラム暦の 9 月の日中に断食。豚肉や酒を飲食しない。女性は人前で肌を見せない。
◎**仏教**…托鉢（僧侶が信者から食料やお金などの施しを受けること）。
◎**ヒンドゥー教**…ガンジス川での沐浴。牛を神聖な動物として扱い，食べない。

2 世界の諸地域①（アジア，ヨーロッパ，ロシア）

STEP01 要点まとめ

本冊016ページ

1

- 01 ヒマラヤ山脈
- 02 長江（チャンチヤン）
- 03 季節風〔モンスーン〕
- 04 一人っ子政策（せいさく）
- 05 稲作（いなさく）
- 06 二期作（にきさく）
- 07 プランテーション
- 08 経済特区
- 09 東南アジア諸国連合〔ÁSEÁN〕
- 10 石油輸出国機構〔ÓPEĆ〕

2

- 11 フィヨルド
- 12 アルプス山脈
- 13 偏西風（へんせいふう）
- 14 ラテン
- 15 プロテスタント
- 16 ぶどう
- 17 混合農業
- 18 ヨーロッパ連合〔EU〕
- 19 ユーロ

解説 ▼

04 中国では 1970 年代末から人口の増加を抑制（よくせい）するために**一人っ子政策**が行われてきたが，少子高齢化が急速に進んだことなどにより，2015 年に廃止（はいし）された。

07 **プランテーション（大農園（おうえん））**とは，欧米（おうべい）諸国の植民地時代につくられた，現地の人々を雇って，特定の農作物を輸出用に大量に栽培する大規模な農園のことである。

09 日本と**東南アジア諸国連合（ASEAN）**は，政治や経済，安全保障，文化など多くの分野で相互に協力していくことを目指している。

11 **フィヨルド**とは氷河で侵食されたU字型の谷の部分に海水が入りこんでできた奥深い湾（わん）のことで，高緯度の地域に見られる。

13 暖流の**北大西洋海流**とその上空をふいてくる**偏西風**（えいきょう）の影響で，ヨーロッパ西部の大部分は温帯（西岸海洋性気候）に属している。

15 プロテスタントは，16 世紀に宗教改革を始めたルターやカルバンを支持するキリスト教の宗派で，「抗議（こうぎ）する者」という意味をもつ。

18 **ヨーロッパ連合（EU）**からは 2020 年 1 月にイギリスが離脱し，2020 年 3 月現在の加盟国数は 27 か国である。

くわしく 🔍

EU に関する主なできごとをまとめておさえよう。

年	主なできごと
1967	ヨーロッパ共同体（EC）が発足（ほっそく）
1992	マーストリヒト条約に調印
1993	ヨーロッパ連合（EU）が発足
1995	スウェーデン，フィンランドなどが加盟
2002	ユーロの一般流通が開始
2004	東ヨーロッパ諸国など 10 か国が加盟
2007	ブルガリア，ルーマニアが加盟
2013	クロアチアが加盟
2020	イギリスが離脱

STEP02 基本問題

本冊018ページ

1

(1) 石油〔原油〕
(2) ヒマラヤ山脈
(3) 季節風〔モンスーン〕
(4) ① ウ
    ② 経済特区
(5) ÁSEÁN

解説 ▼

(1) ペルシア（ペルシャ）湾沿岸に多く分布していることから石油（原油）と判断する。

(3) **季節風（モンスーン）**は，夏は海洋から大陸に向かってふき，冬は大陸から海洋に向かってふく。

(4) ① 中国の東北・華北（かほく）ではとうもろこしや小麦などの栽培，華中・華南（かなん）では稲作や茶の栽培，乾燥（かんそう）した西部（内陸部）では，農作物の栽培に適していないことから，羊ややぎなどを飼育する牧畜がさかんに行われている。

② 中国の南東部に位置するシェンチェン，アモイ，スワトウ，チューハイ，ハイナン省が**経済特区**に指定されている。

2

(1) フィヨルド
(2) X 北大西洋　Y 偏西
(3) （例）各国の企業が分担して製造した部品を集めて，組み立てる。
(4) 夏 ウ　冬 イ
(5) エ
(6) ユーロ

(4) **D**で示した地中海沿岸で行われている**地中海式農業**では，降水量が少なく乾燥する夏にぶどうやオリーブ，オレンジなどの果樹，雨の降る冬に小麦の栽培がさかんである。

STEP03 実戦問題　　本冊020ページ

1 (1) （例）**A**と**B**の間でおよそ半日の時差があるので，アメリカの企業が発注した仕事を，アメリカが夜の間にインドの企業が行うことができるため。
(2) （例）**石油は埋蔵量に限りがあり，価格の変動が大きく，安定した収入を継続して得られないから。**

解説 ▼

(1) **A**（バンガロール，ベンガルール）と**B**（サンフランシスコ）のそれぞれの近くを通る経線をもとにおおよその時差を計算すると，時差が約12～13時間であることがわかる。インドで**ICT**（**情報通信技術**）**産業**が発展した要因には，この時差のほかに，インドに英語が話せる人材が多いことや，数学などの理系教育が充実していることなどが挙げられる。
(2) アラブ首長国連邦は油田が集中するペルシア（ペルシャ）湾に面していることから，問題文で述べている資源は石油であることがわかる。また，**表**から石油の可採年数が50年であること，**グラフ**から石油の価格は大きく変動していることが読み取れ，石油に依存して成り立つ経済では，安定的かつ継続的な収入を得ることが難しいと考えることができる。

2 (1) **オ**
(2) **イ**

解説 ▼

(1) 生産量がもっとも多い**X**が中国，次に多い**Z**がインドネシアに当てはまる。この両国は人口が多いことから国内で消費される量が多く，輸出量が生産量のわりに少なくなっている。タイの米の輸出量は世界有数。
(2) 文中の「2016年における日本の最大の輸入品は衣類などであり，」の部分から，**地図2**で当てはまる国はミャンマー，ラオス，カンボジアの3か国。また，文中の「日本からこの国への輸出額は333億円，日本のこの国からの輸入額は1310億円であった。」の部分から，日本は977億円の貿易赤字であることがわかり，ミャンマー，ラオス，カンボジアの3か国のうち**地図1**の「0円未満」に当てはまる国はカンボジアのみとなる。

3 (1) **②**
(2) **エ**
(3) **ウ**

解説 ▼

(1) 都市**A**～**D**のうち，もっとも標高の高い都市はアルプス山脈のすぐ北に位置する**C**（チューリッヒ）。①は夏の降水量が少ないことから地中海性気候に属する**D**（アテネ）。③は市域人口が最も多いことから**B**（ロンドン）。④は冬の気温が低く寒さが厳しいことから冷帯（亜寒帯）に属する**A**（オスロ）。残った②が**C**となる。
(2) **a**国はフランス，**b**国はオランダ，**c**国はデンマーク，**d**国はポーランド，**e**国はチェコ。**ア**…ポーランドやチェコはカトリックを信仰する国民が多数を占める。**イ**…フランスはラテン系の言語が多数を占める。**ウ**…ロシアを除くと，ドイツはヨーロッパでもっとも人口が多い。**エ**…ポーランドとチェコは2004年にヨーロッパ連合（EU）に加盟した。東ヨーロッパ諸国は西ヨーロッパ諸国に比べて，EUへの加盟がおくれたことをおさえておく。
(3) **ア**は人口がもっとも多いことから中国，**イ**は国内総生産（GDP）がもっとも多いことからアメリカ合衆国とわかる。**ウ**と**エ**のうち，GDP，人口，面積のいずれも小さい**エ**が日本で，残った**ウ**がEUに当てはまる。

4 (1) （例）**東ヨーロッパ諸国は，西ヨーロッパ諸国に比べて，賃金が安いから。**
(2) **エ**
(3) **イ→エ**

解説 ▼

(1) 最低賃金の低い東ヨーロッパ諸国に工場を移転することで，生産コストを削減することができる。
(2) 小麦の食料自給率がもっとも高いことから**エ**がフランスと判断できる。**イ**は果実類の食料自給率がとくに高いことからぶどうやオリーブなどの果樹栽培がさかんなスペイン，**ウ**は牛乳・乳製品の食料自給率がとくに高いことから酪農がさかんなオランダ，残った**ア**がイギリスに当てはまる。
(3) **ア**～**エ**のうち，輸出額の合計がもっとも多い**ウ**は世界各国に工業製品を輸出し，「世界の工場」と呼ばれている中国で，輸出額の合計がもっとも少ない**エ**が日本。**ア**と**イ**のうち，**エ**の日本との貿易額が多く，日本との貿易で大幅な貿易赤字となっている**イ**がアメリカ合衆国。残った**ア**がEUに当てはまる。

1 世界と日本の地域構成

2 世界の諸地域①

3 世界の諸地域②

4 世界と日本の自然・人口

5 世界と日本の資源・産業・結びつき

6 日本の諸地域−I

7 日本の諸地域−II

8 身近な地域の調査

3 _{地理} 世界の諸地域②
アフリカ，南北アメリカ，オセアニア

STEP01 要点まとめ
本冊024ページ

1 01 サハラ
02 ナイル川
03 熱帯
04 イスラム教
05 プランテーション
06 レアメタル〔希少金属〕
07 モノカルチャー

2 08 ロッキー山脈
09 ミシシッピ川
10 ハリケーン
11 ヒスパニック
12 適地適作
13 サンベルト
14 シリコンバレー

3 15 アマゾン川
16 熱帯雨林〔熱帯林〕
17 バイオエタノール〔バイオ燃料〕

4 18 アボリジニ〔アボリジニー〕
19 白豪主義
20 羊
21 露天掘り

解説 ▼

01 サハラ砂漠の南縁には，**サヘル**と呼ばれる乾燥した地域が広がり，近年砂漠化が深刻な問題となっている。

05 ヨーロッパ諸国から独立したあとは，現地の人々が**プランテーション（大農園）**を経営する事例もみられる。

06 **レアメタル（希少金属）**は，携帯電話やコンピューターなどの電子機器の生産に欠かせない材料となっている。

07 農産物や鉱産資源の価格は天候や景気によって大きく変動するため，特定の農産物や鉱産資源の輸出にたよる**モノカルチャー経済**の国の経済は不安定になりやすい。

11 近年増加してきている**ヒスパニック**はアメリカ合衆国の総人口の2割近くを占める。ヒスパニックは農林水産業や建設業などの分野で貴重な労働力となっている。

13 広大な土地が安く手に入り，労働力が豊富であったことなどから，アメリカ合衆国の工業の中心は五大湖周辺から南部に移っていった。

15 アマゾン川の中流域には，セルバと呼ばれる熱帯雨林地帯がある。

---

18 オーストラリアでは，アボリジニの信仰の対象である自然が描かれた絵画などの，アボリジニの独特の文化が尊重されるようになってきている。

20 オーストラリアやニュージーランドでは羊の放牧がさかんで，ニュージーランドでは人の数よりも羊の数の方が多い。

STEP02 基本問題
本冊026ページ

1 (1) A ナイル川　　E ロッキー山脈
(2) エ
(3) マオリ
(4) パンパ
(5) ウ
(6) イ

解説 ▼

(2) **B**はコートジボワール，**C**はガーナを示している。**ア**のコーヒー豆はブラジルやベトナム，コロンビアなど，**イ**のバナナはインドや中国，インドネシアなど，**ウ**の茶は中国やインド，ケニアなどで生産量が多くなっている。

(3) **D**の国はニュージーランドである。**マオリ**の文化として，「ハカ」というおどりが有名で，ラグビーの代表チームが試合前に行っている。

(5) ●はアフリカ北部，メキシコ湾岸などに分布していることから石油，▲はオーストラリアの西部やブラジルなどに分布していることから鉄鉱石と判断できる。

ミス注意 (!)

オーストラリアで産出する主な鉱産資源とその産出地をセットでおさえよう。
◎西部…鉄鉱石の産出がさかん。
◎東部…石炭の産出がさかん。
◎北部…ボーキサイトの産出がさかん。
◎南西部…金の産出がさかん。

2 (1) ① レアメタル
② （例）特定の鉱産資源や農産物の輸出に依存した経済。
(2) ① ア
② サンベルト
(3) バイオエタノール［バイオ燃料］
(4) X イ　　Y ア　　Z ウ

解説 ▼

(1) ② ナイジェリアは石油の輸出，ザンビアは銅の輸出に依存した経済となっている。

くわしく

ナイジェリアやザンビアのほか，アフリカ州でモノカルチャー経済となっている代表的な国をおさえよう。

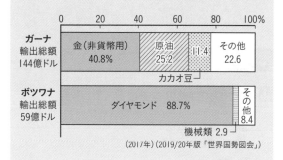

| | 0 | 20 | 40 | 60 | 80 | 100% |

ガーナ
輸出総額
144億ドル
金（非貨幣用） 40.8% ／ 原油 25.2 ／ 11.4 ／ その他 22.6
カカオ豆

ボツワナ
輸出総額
59億ドル
ダイヤモンド 88.7% ／ その他 8.4
機械類 2.9

(2017年) (2019/20年版「世界国勢図会」)

(2) ① **X**の地域が西経100度よりも西の地域であることに着目する。西経100度よりも西では，年降水量が500mm以下の地域が多く，農作物の栽培に適していないことから，肉牛の放牧がさかんに行われている。**イ**の酪農は五大湖周辺，**ウ**の綿花の栽培はアメリカ合衆国南東部，**エ**の大豆の栽培はアメリカ合衆国中央部でさかんである。

STEP 03 実戦問題
本冊028ページ

1 (1) 記号　**エ**
理由　（例）**エジプトにはイスラム教徒が多く，豚を食べないので，豚の飼育頭数が少ないと考えられるから。**

(2) **ウ**

解説 ▼

(1) イスラム教の教えでは豚は不浄なものとされており，イスラム教徒は豚に関する食べ物を一切口にしない。**ア**はドイツ，**イ**はオーストラリア，**ウ**は日本にそれぞれ当てはまる。

(2) ①はコバルトの生産がとくにさかんなコンゴ民主共和国，②はダイヤモンドの生産がとくにさかんなロシア連邦，③はオーストラリアである。

2 (1) **カ**
(2) （例）**一つ一つのポスターは，すべて異なる言語でつくられていることから，ロサンゼルス市民が使用している言語の種類を示す資料が必要である。**

解説 ▼

(1) **A**は，ニューメキシコ州やテキサス州，カリフォルニア州など，メキシコと国境を接する南部の州が上位であることから，**ヒスパニック**が当てはまる。次に

Bと**C**のうち，ミシシッピ州やルイジアナ州，ジョージア州など南東部の州が上位である**B**には，綿花の栽培のためにかつてアフリカ大陸から奴隷として連れてこられたアフリカ系が当てはまる。残った**C**にはアジア系が当てはまる。

(2) **資料**の上段左からスペイン語，英語，日本語のポスターが示されている。

3 (1) **イ**
(2) （例）**肉牛を飼育する牧場を開発するために，森林を切り開いてきたから。**

解説 ▼

(1) 線**Y**は南アメリカ大陸の北部を横断していることに着目し，南アメリカ大陸の西部には険しいアンデス山脈が南北に連なっていることから判断する。よって，西部の標高が高い**断面図1**と，「西側には標高の高い山脈が見られ」と書かれている**b**の説明文の組み合わせが正しい。また，**b**の文の「その斜面の畑では…（中略）…家畜が放牧されたりしている地域」とは，アンデス山脈の高地にあるペルーで行われている標高差を利用した農業について述べている。

(2) **グラフ1**から森林面積が減少傾向にあること，**グラフ2**から牛肉の生産量が増加傾向にあることが読み取れる。ブラジルでは経済発展と環境保全の両立が課題となっている。

4 (1) （例）**穀物が収穫された面積1ha当たりの収穫量が増加しているという傾向。**
(2) **ウ**

解説 ▼

(1) 指定語句として「穀物が収穫された面積1ha当たり」が提示されているので，穀物の収穫量を面積で割って，どのような変化がみられるかを解答すればよい。

(2) パースは温帯の地中海性気候，アリススプリングスは乾燥帯の砂漠気候，ウェリントンは温帯の西岸海洋性気候に属している。南半球に位置していることから北半球と季節が逆になるので，1月（夏）の降水量が少ない**Z**がパース，1月と7月の降水量がともに少なく，1月の平均気温が30℃近い**Y**がアリススプリングスに当てはまる。残った**X**がウェリントンに当てはまる。

4 地理 世界と日本の自然・人口

STEP01 要点まとめ

本冊032ページ

1 01 環太平洋
02 アルプス・ヒマラヤ
03 日本アルプス
04 フォッサマグナ
05 三角州〔デルタ〕
06 リアス海岸
07 黒潮〔日本海流〕
08 親潮〔千島海流〕
09 温帯〔温暖〕湿潤
10 季節風〔モンスーン〕
11 東日本大震災
12 ハザードマップ〔防災マップ〕
2 13 人口爆発
14 人口ピラミッド
15 少子高齢
16 三大都市圏
17 過密
18 過疎
19 町おこし〔村おこし，地域おこし〕

解説 ▼

01 日本列島やフィリピン，ニュージーランドも**環太平洋造山帯**に属している。
03 飛騨山脈，木曽山脈，赤石山脈には標高 3000 m 級の山々が連なっており，これらの山脈をヨーロッパ州にあるアルプス山脈にちなんで「**日本アルプス**」と呼んでいる。
04 **フォッサマグナ**の西縁はおおよそ新潟県糸魚川市と静岡県静岡市を結ぶ線で，これを境に日本は東日本と西日本に分けられる。
05 **三角州**は濃尾平野，大阪平野，広島平野などに見られる。また，ギリシャ文字のデルタ（Δ）に形状が似ていることから，デルタとも呼ばれる。
06 **リアス海岸**の湾内は波が穏やかなことから，**養殖業**に適している。

ミス注意 !

◎**リアス海岸**…もともと山地だったところに海水が入り込んで形成された，湾と岬が入り組んだ複雑な海岸。
◎**フィヨルド**…氷河の侵食によってできたU字型の谷に海水が入り込んでできた細長い湾。

07, 08 日本列島の周辺には黒潮（日本海流）と親潮（千島海流）のほかに，日本海を北上する暖流の対馬海流と，日本海を南下する寒流のリマン海流がある。
09 温帯には温帯（温暖）湿潤気候のほかに，地中海性気候と西岸海洋性気候がある。

くわしく

温帯（温暖）湿潤気候，地中海性気候，西岸海洋性気候の特色をおさえよう。
◎**温帯（温暖）湿潤気候**…季節風（**モンスーン**）の影響で年間の降水量が多い。季節の変化がはっきりしている。
◎**地中海性気候**…夏に乾燥し，冬にやや降水量が多い。一年を通じて温暖。
◎**西岸海洋性気候**…偏西風の影響で冬でも比較的温暖。月ごとの降水量がほぼ均一。

10 季節風（モンスーン）は，夏に南東から日本列島に向かってふき，太平洋側に多くの雨を降らせる。冬には北西から日本列島に向かってふき，日本海側に多くの雪や雨を降らせる。

くわしく

夏と冬の季節風

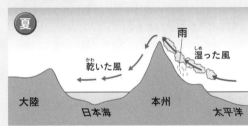

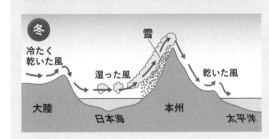

11 地震によって発生した津波で，福島県の福島第一原子力発電所で事故が起こり，大量の放射性物質が大気中に放出された。
13 人口爆発はアジア州やアフリカ州の発展途上国を中心に見られ，食料生産が追いつかず，食料不足となっている国もある。
15 少子化は，未婚率の上昇などによる出生率の低下が原因となって生じている。
16 日本の総人口の半分近くが三大都市圏に集中している。地方では，札幌，仙台，広島，福岡といった，

1 世界と日本の地域構成
2 世界の諸地域①
3 世界の諸地域②
4 世界と日本の自然・人口
5 世界と日本の資源・産業・結びつき
6 日本の諸地域①
7 日本の諸地域②
8 身近な地域の調査

その地方の中心的な役割を果たしている地方中枢都市に人口が集中している。

STEP02 基本問題

本冊034ページ

1　(1)　**ウ, オ**（順不同）
　　(2)　**ア**
　　(3)　**扇状地**
　　(4)　**日本アルプス**
　　(5)　**エ**
　　(6)　**（例）雨水を一時的にためて, 洪水を防ぐ**

解説 ▼

(1)　**ウ**はロッキー山脈, **オ**はアンデス山脈を示している。**ア**のアルプス山脈と**イ**のヒマラヤ山脈はアルプス・ヒマラヤ造山帯に属しており, **エ**のアパラチア山脈は2つの造山帯には属していない。
(3)　**A**は甲府盆地を示している。扇状地は水はけがよいため, 水田には適さず, 果樹園に利用されることが多い。
(4)　日本アルプスは北から, 飛騨山脈, 木曽山脈, 赤石山脈の順に位置している。
(5)　一年を通して気温が高く降水量が多いことから, 南西諸島の気候に属する**エ**（那覇）と判断する。**ア**は北海道の気候, **イ**は日本海側の気候, **ウ**は瀬戸内の気候にそれぞれ属する。

2　(1)　**ウ**
　　(2)　**ウ → ア → イ**
　　(3)　①　**名古屋**
　　　　②　**イ**
　　(4)　**過疎〔過疎化〕**

解説 ▼

(1)　世界の州別人口はアジア州がもっとも多く, 世界の総人口の約60%を占めている。また, 急激に人口が増加した**Q**はアフリカと判断できる。
(3)　②　**イ**は過疎地域で起こりやすい問題である。過密地域で起こりやすい問題にはそのほかに, 通勤ラッシュ, 地価の上昇, ごみ処理施設の不足などがあげられる。

STEP03 実戦問題

本冊036ページ

1　(1)　**（例）（国土の）25%の平野に人口の80%が集中している。**
　　(2)　**イ**
　　(3)　**ウ**

解説 ▼

(1)　指定語句が「平野」なので平野と人口の分布の関係を**表1**から読み取ると, 国土の25%に当たる平野（台地と低地）に, 80%の人口が分布していることがわかる。
(2)　利根川は日本で最も流域面積が広い河川で, 支流も合わせると茨城県, 群馬県, 栃木県, 埼玉県, 千葉県, 東京都の6都県を流れる。**ア**は河川の長さがもっとも長いことから信濃川, **ウ**は河川が流れている都道府県数が1であることから北海道を流れている石狩川, 残った**エ**は北上川に当てはまる。
(3)　霞堤とは連続しない堤防のことを指し, 戦国時代から取り入れられてきた治水技術の1つである。

2　(1)　**ア**
　　(2)　**ア　（例）新たな収入**
　　　　イ　（例）交通手段の維持
　　(3)　**（例）東京都は, 転入者が転出者より多いからであり, 沖縄県は, 出生率が死亡率よりも高いからである。**

解説 ▼

(1)　人口密度は人口÷面積で求めることができ, 図では1つの●で1km²当たり10人いることを示している。中国, バングラデシュ, ブラジルのうち, もっとも面積が小さいバングラデシュは人口密度がもっとも高いと考えられるので**B**。中国とブラジルのうち, 中国よりも人口が少ないブラジルは**C**。残った**A**に中国が当てはまる。
(2)　都市部と比べて人口が少ないことから利用者が少ない地方のバス会社の中には, バスの運賃による収益だけでは事業を継続していくことが難しいところもある。バスは一人暮らしの高齢者の生活に欠かせない交通手段であることから, 宮崎県の「客貨混載」のバスのように新たな収益源を確保しながら, 過疎化の進む地域の交通手段として存続していくことが望まれる。
(3)　ある限られた地域における人口増加の要因には, 出生数が死亡数を上回ったことによる増加（＝自然増）と, その地域への転入者数が転出者数を上回ったこと（人口の移動）による増加（＝社会増）の大きく2つがある。**資料3, 4**から, 東京都は出生率が死亡率を下回っているが, 転入者数が転出者数を大きく上回っていることが読み取れるため, 社会増による人口増加であることがわかる。一方, 沖縄県は, 出生率が死亡率を上回っており, 転入者数と転出者数がほぼ同じであることが読み取れるため, 自然増による人口増加であることがわかる。

5 地理 世界と日本の 資源・産業・結びつき

STEP01 要点まとめ

本冊038ページ

1 01 石油
02 鉄鉱石
03 原子力
04 再生可能エネルギー

2 05 近郊農業
06 促成栽培
07 排他的経済水域
08 栽培漁業
09 加工貿易
10 太平洋ベルト
11 三

3 12 航空
13 ハブ空港
14 貿易摩擦
15 北陸
16 成田国際空港

解説 ▼

03 原子力発電は，燃料のウランを，核分裂させて発生する熱エネルギーを利用し，タービンを回して発電する方法である。二酸化炭素を排出せず，効率的に安定した電力を得られるが，放射性廃棄物の処理や，大きな事故が起きた場合など，安全性の面で問題がある。

04 **再生可能エネルギー**は太陽光や風力のほか，地熱，バイオマスなどのくり返し使える自然の力をいかしたもの。二酸化炭素の排出量をおさえることができるため，環境にやさしいクリーンエネルギーとして注目されている。

05 **近郊農業**は大消費地の周辺で行われているため，市場までの距離が近く，農作物の輸送費を抑えることができるという利点がある。

06 促成栽培に対して，農作物の成長を遅らせる栽培方法を**抑制栽培**という。高地の夏でもすずしい気候をいかしたレタスやキャベツなどの高原野菜の栽培や，夜間に照明を当てて開花時期を遅らせる電照菊の栽培などが抑制栽培の代表例である。

07 **排他的経済水域**は，領海を除く沿岸から200海里以内の水域で，その水域内の水産資源や鉱産資源は沿岸国のものとなる。

08 近年日本は，水産資源の保護などを目的に，**栽培漁業**や**養殖漁業**（魚や貝をいけすなどで人工的に育ててから出荷する漁業）といった「育てる漁業」に力

を入れている。

10 石油や石炭などの資源の輸入や工業製品の輸出に便利なことから，臨海部に工業地帯や工業地域が形成された。近年では，高速道路などの交通網の整備により，**北関東工業地域**のような内陸型の工業地域も形成されてきている。

11 2018年現在，日本の第三次産業の就業者数割合は約7割である。

くわしく

日本の産業別就業者数割合の推移をおさえよう。

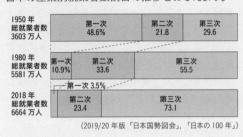

(2019/20年版「日本国勢図会」，「日本の100年」)

12 IC（集積回路）は主に航空機や高速道路で運ばれることから，IC工場は輸送に便利な空港や高速道路のインターチェンジ付近に立地している。

13 代表的なハブ空港として，韓国の仁川国際空港やイギリスのヒースロー空港などが挙げられる。

14 貿易摩擦とは，ある国や地域の間で，輸出額と輸入額に大きなかたよりが生じたときなどに起こる国家間の対立のことで，日本とアメリカ合衆国の間では，1980年代に自動車の輸出入をめぐって貿易摩擦が起こった。

16 成田国際空港は千葉県成田市にある。

くわしく

主な貿易港の輸入品目の割合をおさえよう。

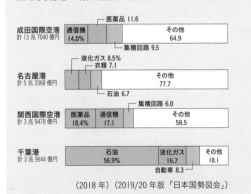

(2018年)(2019/20年版「日本国勢図会」)

1 地域構成 世界と日本の
2 世界の諸地域①
3 世界の諸地域②
4 世界と日本の 自然・人口
5 資源・産業・結びつき 世界と日本の
6 日本の諸地域①
7 日本の諸地域②
8 身近な地域の調査

1
(1) 太平洋ベルト
(2) 中京工業地帯
(3) ●－イ　　□－ウ　　△－ア
(4) 近郊
(5) 栽培漁業

解説 ▼

(2) 中京工業地帯は愛知県と三重県の臨海部を中心に形成されている，出荷額が日本最大の工業地帯である。
(3) **資料1**から東京湾岸や愛知県の臨海部などに多く分布している△に火力発電所が当てはまる。**資料1**から内陸部（山間部）に多く分布している●に水力発電所，残った□に原子力発電所が当てはまる。
(5) 栽培漁業に対して養殖漁業は，魚や貝をいけすなどで大きくなるまで育てて出荷する漁業。

2
(1) ア
(2) イ
(3) x
(4) 加工貿易

解説 ▼

(1) 耕地面積がもっとも大きいことや，畜産を含むその他の産出額が多いことから**ア**が北海道地方と判断する。**イ**は米の産出額がもっとも多いことから東北地方。**ウ**と**エ**のうち，野菜の産出額が多い**エ**に近郊農業がさかんな関東地方，残った**ウ**に中部地方が当てはまる。
(2) 各国が1970年代に排他的経済水域を設定して外国船の漁場を制限したことから，日本の遠洋漁業の漁獲量は大きく減少した。**ア**は沖合漁業，**ウ**は海面養殖漁業が当てはまる。
(3) 京葉工業地域は市原などに石油化学コンビナートが多いことから，化学工業の割合がもっとも高い**x**だと判断できる。機械工業の割合がもっとも高く製造品出荷額等がもっとも多い**y**は中京工業地帯。**w**と**z**のうち，金属工業の割合が高い**w**に鉄鋼業が発達している阪神工業地帯が，残った**z**に京浜工業地帯が当てはまる。
(4) **表2**から，名古屋港では原料を輸入し工業製品を輸出する加工貿易の特徴が読み取れる。

1
(1) C
(2) フランス **イ**　　水力 **ク**
(3) 利点　（例）**燃料費がかからない。**
　　課題　（例）**設備費が多くかかる。**

解説 ▼

(1) **A**は**表1**から人口がもっとも多いこと，**グラフ1**から石炭の産出量がもっとも多いことが読み取れることから中国が当てはまる。**D**は**表1**から面積が最も大きいこと，**グラフ1**から原油の産出量がもっとも多いことが読み取れることからロシアが当てはまる。**B**と**C**のうち，人口の多い**B**がインド，残った**C**がブラジルとわかる。また，鉄鉱石の産出量が多いことからも**C**がブラジルだと判断できる。
(2) 日本のグラフを参考に，**カ～ク**に当てはまる発電方法を考える。まず，日本でもっとも割合が高い**カ**に火力発電，次に割合が高い**ク**に水力発電，残った**キ**に原子力発電が当てはまる。これをふまえて，**ア～ウ**のグラフのうち，もっとも原子力発電の割合が高い**イ**にフランスが当てはまることがわかる。なお，再生可能エネルギーを含む「その他」の割合が高い**ア**にドイツ，水力発電の割合が高い**ウ**にブラジルが当てはまる。
(3) 課題については，「（例）**運転維持費が多くかかる。**」でも可。再生可能エネルギーの課題としてはそのほかに，天候や昼夜によって発電量が変動し，安定した電力量を供給しにくいということもあげられる。

くわしく 🔍

主な再生可能エネルギーについて整理しておこう。
◎**太陽光発電**…太陽光電池パネルによって太陽光を電力に変換する。住宅の屋根や商業施設の屋上などにも設置が可能。
◎**風力発電**…風力で巨大な風車を回して発電する。海岸部や山間部に設置される。デンマークでは国内の発電量の約40%を占めている。
◎**地熱発電**…火山の地下にある蒸気や熱水を利用してタービンを回して発電する。太陽光発電や風力発電と比べて安定した発電が可能。東北や九州に発電所が多い。

2 (1)　牛肉
　　(2)　（例）**かつては原料の輸入に便利な臨海部に形成されていたが，高速道路の発達した内陸部にも形成されるようになった。**
　　(3)　エ

解説 ▼

(1)　食料自給率は国内生産量÷国内消費量×100 で求めることができる。**グラフ1**から，2018 年におけるこの品目の国内生産量は約 50 万 t，国内消費量は約 130 万 t と読み取れるので，この品目の食料自給率は (50÷130)×100＝約 38% とわかる。**表1**中の品目のうち最も数値が近いのが牛肉である。

(2)　群馬県などを通る関越自動車道，栃木県などを通る東北自動車道，茨城県などを通る常磐自動車道が開通したことで北関東工業地域から東京湾岸への輸送が便利になった。さらに 2011 年に北関東自動車道が全線開通したことで太平洋沿岸への輸送も便利になった。

(3)　第三次産業の就業者割合が最も高い③が東京都，従業者1人当たりの製造品出荷額等がもっとも多い②が日本最大の工業地帯である中京工業地帯が位置する愛知県，残った①に大阪府が当てはまる。

3 (1)　エ
　　(2)　ウ

解説 ▼

(1)　沖縄県は，琉球王国時代からの独自の文化やさんご礁などが広がる美しい自然をいかした観光業がさかんなことから，第三次産業の就業者割合が高い c が当てはまると判断する。a は製造業が含まれる第二次産業の就業者割合がもっとも高いことから愛知県，d は第一次産業の就業者割合がもっとも高いことから野菜の栽培や畜産がさかんな宮崎県，残った b は福井県が当てはまる。

ミス注意 ❗

第一～三次産業に分類される主な産業をまとめよう。
◎**第一次産業**…農業，林業，漁業
◎**第二次産業**…製造業，建設業，鉱業
◎**第三次産業**…サービス業，金融業，商業，観光業など

(2)　**ア**…百貨店のみ店舗数が減少し，大型スーパーマーケットとコンビニエンスストアの店舗数は増加しているので正しい。**イ**…コンビニエンスストアの販売額がもっとも増加しているので正しい。**ウ**…2000 年と 2018 年を比べると，百貨店の店舗数は約半分減少したが，1店舗あたりの販売額は3割程度の減少にとどまっている。**エ**…2018 年における大型スーパーマ

ーケットの1店舗当たりの販売額は約 26 億円，コンビニエンスストアは約 2.1 億円である。

4 (1)　記号　**ア**　　交通機関名　**航空**
　　(2)　（例）**輸送手段を自動車から鉄道に転換する見直しを行っている。理由は，自動車に比べて鉄道の方が地球温暖化を引き起こす原因の一つである二酸化炭素の排出量が少ないからである。**
　　(3)　**ウ**

解説 ▼

(1)　**資料**中の「貨物，旅客ともに全体に占める割合は小さい」，「旅客での割合が伸びている」から，記号は**ア**とわかる。また，「IC（集積回路）などの軽くて高価なものを運ぶのに適しており」から，この交通機関が航空であるとわかる。**イ**には船舶，**ウ**には自動車，**エ**には鉄道が当てはまる。

(2)　**グラフ2**から，自動車に比べて鉄道の方が二酸化炭素の排出量が大幅に少ないことが読み取れる。自動車による貨物輸送を減らし，鉄道による貨物輸送を増やすことで，地球温暖化の原因とされている温室効果ガスの一つである二酸化炭素の排出量の削減を期待できる。

くわしく 🔍

二酸化炭素の排出量の多い主な国や地域をおさえよう。

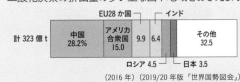

（2016 年）（2019/20 年版「世界国勢図会」）

(3)　まず，東京と**A**～**C**の都市間の航空機での旅客数がもっとも少ない**A**には，3つの都市の中で東京との距離がもっとも近く，東海道新幹線が通っていることから新幹線でも行きやすい大阪が当てはまる。次に大阪と**B**，**C**の都市間の旅客数を比べて，**B**より**C**の都市間との旅客数が少ないことから，**C**には大阪との距離が近く山陽新幹線が通っていることから新幹線でも行きやすい福岡が当てはまる。残った**B**には札幌が当てはまる。東京ー札幌間の航空旅客数がもっとも多いことをおさえておくとよい。

STEP01 要点まとめ　　本冊046ページ

1
01 **カルデラ**
02 **シラス（台地）**
03 **黒潮〔日本海流〕**
04 **台風**
2 05 **促成栽培**
06 **八幡製鉄所**
07 **北九州**
08 **季節風〔モンスーン〕**
09 **瀬戸内**
10 **石油化学コンビナート**
11 **本州四国連絡橋**
12 **過疎〔過疎化〕**
3 13 **琵琶湖**
14 **近郊農業**
15 **阪神**
16 **世界遺産〔世界文化遺産〕**
4 17 **信濃**
18 **日本アルプス**
19 **抑制栽培**
20 **茶**
21 **施設園芸**
22 **地場**
23 **中京**

解説 ▼

01 熊本県の阿蘇山の**カルデラ**は世界最大級の大きさで，カルデラ内には田畑や集落があるほか，鉄道の路線が敷かれている。

02 水を保ちにくい**シラス台地**が広がる鹿児島県では，古くから乾燥に強いさつまいもの栽培が行われ，現在は豚や肉牛などの飼育がさかんに行われている。

04 九州地方は**台風**の通り道になることが多く，台風による被害を防ぐため，沖縄県には屋根の瓦をしっくいで固めた伝統的な住居が見られる。

05 促成栽培によって他の産地よりも早い時期に出荷することで，高い価格で取り引きすることができる。

06 **八幡製鉄所**は，日清戦争で勝利した日本が清（中国）から得た賠償金の一部を使って，現在の北九州市に建設した製鉄所である。「明治日本の産業革命遺産　製鉄・製鋼，造船，石炭産業」の構成資産の一つとして**世界文化遺産**に登録された。

07 1960年代のエネルギー革命の影響で鉄鋼業が衰退し，北九州工業地帯（地域）の地位が低下した。現在は，

福岡県の苅田町や宮若市などに自動車工場が建設され，機械工業が発達している。

09 第二次世界大戦後，瀬戸内海沿岸の塩田の跡地や遠浅の海岸を埋め立ててつくった土地に，瀬戸内工業地域が形成された。

11 本州四国連絡橋は，兵庫県と徳島県を結ぶ**神戸・鳴門ルート**（明石海峡大橋・大鳴門橋），岡山県と香川県を結ぶ**児島・坂出ルート**（瀬戸大橋），広島県と愛媛県を結ぶ**尾道・今治ルート**（瀬戸内しまなみ海道）の総称である。

12 過疎化とは，山間部や離島などで起こりやすい，人口の減少によって産業が衰退し，地域社会の維持が難しくなることである。

13 大阪（京阪神，関西）大都市圏の飲料水や工業用水は，琵琶湖やそこから流れる淀川水系に大きく依存しており，琵琶湖の水質を保全していくことが大切である。

14 京都府は，賀茂なすや九条ねぎなどの伝統的な京野菜を栽培し，市場に出荷している。

15 戦前はせんい工業で発達したが，戦後は機械工業のほか，鉄鋼業や石油化学工業などで発達した。

16 2019年現在，近畿地方には6件の世界文化遺産がある。

くわしく 🔍

近畿地方の世界文化遺産を確認しよう。

世界文化遺産	登録年	都道府県
法隆寺地域の仏教建造物	1993年	奈良県
姫路城	1993年	兵庫県
古都京都の文化財	1994年	京都府，滋賀県
古都奈良の文化財	1998年	奈良県
紀伊山地の霊場と参詣道	2004年	和歌山県，奈良県，三重県
百舌鳥・古市古墳群－古代日本の墳墓群－	2019年	大阪府

17 信濃川は長野県や新潟県などを流れ日本海に注ぐ，日本でもっとも長い河川である。

20 茶は，温暖で水はけのよい土地が栽培に適している。

22 北西からふく季節風の影響で，冬に多くの雪が降る北陸では，冬の間に農作業をすることが難しいため，農家の副業として地場産業が発達した。

STEP02 基本問題
本冊048ページ

1 (1) カルデラ
(2) エ
(3) 促成栽培
(4) ウ
(5) ア

解説 ▼

(1) ▲は阿蘇山を示している。
(2) Aは鹿児島県を示している。アのぶどうは山梨県や長野県など，イの米は新潟県や北海道など，ウのなすは高知県や熊本県などで生産量が多い。
(3) Bは宮崎平野，Cは高知平野を示している。

ミス注意 ❗

◎促成栽培…農作物の出荷時期を早める栽培方法。
◎抑制栽培…農作物の出荷時期を遅らせる栽培方法。
➡どちらも他の産地からの出荷量が少ない時期に出荷するので，**農作物を高い価格で売ることができる**利点がある。

(4) Dは瀬戸内工業地域を示している。瀬戸内工業地域に位置する倉敷市水島地区や周南市などには石油化学コンビナートがあり化学工業が発達している。**W**には金属，**X**には機械，**Z**には食料品がそれぞれ当てはまる。
(5) 一年を通して気温が高く年降水量が多いことから，南西諸島の気候に属する**ア**（那覇市）と判断する。

2 (1) A　紀伊（山地）
　　 B　濃尾（平野）
(2) 地場産業
(3) イ
(4) 東海工業地域
(5) X　ウ　　Y　ア
(6) イ
(7) エ

解説 ▼

(1) A 紀伊山地は降水量が多いことから「吉野すぎ」，「尾鷲ひのき」などの良質な木材が育ち，日本有数の林業地帯となっている。B 木曽川，長良川，揖斐川の下流域に広がる濃尾平野には，洪水を防ぐために周りを堤防で囲んだ集落の輪中が見られる。
(2) Cは福井県を示している。福井県鯖江市の眼鏡フレームのほかに，新潟県燕市の洋食器などが地場産業に含まれる。
(3) Dは越後平野を示している。冬に大陸から日本列島にふいてくる冷たく乾いた風が，日本海をわたると

きに大量の水蒸気を含み，湿った風となって日本海側の地域に多くの雪や雨を降らせる。**エ**は夏の太平洋側の地域の気候の特色について述べたものである。
(4) 東海工業地域には，オートバイ（二輪車）や楽器の生産がさかんな浜松市，製紙・パルプ工業が発達している富士市などが位置している。
(5) **E**は静岡県を示している。**イ**のレタスは長野県や茨城県など，**エ**のももは山梨県や福島県などで生産量が多くなっている。
(6) **ア**は神戸市，**イ**は東大阪市，**ウ**は名古屋市，**エ**は長野市を示している。
(7) **エ**は面積が最も大きく，果実の産出額ももっとも多くなっていることから，りんごやぶどう，ももなどの生産量が多い長野県（中央高地）が当てはまると判断する。**ア**には富山県（北陸），**イ**には愛知県（東海），**ウ**には新潟県（北陸）がそれぞれ当てはまる。

STEP03 実戦問題
本冊050ページ

1 (1) （例）島が多い
(2) （例）宮崎県は，福島県に比べ，冬でも温暖である。そのため，宮崎県では，ビニールハウスを暖める暖房費をおさえながら，冬にきゅうりを栽培することができるから。

解説 ▼

(1) 長崎県には，対馬や五島列島などの島が多く，その数は970ほどで全国で最も多い。
(2) **表2**から，宮崎市は福島市よりも1〜3月，10〜12月の平均気温が大幅に高くなっていることが読み取れる。そのため，宮崎県は，市場の出荷量が少なく，高く販売できる秋から冬にかけて多くのきゅうりを栽培することができる。

2 (1) X　ウ，Y　ア
(2) Ⅰ（例）親しみやすさ
　 Ⅱ（例）利用者の増加
(3) （例）高速バスや自動車の利用が増え，鉄道や航空機，船舶の利用が減った。

解説 ▼

(1) 広島県府中町には自動車会社の本社があり，自動車工業がさかんなことから，**X**には**ウ**が当てはまる。岡山県倉敷市水島地区には石油化学コンビナートがあり化学工業がさかんなことから，**Y**には石油・石炭製品が当てはまる。
(2) 地方空港の多くは利用者の減少により経営難となっている。そのため，空港の知名度を上げて利用者の増加を図るなどの取り組みが町おこしの一環として

1 世界と日本の地域構成

2 世界の諸地域①

3 世界の諸地域②

4 世界と日本の自然・人口

5 世界と日本の資源・産業・結びつき

6 日本の諸地域①

7 日本の諸地域②

8 身近な地域の調査

行われている。

(3) 3つの連絡橋の開通により，高速バスや自動車による移動が容易になり，時間距離が以前よりも短くなった。交通網や交通手段の発達によって大阪や神戸などの大都市に日帰りで行くことができるようになったことで，買い物客が少なくなった四国地方の町の商店街が衰退するという問題も起こっている。

3 (1) 大阪府 **イ**　奈良県 **ウ**
(2) （例）京都市では，**歴史的な景観を守るために，条例で建物の高さが規制されている**から。
(3) （例）**北山村から新宮市まで川が流れており，その川を利用して木材を運ぶことができた**ため。

解説 ▼

(1) 印刷・同関連製品出荷額がもっとも多い**イ**には，人口が多く，経済や文化の中心で多くの情報が集まる大阪府が当てはまる。大阪府の次に印刷・同関連製品出荷額が多く，重要文化財指定件数がもっとも多い**エ**には京都府が当てはまる。残った**ア**と**ウ**のうち，重要文化財指定件数が多い**ウ**には奈良，大阪府や京都府と比べて鉄道路線が少ないことから乗用車の100世帯あたり保有台数が多い**ア**には和歌山県が当てはまる。

(2) 条例とは法律の範囲内で都道府県や市（区）町村が独自に定めるきまりで，定めた都道府県や市（区）町村のみに適用される。京都市は，町家と呼ばれる伝統的な住宅や寺院・神社などがつくる歴史的な景観を守るために，店の看板や広告，建物の高さやデザインなどを規制する条例を定めている。

(3) 大量の木材をどのような方法で運搬したかを，問題文中の「北山村と新宮市を結びつけた自然条件」をヒントに，奈良県南部から和歌山県と三重県の県境付近を流れる熊野（新宮）川を利用して木材を新宮市まで運搬したと推察する。かつて河川は水運の一つとして利用され，長野県や静岡県を流れる天竜川も木材の輸送手段として使われていた。

4 (1) **イ**
(2) **エ**
(3) 牧草地 **ア**　和歌山県 **Y**

解説 ▼

(1) まず「甲府盆地」とつながるものを考える。甲府盆地は水はけがよいことからぶどうやももの栽培がさかんである。よって，「果樹栽培」である。「二期作」は同じ耕地で1年に2回同じ農作物を栽培することである。次に，「温暖な東海」，「園芸農業」，「抑制栽培」とつながるのは，ビニールハウスや温室などの

施設を使った施設園芸農業で温室メロン，抑制栽培で電照菊の栽培がさかんな「渥美半島」である。「房総半島」は関東地方の千葉県に位置する。

(2) 過疎化が進む東北地方や中国・四国地方の県で数値が高くなっていることから，**エ**と判断する。**イ**は第二次産業に製造業が含まれることから工業が発達している愛知県や静岡県などで数値が高くなると推察できるので誤り。**ウ**は人口が多く面積がせまい東京都や大阪府などで数値が高くなると推察できるので誤り。

(3) **X**は田の面積がもっとも広いことから，稲作がさかんな北陸に位置する福井県。**Z**は田の面積が非常にせまいことや普通畑の面積が広いことから，大きな河川がなく稲作に必要な水を確保しにくい沖縄県。よって，残った**Y**が和歌山県に当てはまる。また，**ア**・**イ**のうち，みかんやうめの栽培がさかんな**Y**の和歌山県の数値が大きくなっている**イ**が樹園地とわかるので，**ア**が牧草地に当てはまる。

1 世界の地域構成と日本の

2 世界の諸地域①

3 世界の諸地域②

4 世界と日本の自然・人口

5 世界と日本の資源・産業・結びつき

6 日本の諸地域①

7 日本の諸地域②

8 身近な地域の調査

7 地理 日本の諸地域②（関東，東北，北海道地方）

STEP01 要点まとめ
本冊054ページ

1
01 関東ローム
02 ヒートアイランド
03 近郊
04 抑制栽培
05 京浜
06 京葉
07 北関東
08 東京

2
09 奥羽
10 リアス海岸
11 やませ
12 ねぶた祭
13 りんご
14 潮目〔潮境〕
15 伝統的工芸品

3
16 冷帯〔亜寒帯〕
17 流氷
18 アイヌの人々〔アイヌ民族〕
19 石狩
20 輪作
21 酪農
22 北洋漁業

解説 ▼

05 **京浜工業地帯**はかつて，製造品出荷額が日本最大の工業地帯であった。しかし，1970年代以降に北関東の交通網が整備されて高速道路沿いに工業団地が造成されるようになると，京浜工業地帯にあった工場の移転が進み，現在の京浜工業地帯は，北関東工業地域よりも製造品出荷額が少なくなっている。

06 **京葉工業地域**は，製造品出荷額に占める化学工業の割合が機械工業より高くなっていることが大きな特色である。

08 東京大都市圏には，政令指定都市の横浜市，川崎市，相模原市，さいたま市，千葉市などがある。また，大都市の中心部では，古い建物を取りこわし，新しいまちづくりを行う**再開発**が行われている。

11 やませは，東北地方の太平洋側に初夏から夏にかけて北東からふく冷たく湿った風。

13 りんごは，冷涼で昼夜の気温差が大きく，比較的降水量が少ない気候で育ちやすい。

14 寒流と暖流が出合うところを潮目（潮境）といい，魚のえさとなるプランクトンが豊富なことから好漁場となっている。そのため，東北地方の太平洋側に

は，八戸港や気仙沼港，石巻港など，日本有数の漁港がある。

15 東北地方の主な伝統的工芸品には，津軽塗や南部鉄器，天童将棋駒のほかに，秋田県大館市の大館曲げわっぱ，宮城県白石市などの宮城伝統こけし，福島県会津若松市の会津塗などがある。

17 オホーツク海沿岸の網走では，およそ1月末から3月末にかけて流氷の中を進む観光砕氷船が運航しており，流氷のほかにオオワシやアザラシなどを見ることもできる。

18 北海道にはアイヌ語に由来する地名が多く，道庁所在地の札幌はアイヌ語で「かわいた大きな川」という意味である。

19 **石狩平野**は，かつて泥炭地という農業に適さない湿地が広がっていたため，他の地域から農業に適した土を運び込む**客土**を行って土地を改良した歴史がある。

STEP02 基本問題
本冊056ページ

1 (1) 利根川
(2) 関東ローム
(3) エ
(4) （例）他の2つの県の出荷量が少ない夏に，群馬県は高地の涼しい気候を利用してキャベツを栽培し，多く出荷している。

解説 ▼

(1) 利根川は日本で最も流域面積が広い河川である。

(3) 大都市がある都府県が上位を占めていることに着目する。アは千葉県や兵庫県など，イは愛知県や静岡県など，ウは和歌山県や兵庫県などで出荷額の割合が高くなっている。

(4) **グラフ2**から，愛知県と千葉県からの出荷量が少ない夏の時期に，群馬県の出荷量が多くなっていることが読み取れる。その理由を，「気候」の語句を用いてまとめればよい。

2 (1) イ
(2) エ
(3) イ

解説 ▼

(1) 青森県の割合が半分以上であることに着目する。アは山梨県や福島県など，ウとエは山形県などの割合が高い。

(2) **A**は岩手県を示している。アの津軽塗は青森県，イは山形県，ウの樺細工は秋田県で生産されている**伝統的工芸品**である。

(3) 竿燈まつりは秋田県で行われる伝統的な祭りである。

アの青森県ではねぶた祭，**ウ**の山形県では花笠まつり，**エ**の福島県では福島わらじまつりが有名。

3 (1) **オホーツク**（海）
(2) **ア**
(3) **イ，エ** （順不同）
(4) **ウ**

解説 ▼

(2) **B**は稲作がさかんな**石狩平野**を示している。**イ**の畑作は十勝平野，**ウ**の酪農は根釧台地でさかん。

(3) **イ**のピーマンは茨城県，**エ**のキャベツは群馬県が生産量全国１位である。

STEP03 **実戦問題**　　　　　　　本冊058ページ

1 (1) **ウ**
(2) **ウ**
(3) **イ**
(4) （例）**森の落ち葉などが栄養分となり，その栄養分が川によって海に運ばれて，水産資源が増えるから。**

解説 ▼

(1) **ウ**飛驒山脈ではなく日高山脈である。
(2) **ア**は夏から秋にかけて降水量がとても多いことから太平洋側の気候の高知，**イ**は冬の降水量がとても多いことから日本海側の気候の福井が当てはまる。残った**ウ**と**エ**のうち，冬の降水量が多い**エ**が日本海側の札幌，残った**ウ**が根室に当てはまる。
(4) 海に運ばれた栄養分は，魚のえさとなるプランクトンを育てる。

2 (1) **対馬海流**
(2) **ア**
(3) （例）**やませと呼ばれる冷たい風により，夏の平均気温が低くなったから。**
(4) 山形県 **オ**　　宮城県 **ウ**

解説 ▼

(2) 騒音苦情件数は，東京都の方が人口が多く産業や交通が発達していることから，近隣騒音や事業騒音，交通騒音が多いと推察できる。一軒家の割合を示す一戸建率は，土地の価格が高い東京都の方が低いと推察できる。
(4) 製造品出荷額等と年間商品販売額が最も多い**ウ**は，東北地方の産業や経済の中心地である宮城県が当てはまる。山形県はさくらんぼ（おうとう）やぶどう，もも，西洋なしなど果実の栽培がさかんなことから，**イ**か**オ**であると推察する。**イ**と**オ**のうち，山形県は

日本海側に位置することから漁業生産量が少ない**オ**と判断する。なお，**ア**は秋田県，**イ**は青森県，**エ**は岩手県が当てはまる。

ミス注意 ❗

東北地方では，三陸海岸沖に好漁場の**潮目（潮境）**があることから，日本海側の県より太平洋側の県の方が漁業生産量が多くなっている。

3 (1) （例）**製品の輸送に便利なため。**
(2) （例）**現代の生活様式に対応する工夫**（14字）
(3) 選択した記号　**ア**
　　理由　（例）**りんごの流通にかかる費用を減らすことができるため。**
　　選択した記号　**イ**
　　理由　（例）**りんごを加工して価値を高めることができるため。**

解説 ▼

(3) **ア**…農家から卸売業者や小売業者などを仲介せずに消費者に販売する方が費用を抑えることができる。**イ**…品質に問題はなく規格外なために販売できないものは，ジュースにしたりカットしたりするなどして，無駄にしないことも大切である。

4 (1) **ア**
(2) **ウ**
(3) （例）**公共施設や商業施設をつくったり企業を受け入れたりすることなど，造船所跡地を主に工業以外の用途に整備することで，多くの事業所や就業者を集めているところ。**

解説 ▼

(2) 東京都には学校や企業が多いことから，昼間は周辺の県から多くの通勤・通学者がやってくるため，昼間人口が多くなる。一方，夜間になると，これらの人々が周辺の県に帰宅するため，夜間人口が少なくなる。
(3) **表2**から，総合美術館や商業施設，多目的公園などがつくられていることが読み取れる。また，**表3**から，2012年末から2016年末にかけて事業所数と就業者数が増えていることが読み取れる。

8 地理 身近な地域の調査

STEP01 要点まとめ
本冊062ページ

1 01 仮説
02 聞き取り
03 インターネット
04 出典
05 帯グラフ
06 折れ線グラフ

2 07 国土地理院
08 縮尺
09 等高線
10 ゆるやか
11 急
12 谷
13 尾根
14 北
15 果樹園
16 広葉樹林
17 発電所・変電所
18 老人ホーム

解説 ▼

01 「▲▲▲なので，○○○だろう。」といった仮説を立てることで，何を調べたらよいのかが明確になり，効率よく必要な情報を集めることができる。

くわしく

聞き取り調査をする際の注意点を確認しよう。
◎訪問前に必ず相手の方に連絡し，相手の方の都合を聞いて訪問日時を決めること。
◎質問内容は事前にノートなどにまとめておくこと。
◎失礼のないようにマナーに注意すること。
◎インタビューの様子を録音や録画をする場合は，必ず相手の方の許可を得ること。

03 インターネットの情報には間違っているものもあるので，さまざまなサイトや本などと見比べて，正しい情報かどうかを確かめることが大切。

05, 06 調査結果はグラフだけでなく，さまざまな種類の地図でまとめることも効果的である。

くわしく

調査結果をさまざまな地図でまとめてみよう。
◎図形表現図…数値の大きさを表した図形を用いた地図。

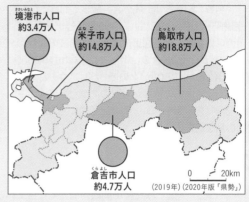

◎階級区分図…数値をいくつかの階級に分けて色や模様などを区別して表した地図。

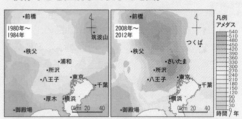

❶関東地方の30℃以上の合計時間の分布（5年間平均）

08 2万5千分の1の地形図と5万分の1の地形図では，2万5千分の1の地形図の方が，建物などの情報がより詳しくえがかれている。

09 **等高線**は主に主曲線と計曲線からなり，主曲線は2万5千分の1の地形図では10mごと，5万分の1の地形図では20mごとに引かれている。

15 果樹園の地図記号はりんごなどの果実の形がもとになっている。

16 広葉樹林の地図記号は，広葉樹を横から見た形をデザインしたものである。

17 発電所・変電所の地図記号は，発電機を歯車と電気回路で記号化したデザインとなっている。

18 老人ホームの地図記号は，建物の中に杖が描かれたデザインとなっている。

1 ア，エ （順不同）

解説 ▼

ア…「薊野」駅から「土佐一宮」駅まで列車で行く途中，「一宮南町一丁目」に田（⟦⟧）の地図記号が見られる。イ…実際の距離は，地形図上の長さ×地形図の縮尺の分母で求めることができる。よって，7（cm）× 25000 ＝ 175000（cm）＝ 1750（m）なので，誤り。ウ…E 地点に見られる⊖は郵便局の地図記号なので誤り。老人ホームの地図記号は⧖である。エ…F の範囲内に見られる♂は果樹園の地図記号である。

2 (1) ① ウ　② ア
　　(2) 記号　イ
　　　　理由　（例）**等高線の間隔がせまくなっているから。**

解説 ▼

(1) ① とくにことわりがない場合，地図の上は北，右は東を示しているので，A の地点から見て B の地点は北東の方角にある。南西は，A の地点から見て左下の方角である。また，A と B の 2 点間の実際の距離は 4（cm）× 25000 ＝ 100000（cm）＝ 1000（m）＝ 1（km）となる。
　　② P…⟦⟧は田（水田）の地図記号を表している。田のほかには茶畑の地図記号（∴）も見られる。また，C の範囲周辺の標高点に着目すると，田の地図記号が見られるところに「102」の標高点，C の範囲の西側に「263」の標高点などが見られることから，田として利用されている土地は周囲と比べて標高が低くなっていることがわかる。Q…D－D′ と E－E′ では等高線の数が D－D′ の方が多いことから判断できる。

(2) 等高線の間隔がせまいほど傾斜が急であることを表し，等高線の間隔が広いほど傾斜がゆるやかであることを表しているので，イの方が傾斜が急であることがわかる。

1 (1) 地形図上の長さ　**2**（cm）　記号　**イ**
　　(2) （例）**地点 X は川に近く，川との標高の差がほとんどないため。**

解説 ▼

(1) 地形図上の長さは実際の距離÷地形図の縮尺の分母で求めることができる。500m は 50000cm なので，50000（cm）÷ 25000 ＝ 2（cm）となる。ま

た，ア…地形図1中の町役場（○）の南にある学校（文）のあたりには，地形図2では文化会館と，博物館（血）ではなく図書館（⟦⟧）が建てられている。イ…市役所の地図記号は◎で表される。ウ…地形図2中の尾張旭駅は，地形図1中のあさひあらい駅よりも右に位置しているので東側にある。エ…かつては広く見られた水田（⟦⟧）は現在では大きく減少したが，北東の方角などにはまだ見られる。

ミス注意 ❗

まぎらわしい主な地図記号を整理しよう。
・小・中学校（文）と高等学校（⊗）
・交番（X）と警察署（⊗）
・果樹園（♂）と広葉樹林（Ｑ）

(2) 地点 X の近くに枝分かれした川があり，その川と地点 X とは標高差がほとんどないため，川が氾濫して洪水の被害を受けやすいと推察する。

2 (1) ① ア　低い　イ　谷
　　　　② 160
　　(2) ① イ
　　　　② （例）**港湾と道路が整備されたことで，部品や製品などの輸送に便利になったから。**

解説 ▼

(1) ① 土石流とは，土砂が雨水などとともに斜面を流れ落ちる現象で，集中豪雨や台風のときなどに発生する自然災害である。また，地図1をみると，土石流警戒区域は標高の高いところに向かって等高線がくいこんでいることから，谷の部分に位置していることがわかる。
　　② 地図1の等高線に示された「300」，「454」という数字から，この地形図1の等高線（主曲線）は10m ごとに引かれていることがわかる。よって，地図1の左上に位置する避難所の標高は約410m，地図1の中央部に位置する避難所の標高は約250mなので，標高差は約160m となる。

(2) ① アの果樹園は（♂），イの針葉樹林は（∧），ウの水田は（⟦⟧），エの茶畑は（∴）の地図記号で表される。
　　② Ⅰ と Ⅱ の地形図を見比べると，高速道路のインターチェンジ付近に港（⚓）が整備されたことがわかる。

歴史編

歴史 1 文明のおこりと日本

STEP01 要点まとめ　本冊070ページ

1
- 01　**新人**
- 02　**メソポタミア**
- 03　**エジプト**
- 04　**仏教**
- 05　**ローマ**
- 06　**始皇帝**
- 07　**シルクロード**〔絹の道〕
- 08　**ムハンマド**〔マホメット〕

2
- 09　**打製**
- 10　**縄文**
- 11　**たて穴**
- 12　**高床**
- 13　**青銅器**
- 14　**奴**
- 15　**卑弥呼**
- 16　**埴輪**
- 17　**渡来人**

解説 ▼

01　新人は現在の人類に直接つながる人類で，アフリカ大陸に現れた。

04　**シャカ**が仏教をおこした地域は現在のインドだったが，インドではその後ヒンドゥー教が栄えた。

05　ローマ帝国では実用的な文化が発達した。

06　**始皇帝**が中国を統一して大帝国を築いたころ，日本では弥生時代が始まったばかりだった。

07　中国から絹（シルク）が西方へ運ばれたため，この交易路を**シルクロード**と呼んだ。

09　石をたたいてくだき，形を整えた石器である。

11　**たて穴住居**は地面を掘り下げ，柱を立てて屋根をかけたつくりである。

12　高床倉庫は稲が湿らないよう，倉庫の床を高くしている。ねずみが入らないよう，「ねずみ返し」というしかけもあった。

ミス注意 !

原始時代の建造物を区別しよう。
- ●たて穴住居…地面を掘り下げた。
- ●高床倉庫…床を高くした。

14　漢の皇帝から奴国の王に授けられた金印には，「漢委奴国王」と刻まれていた。

15　**卑弥呼**が中国に使いを送ったころ，中国は魏・呉・蜀の三国に分かれていた。

16　埴輪には，人・馬・家・舟などさまざまな形をしたものがある。

17　**渡来人**はほかに，ため池や絹織物をつくる技術，鉄製品などを伝えた。

STEP02 基本問題　本冊072ページ

1
(1)　ア
(2)　たて穴住居，ウ
(3)　（例）食料を煮たきすること。〔食料を保存すること。〕
(4)　ウ

解説 ▼

(1)　エジプト文明が栄えたアフリカ北部では，定期的に氾濫するナイル川が運んでくる肥えた土によって，穀物の栽培がさかんに行われた。このため，「エジプトはナイルのたまもの」といわれた。

(2)　たて穴住居は，地面を掘り下げることによって風の出入りを防ぐことができた。たて穴住居がつくられるようになった縄文時代には，まじないのために**資料1**の焼き物である**土偶**がつくられた。**ア**は古墳時代に古墳の頂上や周りに置かれた焼き物。**イ**は弥生時代に祭りのときの祭器として使われた青銅器。**エ**は古墳時代に渡来人がつくる技術を伝えた土器。

(3)　**貝塚**は縄文時代の人々が食べた貝のからや，動物や魚の骨が積もってできたものである。また，拡大した写真には，縄をころがして付けたような文様がみられることから，縄文土器だとわかる。土器をつくることで，食物を煮たきしたり保存したりすることができるようになった。

(4)　弥生時代は紀元前4世紀ごろから紀元3世紀ごろまで続いた時代で，水田での稲作の開始と青銅器や鉄器の使用を特徴とする。稲穂をつみ取るため，石器である**石包丁**が使われた。**ア**は縄文時代の縄文土器について。**イ**は旧石器時代の様子。**エ**のように渡来人が大陸の文化を伝えたのは古墳時代。

2
(1)　カ
(2)　C　邪馬台国　　D　親魏倭王
(3)　エ
(4)　鉄
(5)　エ

解説 ▼

(1)　弥生時代初めに大陸から伝わった金属器は，鉄器と青銅器である。世界の文明では青銅器→鉄器の順に登場したが，日本にはほぼ同時に伝わった。鉄器は

実用的な用途に，青銅器は祭器として用いられることが多かった点を押さえておく。須恵器は高温で焼いてつくられた，灰色で固い性質の土器で，古墳時代に渡来人がつくる技術を伝えた。

(2) C…2世紀に**邪馬台国**がおこったころ，日本では戦乱が続いていたが，邪馬台国の女王卑弥呼を王に立てることで争いが収まった。
D…239年，卑弥呼は中国の魏に使者を送り，皇帝から「親魏倭王」の称号と金印を授けられた。このことは三国時代の歴史書，「三国志」の「魏志倭人伝」に書かれている。

(3) 古墳時代，百済から来日した王仁という学者が漢字を伝えたとされる。漢字は朝廷の文書作成に用いられたが，それらの文書は残っていない。**ア・ウ**は弥生時代の初めに伝わった。**イ**は戦国時代の16世紀に伝わった。

(4) 資料の埴輪は古墳時代の武人を表したもので，手に鉄剣を持っている。大和政権（ヤマト王権）の大王は朝鮮半島南部の伽耶地域から鉄を輸入し，支配下に置いた各地の豪族に分けていた。

(5) 大仙古墳は5世紀の中ごろにつくられた**大王**の墓で，大阪府堺市にある。全長が約486m，高さが約33mあり，世界最大級の墓である。

STEP03 実戦問題
本冊074ページ

1 (1) ① フランス ② ウ
(2) ア
(3) エ

解説 ▼

(1) ①…**新人**は，約20万年前に現れた現在の人類の直接の祖先である。新人の一種で約3万年前に現れたクロマニョン人は，フランスのラスコーやスペインのアルタミラの洞くつに壁画を描いた。**資料1**はラスコーの壁画なので，フランスが答え。
②…**c・d**つりがねの形をしていることから，弥生時代の銅鐸と判断する。空洞の内部に舌（細長い棒）をつり下げ，楽器のように鳴らし，祭りのための宝物として使われたと考えられる。**e**縄文時代の遺跡では傷ついた人骨が見つからないことから，むらどうしの争いは少なかったと考えられる。弥生時代に稲作が広まると，稲の蓄えの差が生じて，貧富の差が広まるとともに，稲や水をめぐってむらどうしの争いが増えるようになった。

(2) 黄河流域にできた**殷**という国を中心に，中国文明がおこった。殷では優れた青銅器の文化が栄え，占いの結果が亀の甲や牛の骨に甲骨文字でほられた。**イ・エ**はともにメソポタミア文明について述べている。**ウ**のモヘンジョ＝ダロはインダス文明の遺跡。

古代文明の特色を区別しよう。
●メソポタミア文明…太陰暦，60進法，くさび形文字
●エジプト文明…太陽暦，天文学，象形文字（絵文字）

(3) 高床倉庫は，弥生時代につくられるようになった米を蓄えておく建物である。Ⅰのようなオオツノジカなどの狩りが行われていたのは旧石器時代までで，縄文時代の始まるころ，これらの大型動物は絶滅した。Ⅱの太陰暦がつくられたのはメソポタミア文明で，紀元前3000年ごろ。これは縄文時代に当たる。

2 (1) ウ
(2) ① ウ ② エ ③ ア
(3) 吉野ヶ里遺跡

解説 ▼

(1) 紀元前3000年ごろ巨大な都市が出現し，紀元前18世紀ごろバビロニア王国の王が法律を定めた地域はメソポタミア。**a**は天文学の発達と太陽暦の発明からエジプトとわかり，**資料2**の象形文字が当てはまる。**b**は太陰暦，60進法，7曜制からメソポタミアとわかり，**資料1**のくさび形文字が当てはまる。

(2) ①…鉄が使われるようになったのは弥生時代である。**ア**舟の歴史は古く，縄文時代が始まったころ，大陸から舟に乗って日本列島にわたってきた人々もいたと考えられる。**イ**シカやイノシシなどの動物の骨や角でつくった道具を骨角器という。**エ**貝などの調理に縄文土器が使われた。
②…貝塚には，人が食べたあとの貝がらや骨だけでなく，こわれた土器が捨てられることもあった。石包丁は弥生時代に使われた，稲穂を刈り取るための道具なので，貝塚からは出土しない。
③…「魏志倭人伝」には，邪馬台国の生活の様子のほか，国々の争いをしずめるために卑弥呼が倭国の女王となったことなどが記されている。**イ**の「日本国王」は室町時代の足利義満に対する称号で，「親魏倭王」が正しい。**ウ**に示された朝鮮半島の国々との交流は，古墳時代になってから大和政権が行ったことである。**エ**の邪馬台国には身分の違いはあったが，儒教に基づく政治が行われるようになったのは，のちの飛鳥時代である（聖徳太子）。

(3) **吉野ヶ里遺跡**では，柵と深い堀に囲まれた大きな集落（環濠集落）の跡や敵を見張るための物見やぐらも設けられていたことから，戦争があったと考えられる。

3

(1) ウ
(2) ウ
(3) イ→ウ→ア→エ
(4) X （例）国王と認められる
　　 Y （例）他の国よりも優位に立てる

解説 ▼

(1) ア甲骨文字が使われたのは，メソポタミアではなく中国。イガンジス川ではなくインダス川。エエジプトを征服したローマは，エジプトの太陽暦を改良した暦を用いた。
(2) 奴国の王が漢へ使いを送ったのは1世紀。紀元前1世紀に成立したBのローマ帝国と，1世紀に生まれたaのキリスト教の説明が当てはまる。Aは紀元前2500年ごろ，bは7世紀。
(3) イは旧石器時代，ウは縄文時代，アは弥生時代，エは古墳時代である。
(4) X…中国の皇帝から返礼品や印を受けることによってもたらされる効果を，資料1から読み取る。"中国の皇帝から「○○国王」と認められる"の部分が当てはまる。
　　 Y…「○○国王」と認められることの目的は，資料2から，国どうしの争いがあった倭国において，中国の権威を借りることで優位に立つためだったことがわかる。

4

(1) ① ウ　② （例）鉄の刃先を取りつけた。
(2) 前方後円
(3) 大王
(4) エ

解説 ▼

(1) ①…古墳の周りや頂上に，土どめなどの目的でウの埴輪が置かれた。アは縄文時代の土偶，イは飛鳥時代の貨幣（和同開珎），エは弥生時代に奴国の王が授けられた金印。
　　 ②…資料1は，渡来人がもたらした鉄製の農具である。くわの刃先や鎌などの農具に鉄を使うことで，農業生産力が高まった。
(2) 具体例として大仙古墳が示されていること，漢字4字であることから，古墳ではなく前方後円墳と答える。前方後円墳などの決まった形の古墳の広がりを調べることで，大和政権の勢力の拡大を知ることができる。
(3) 近畿地方の豪族たちの連合の頂点に立ったのが大王である。飛鳥時代になると，「大王」に代わる「天皇」という称号が正式に定められた。
(4) 古墳時代は3～7世紀。エ奴国の王が金印を授けられた1世紀は，弥生時代に当たる。ア・イは4世紀ごろから，ウは5世紀で，いずれも古墳時代に当たる。

---

2 歴史 古代国家の歩み

STEP01 要点まとめ

本冊078ページ

1
01	推古
02	冠位十二階
03	公地・公民
04	天智
05	壬申
06	大宝律令
07	平城京
08	墾田永年私財法
09	聖武

2
10	桓武
11	坂上田村麻呂
12	天台
13	摂政
14	藤原道長
15	紫式部
16	浄土

解説 ▼

01 推古天皇は初めての女帝で，即位すると聖徳太子が天皇を助ける摂政の地位に就いた。
03 それまでは皇族や豪族が土地と人民を所有していた。

ミス注意 ⚠

律令政治の土地制度を理解しよう。
●公地・公民…すべての土地と人民を国家が直接治める原則。
●班田収授法…戸籍に基づいて人々に土地を与え，税をとる制度。

05 天智天皇の死後に起こったのが壬申の乱で，これに勝利した大海人皇子が即位して天武天皇となった。
06 律（刑罰のきまり）と令（政治のきまり）に基づいて国を治めるしくみが定められた。
08 墾田永年私財法が出されたのは聖武天皇の時代で，ききんや伝染病が起こり，人々が税を逃れるため逃亡して田が荒れたこと，人口が増えたことから，口分田が不足していた。
11 蝦夷を征討するための職である征夷大将軍に任じられた。征夷大将軍はのちに，武士の大将を意味するようになった。
12 天台宗は，同じ時期の真言宗とともに山奥での修行や学問を重視した。
14 藤原道長は，一族の栄える様子を「この世をばわが世とぞ思ふ望月の欠けたることもなしと思へば」と

いう歌によんだ。
15 「枕草子」を書いた清少納言と区別する。
16 阿弥陀仏にすがって死後に極楽浄土へ生まれ変わることを願う信仰である。**浄土信仰**の広まりは，平等院鳳凰堂をはじめ各地につくられた阿弥陀堂に表れている。

STEP02 基本問題

1 (1) ① エ　② B
　　③ （例）仏教の力により，政治や社会の不安を取り除き，国家を守るため。
(2) ア
(3) 歌集 **万葉集**　都 **イ**

解説 ▼
(1) ①…聖徳太子の業績として，**十七条の憲法，冠位十二階，遣隋使，法隆寺**の4点を押さえておく。**エ**は中大兄皇子らの行った大化の改新に当たる。
②…大化の改新の後，中大兄皇子が即位して**天智天皇**となり，その天智天皇の没後，あとつぎをめぐって672年に起こったのが壬申の乱である。
③…**聖武天皇**のころ，農作物の不作や伝染病が起こり，人々は生活に苦しんでいた。天皇は仏教の力によって国家を安定させようと，寺院の建立を進めた。
(2) 租は6歳以上の人々に与えられた口分田の面積に応じて，一定量の稲を租として地方ごとの役人に納めさせた税である。**イ・ウ**は，成年男子が特産物や布を自ら都まで運んで納めなければならなかった。**エ**は労役である。
(3) 資料は「奈良の都(平城京)は，咲く花が香るかのように今がまっさかりである」という意味で，大宰府の役人がよんだとされる歌である。**ア**は持統天皇が，**ウ**は中大兄皇子が移した都。**エ**は平安京の前に置かれた都である。

2 (1) **正倉院**
(2) エ
(3) ウ
(4) ア
(5) X **摂政**　Y **関白**
(6) **寝殿造**

解説 ▼
(1) **正倉院**には聖武天皇の愛用の品々のほか，当時の戸籍などが残されていた。建物は，三角材を組み合わせた校倉造となっている。
(2) 8世紀後半になると，民衆からの税をごまかして自分のものにするなど不正を行う国司が増えた。**桓武**

天皇はこうした不正を取り締まり，地方の政治を引き締めた。
(3) 9世紀の初め，遣唐使とともに唐にわたった最澄と空海は，帰国後，仏教の新しい宗派を日本に伝えた。

ミス注意 ！
平安時代初めの仏教を区別しよう。
●最澄…比叡山に延暦寺を建て，天台宗を広めた。
●空海…高野山に金剛峯寺を建て，真言宗を広めた。

(4) 遣唐使の派遣の停止は894年，菅原道真の意見により行われた。11世紀半ばにつくられた平等院鳳凰堂が，これよりあとに当たる。**イ**は6世紀末，**ウ**は7世紀後半，**エ**は8世紀末。
(5) **紫式部**は藤原氏の娘に仕えた女官である。藤原氏は天皇が幼いときには摂政，成人した後は関白として，天皇に代わって政治を行うようになった。これを**摂関政治**という。
(6) 寝殿造の邸宅では，普通南側に池や築山の庭園が設けられた。

STEP03 実戦問題
本冊082ページ

1 (1) **ウ→ア→イ**
(2) ① **飛鳥文化**　② **イ**
(3) （例）豪族が支配していた土地と人民を，**公地・公民**として国家が直接支配するようになった。
(4) **エ**
(5) **エ→ウ→ア→イ**

解説 ▼
(1) **ウ**は6世紀末，**ア**は7世紀半ば，**イ**は8世紀初めである。中大兄皇子の目指した改革は，**大宝律令**によって実現した点を押さえておく。
(2) ①…法隆寺の金堂に納められた釈迦三尊像には，南北朝時代の中国や，インドや西アジアなどの文化の影響がみられる。
②…「風土記」には，歴史書である**ウ**や**エ**とは異なる言い伝えも収められている。**ア**は奈良時代の末にまとめられた和歌集。
(3) 646年の改新の詔で，それまで豪族が支配していた土地と人民とを国家の直接の支配のもとに置く公地・公民がかかげられた。その実施のため，天智天皇は全国規模の戸籍をつくった。
(4) 壬申の乱で勝利して即位したのは天武天皇である。天智天皇として即位する前の中大兄皇子が，**ア・イ・ウ**を行った。
(5) 遣唐使は7世紀半ばから9世紀末まで送られた。**エ**は7世紀後半，**ウ**は8世紀初め，**ア**は8世紀半ば，**イ**は8世紀末のできごと。

2 (1) カ
(2) ① （例）うまく流通していなかった〔日常的に用いられていなかった〕
② カ
(3) ① 調　② エ

解説 ▼

(1) Ⅰ…天皇の住まいである平城宮は，都の北部に置かれたので誤り。
Ⅱ…墾田永年私財法は743年に出され，開墾地の私有を認めたので正しい。
Ⅲ…**坂上田村麻呂**が蝦夷を平定するための職である，征夷大将軍に任命されたことは正しいが，これは平安時代のできごとである。
(2) ①…「銭」は銅銭のこと。「和銅」の年号から，この貨幣は和同開珎だと考えられる。それまでは米や布が貨幣の代わりに用いられていたが，708年に発行された和同開珎の流通をうながすため，蓄えに応じて位を授ける命令が出された。
②…藤原道長が摂政となったのは11世紀初めで，711年から最も遠い。**ア**は7世紀初め，**イ**は8世紀初め，**ウ**は10世紀半ば，**エ**は8世紀末，**オ**は9世紀末。
(3) ①…租・調・庸の税のうち，「調」の字がみられる。「伊豆国（静岡県）から，調としてかつおを納めた」という趣旨の荷札である。
②…**エ**は租について。調は戸籍に登録された人民のうち成年男子が，絹・布・綿・塩など各地方の特産物を，都まで運んで納めた税。

3 (1) ① 1 班田収授法　2 口分田
3 墾田永年私財法　4 荘園
5 公領
② 税の免除〔国司の使者の立ち入り拒否〕
③ あ 労役　い 布
④ 公地・公民　⑤ 性別
(2) ⅰ イ　ⅱ カ　ⅲ ス

解説 ▼

(1) ①…1・2 与えられる口分田の広さは，身分や性別に応じて定められ，死後は国に返すきまりになっていた。3・4 人口の増加などが原因で口分田が不足したため，開墾を奨励するために墾田永年私財法が出された。その結果，貴族・寺院による開墾が進められ，**荘園**という私有地が増えた。5 国司が管理する土地を公領と呼んだ。荘園が広がると，公領よりも多くの荘園がある国も現れた。
②…税の免除の特権を不輸の権，国司の使者の立ち入り拒否の特権を不入の権と呼んだ。

③…庸は本来は労役であるが，実際には労働をする代わりに一定量の布地を納めていた。
④…墾田永年私財法によって，土地を国家のものとする**公地・公民**の原則が崩れ，私有地が広がっていった。
⑤…不自然に女性の割合が高い家族がみられた。これは成年男子に課せられる調・庸の負担を逃れるためのいつわりである。
(2) ①…平安時代の初め，最澄や空海によって新しい仏教の宗派が唐から伝えられた。**ア**は16世紀。
②…平安時代の半ば，唐の国力の衰えなどを理由に遣唐使が停止された。**キ**は14世紀から。
③…平安時代の半ば，貴族中心の**国風文化**が栄えた。

4 (1) A エ　B ア
(2) P ア　Q イ　R ア
(3) ア
(4) 大和絵
(5) （例）娘を天皇のきさきにし，その子を天皇に立てた。

解説 ▼

(1) A…最古の歌集である「**万葉集**」に収められた防人の歌で，日本語の音を漢字で表す万葉がなが使われた。防人は律令のもと，九州北部の防衛のために動員された兵士。
B…10世紀に紀貫之らが編さんした「**古今和歌集**」の歌。日本語の発音を表現しやすくしたかな文字が使われた。
(2) 桓武天皇は地方の政治を立て直すとともに，東北地方の支配に力を入れた。
(3) 「源氏物語絵巻」の題材となった「源氏物語」を書いたのは，藤原氏の娘に仕えた紫式部である。**ア**藤原道長の子である藤原頼通が，平等院鳳凰堂を建てた。
(4) 大和絵は国風文化が栄えたころ生まれた絵画で，日本の風景や人物が描かれた。
(5) 「子」の字が付いている名は，すべて藤原氏の娘である。藤原氏は娘を天皇のきさきとし，その皇子を天皇に立てた。

くわしく

藤原氏は，天皇が未成年のときは摂政に，成長すると関白の地位に就いて政治の実権を握った。これを摂関政治という。

3 歴史 中世社会の展開

STEP01 要点まとめ

本冊086ページ

1
01 源氏
02 平将門
03 白河
04 平治
05 征夷大将軍

2
06 執権
07 六波羅探題
08 北条泰時
09 フビライ＝ハン
10 徳政令〔永仁の徳政令〕

3
11 建武
12 守護
13 勘合
14 足利義政
15 金剛力士
16 金閣

解説 ▼

01 源氏は東日本に，平氏は西日本に勢力を広げた。

03 それまでは藤原氏が幼い天皇の摂政となったりして，政治の実権を握っていたが，**白河天皇**は位を幼い皇子に譲って上皇となってからも，摂政や関白をおさえて政治を続けた。

04 **保元の乱**と**平治の乱**を経て，平清盛が勢力を振るうようになった。

ミス注意 ❗

12世紀半ばの2つの戦乱を区別しよう。
●保元の乱(1156年)…源義朝と平清盛が味方した天皇方が勝利した。
●平治の乱(1159年)…平清盛が源義朝を破った。

06 北条氏が執権の地位を独占して行った政治を，**執権政治**という。

07 源頼朝のころは，まだ六波羅探題は置かれていなかった点に注意する。

08 北条泰時の政治は，のちに北朝を立てた足利尊氏の理想とされた。

09 モンゴル帝国5代皇帝の**フビライ＝ハン**は，中国の国号を元とし，朝鮮半島の高麗を服従させた。

10 御家人が手放した領地をただで取り戻させようとした法令だが，御家人に金を貸す者がいなくなり，かえって御家人を苦しめた。

11 後醍醐天皇の**建武の新政**は武士だけでなく，公家

(貴族)からも批判を浴びた。

13 明から日本に送られた**勘合**の半分を日本船が持って行き，明にあるもう半分と照合して正式な貿易船であることを確認した。

14 足利義政は応仁の乱以後の混乱に背を向け，**銀閣**を建てて風雅な生活を送った。

15 **金剛力士像**には武士の力強さが表れている。

16 足利義満のころの文化を北山文化，足利義政のころの文化を東山文化と呼ぶ。

STEP02 基本問題

本冊088ページ

1
(1) ② イ   ③ ア
(2) ウ
(3) ア
(4) 承久の乱
(5) ① 北条時宗   ② 奉公

解説 ▼

(1) ②…11世紀，藤原氏と血縁関係が薄い後三条天皇が即位すると摂関政治が終わった。その子の白河天皇は，位を譲って上皇になった後も実権を握って政治を行った。これを**院政**という。
③…12世紀半ばの平治の乱に勝利した**平清盛**は，武士として初めて太政大臣の地位に就いた。

(2) 10～13世紀の中国では宋が栄えた。平清盛は兵庫の港(大輪田泊)を整備して，宋との貿易を進めた。これを**日宋貿易**という。

(3) 10世紀の各地の反乱をしずめようと，朝廷は武士の力を借りたため，武士が力をもつようになった。藤原純友と同じころ，関東地方では平将門が反乱を起こした。

(4) 承久の乱は幕府の勝利に終わり，後鳥羽上皇らは追放され，朝廷の監視を強めるため京都に**六波羅探題**が置かれた。

(5) ①…元寇のときの執権は**北条時宗**である。御家人の竹崎季長は文永の役で手柄を立てたにもかかわらず，恩賞をもらえなかったため，鎌倉に行って幕府の役人に恩賞を求めた。

ミス注意 ❗

●御恩…将軍が御家人に対して，昔からの領地を保護したり，新しい領地を与えたりした。
●奉公…御家人は京都や鎌倉の警備をする義務を負い，戦いが起こったときに命をかけて戦った。

2
(1) ウ
(2) イ
(3) イ
(4) 能〔能楽〕

(5) **足利義政**

解説 ▼

(1) 室町幕府では，鎌倉幕府の執権に当たる役職に**管領**が置かれ，足利氏と関わりの深い守護大名が就任した。

(2) 足利義満が3代将軍のときの1392年に，南北朝が統一された。**ア**は足利尊氏，**ウ**は鎌倉時代の北条氏，**エ**は鎌倉時代の北条時宗。

(3) 栄西と道元は，座禅によって自分でさとりを開く禅宗を中国(宋)から伝えた。このうち栄西の宗派を臨済宗，道元の宗派を曹洞宗という。**ア**は一遍，**ウ**は法然，**エ**は親鸞が開いた。

(4) 観阿弥と世阿弥は，神社の祭りなどで行われてきた田楽や猿楽を**能**として大成した。能の合間に演じられた狂言とまちがえないようにする。

(5) 8代将軍の**足利義政**が建てた銀閣は，1層が書院造，2層が禅宗風の仏殿だった。3層からなり，表面に金箔がはられた足利義満の金閣と区別する。

STEP03 実戦問題

本冊090ページ

1 (1) **イ**
(2) **ア**
(3) Ⅰ **ア** Ⅱ **ウ**

解説 ▼

(1) 農民の反乱などで国力が衰えた唐は907年に滅亡し，内乱を経て979年に宋が中国を統一した。**ア・エ**は11世紀末。**ウ**は10世紀だが，平将門は藤原純友の誤り。

(2) 兵庫の港(大輪田泊)の整備による日宋貿易の推進，写真の厳島神社の信仰は，平清盛について。**イ**は織田信長，**ウ**は北条泰時，**エ**は白河上皇である。

くわしく

平清盛は保元の乱と平治の乱に勝利し，やがて太政大臣の地位についた。厳島神社は海上にある鳥居が特徴で，世界文化遺産に登録されている。

(3) Ⅰ…1221年の**承久の乱**が起こるまで，鎌倉幕府の勢力がおよぶ範囲は東日本が中心だったが，乱の後は取り上げた領地に東日本の御家人を新たに地頭に任命し，西日本にも支配を広げた。
Ⅱ…1232年の**御成敗式目**は，公正な裁判を行うための武士独自の法律。朝廷の律令とは別に独自の法律をもったことで，武士は自信をつけた。

2 (1) **ア**
(2) ① **ア**

② (例) **吉野へ逃れて南朝を開いた。**
③ **応仁の乱**
(3) (例) **借金の帳消し〔徳政令〕**

解説 ▼

(1) 寺社の門前や交通の便利な場所で開かれるようになった**定期市**の様子で，鎌倉時代には月に3度開かれた。**イ**左側で刀を向けられているのがその僧で，栄西ではなく一遍である。一遍は念仏の札を配ったり踊りを取り入れるなどして念仏を広めた。**ウ**楽市・楽座は市の税を免除するなど，誰でも自由に商工業ができるようにした政策で，戦国時代に行われた。**エ**検地も戦国時代から行われるようになった政策で，田畑の面積や土地のよしあしを調べて，その生産量を石高で表した。

(2) ①…12世紀後半の **a** と，13世紀前半の **c** が当てはまる。**b** 平清盛は自分の拠点である摂津国の兵庫の港(大輪田泊)を整備して日宋貿易を進めた。**d** 鴨川の二条河原に掲示された落書は，建武の新政を批判した。
②…**後醍醐天皇**の建武の新政は，武家社会の慣習を無視し，公家に多くの恩賞を与えた。この結果，**足利尊氏**を中心とする武士が兵を挙げて朝廷方の軍を破り，京都に北朝を立てると，後醍醐天皇は吉野(奈良県)に逃れた(南朝)。
③…将軍のあとつぎ争いに室町幕府の守護大名の勢力争いが結びつき，1467年に応仁の乱が起こった。この戦乱で京都の多くの寺社が焼かれた。

(3) 1428年に京都周辺の農民が酒屋や土倉に押しかけて，借金の帳消しを幕府に求めた**正長の土一揆**に関する碑文である。「負い目あるべからず」とは，借金がないことを表している。借金を取り消す命令を徳政令といい，徳政令を出すよう迫った行動を土一揆という。

3 (1) **イ**
(2) (例) **倭寇を取り締まり，正式な貿易船には明から与えられた勘合**
(3) ① **イ・エ** ② **イ**

解説 ▼

(1) ①…鎌倉幕府の将軍の補佐役である執権に当たる地位に，室町幕府では管領が置かれた。管領には，細川氏や畠山氏などの有力な守護大名が交替で就いた。
②…一国から数か国を統一して支配した戦国大名の中には，領国支配のために**分国法**という独自の法律を定めた者もいた。

(3) ①…資料1にみられるように，14世紀初めには屋敷地(集落)が耕地の中に点在していたが，15世紀後

1 文明のおこりと日本
2 古代国家の歩み
3 中世社会の展開
4 近世社会の展開
5 近代ヨーロッパの発展と日本の開国
6 近代日本の成立
7 二度の世界大戦と日本
8 現代の日本と世界

半になると，屋敷地を濠や土塁で囲む防衛のしくみが取り入れられるようになった。また，**資料2**のように村の寄合では，祭りや山の利用などについて村のおきてが定められ，違反者は罰せられた。こうしたしくみをもつ自治的な村を，**惣**という。

②…信仰で結びついた主な一揆として，戦国時代の一向宗(浄土真宗)の加賀の一向一揆(石川県)，江戸時代のキリスト教の島原・天草一揆(長崎・熊本県)が挙げられる。

4 (1) a ア　b イ
(2) エ
(3) 理由 (例) 応仁の乱で京都の町が荒れ果てたため。影響 (例) 中央の文化が地方に広まった。
(4) ① (例) 西日本まで広がった
② (例) 荘園領主と地頭の争いが増えた

解説 ▼

(1) 鎌倉時代に承久の乱を起こした後鳥羽上皇であるが，文芸や武芸を好み，「新古今和歌集」の編集を命じたことでも知られる。「古今和歌集」は平安時代に紀貫之らにより編集された。

(2) 鴨長明は，鎌倉時代の災害やききんの多い世の中の様子を，随筆「方丈記」に描いた。**ア**は室町時代，**イ**は平安時代，**ウ**は安土桃山時代。

ミス注意 !

●平安時代の随筆…清少納言の「枕草子」
●鎌倉時代の随筆…鴨長明の「方丈記」，兼好法師の「徒然草」

(3) 平安時代から江戸時代の終わりまで，都が置かれていたのは京都である。京都を主な戦場として1467年に起こった**応仁の乱**は，将軍足利義政が手を打たなかったこともあって11年も続いた。この結果，京都の町はほとんどが焼け野原となった。京都に住んでいた貴族や僧は地方へ移り住み，都の文化が地方に伝えられた。

(4) 承久の乱で勝利した鎌倉幕府は，西日本の貴族や武士から取り上げた土地を，東日本の武士に恩賞として与えた。新しく地頭となった武士は，土地や農民を勝手に支配したため，荘園領主との間に争いが起こった。こうした争いを裁く目的もあり，御成敗式目が定められた。

くわしく Q

鎌倉幕府の裁定の1つとして，土地の半分を荘園領主のもの，半分を地頭のものとする方法があった。これを下地中分といい，主に西日本でみられた。

---

4 歴史 **近世社会の展開**

STEP01 要点まとめ
本冊094ページ

1 01 ローマ
02 ルネサンス〔文芸復興〕
03 コロンブス
2 04 長篠
05 安土
06 太閤検地
07 千利休
3 08 関ヶ原
09 朱印船
10 出島
11 大阪
12 菱川師宣
13 オランダ
14 享保
15 株仲間
16 寛政

解説 ▼

01 ローマの教会の長が，**ローマ教皇**と呼ばれた。

02 ルネサンスは，古代のギリシャやローマの文化を模範とした。

03 **コロンブス**が到着したカリブ海の島は，インドに到達したと誤解したことから西インド諸島と名づけられた。

04 鉄砲を活用した織田・徳川連合軍が，武田軍の騎馬隊を破った。

05 **織田信長**は5層の天守をもつ壮大な安土城をつくり，家臣を城下に住まわせた。

06 豊臣秀吉は長さや体積の単位を統一して，検地を全国的に実施した。

07 桃山文化は豪華で雄大な特色をもつが，千利休は質素で狭い茶室で静かにたしなむわび茶の作法を完成させた。

08 豊臣政権を守ろうとした石田三成らを，徳川家康が破った戦いである。この3年後，徳川家康は江戸幕府を開いた。

10 **出島**は長崎港につくられた人工島で，役人や商人のみが出入りできた。

11 諸藩は大阪で米などを売り，貨幣を手に入れた。

12 菱川師宣は，庶民の生活や風俗を「見返り美人図」などの浮世絵に描いた。

13 徳川吉宗が漢訳されたヨーロッパの書物の輸入を許したことなどがきっかけで，西洋の学問の研究がさかんになった。

14 享保の改革で，米の価格を引き上げるためにさまざまな政策を行ったため，徳川吉宗は「米将軍」と呼ばれた。

15 田沼意次は株仲間の営業の独占を許可する代わりに営業税をとった。

16 寛政の改革では農村の復興に力が入れられ，農村から都市への出かせぎを制限したり，都市に出ている農民を村に帰らせたり，ききんに備えて各地に米を蓄えさせたりした。

STEP02 基本問題
本冊096ページ

1 (1) **イ**
(2) ① **鉄砲**　② **ア**
(3) **ウ**

解説 ▼

(1) 11世紀に始まった**十字軍**遠征の結果，ヨーロッパと東方地域との交流がさかんになり，イタリアの都市がイスラム世界との貿易で栄えた。これらの都市の経済力を背景に，14世紀に**ルネサンス**がおこった。**ア**は1〜4世紀，**ウ**は15世紀，**エ**は16世紀の動き。

(2) ①…1543年に種子島に伝来した**鉄砲**について説明している。鉄砲はまもなく堺などで量産され，戦法が大きく変わるとともに，城のつくりが塀を分厚くするなど変化し，全国統一を早める結果となった。
②…現在，世界文化遺産に登録されている石見銀山（島根県）である。戦国時代のころの南蛮貿易において，銀は日本の主要輸出品となり，世界の銀のうち日本産が約3分の1を占めていた。佐渡は主に金を産出した。

ミス注意 ❗

戦国時代以降の鉱山を区別しよう。
●金山…佐渡（新潟県）
●銀山…石見（島根県），生野（兵庫県）
●銅山…別子（愛媛県），足尾（栃木県）

(3) 関白をやめた後は，**豊臣秀吉**は「太閤」と呼ばれた。**ア**室町幕府を滅ぼしたのは織田信長。**イ**豊臣秀吉も商工業の発展を図ったが，座の特権をうばうことによって誰でも自由に商工業ができるようにした。**エ**1590年に関東の北条氏を滅ぼし，東北地方を平定して全国統一を果たした。島津氏は九州の大名で，降伏させたのは1587年。

2 (1) **武家諸法度**
(2) **イ**
(3) **東海道**
(4) **エ**

(5) **ウ**
(6) **オランダ**

解説 ▼

(1) **武家諸法度**は，1615年に最初に定められ，以後将軍の代がわりごとに出された。1635年には徳川家光が，資料の参勤交代の制度を加えた。

(2) **A松平定信**の寛政の改革。天明のききん後に行われ，その改革の最中にラクスマンが来航した。定信による朱子学の奨励を寛政異学の禁という。**B8代将軍徳川吉宗**の享保の改革で，5代将軍徳川綱吉と田沼意次による政治の間に行われた。人々の意見を目安箱で集め，裁判の基準を公事方御定書に定めた。**C**商工業を活用した**田沼意次**による政治である。天明のききんで百姓一揆や打ちこわしが起こる中，意次は老中を辞職した。

(3) 錦絵の「東海道五十三次」，こっけい本の「東海道中膝栗毛」などの題材となった街道である。

(4) ほしかを漢字で書くと「干鰯」であり，鰯はいわしと読む。

(5) 「富嶽三十六景」を描いた葛飾北斎である。残りはすべて元禄文化で，**ア**は浮世草子，**イ**は装飾画，**エ**は人形浄瑠璃の台本に優れた作品を残した。

(6) 徳川吉宗が漢訳のヨーロッパの書物の輸入を許したのをきっかけに，オランダ語をもとにした学問の研究が進んだ。

STEP03 実戦問題
本冊098ページ

1 (1) **イ→ア→ウ**
(2) **エ**
(3) **エ**

解説 ▼

(1) **イ**十字軍の遠征が始まったのは11世紀。**ア**イタリアでルネサンスが始まったのは14世紀。**ウ**16世紀の宗教改革で失われた勢力を取り戻そうと，カトリック側が布教などの目的で設立したのがイエズス会である。

(2) **バスコ＝ダ＝ガマ**が，ヨーロッパから大西洋を南下し，アフリカ大陸南端の喜望峰を回ってインドに到達した。その約半世紀後，種子島に鉄砲が伝えられた。いずれもポルトガル人によるできごとである。

(3) **エ**のローマ皇帝はローマ教皇の誤り。天正遣欧使節の4人の少年の肖像画では，ローマ教皇からおくられたといわれる洋服を着ている。

2 (1) **エ**
(2) （例）**商人が貸したお金が，帳消しにされずにすむから。**

1 文明のおこりと日本
2 古代国家の歩み
3 中世社会の展開
4 近世社会の展開
5 近代ヨーロッパの発展と日本の開国
6 近代日本の成立
7 二度の世界大戦と日本
8 現代の日本と世界

(3) ① （例）土地　　② （例）武士と農民の身分
　　が区別され，武士が支配する社会となった。
(4) ア

(1) 資料の左側に，織田・徳川軍の柵と鉄砲隊がみられ
　　る。1575 年の**長篠の戦い**で，織田信長は徳川家康と
　　連合して，当時最強といわれた武田氏の騎馬隊を破
　　った。
(2) 織田信長による楽市・楽座令である。自由な商工業
　　を目指した政策であること，徳政令は借金の帳消し
　　を命じるものであることから考える。
(4) Ⅰは南蛮貿易の様子を描いた屏風絵で，豊臣秀吉の
　　禁教が徹底されなかった理由を説明する材料となる。
　　キリスト教の宣教師は南蛮船に乗って来航していた。
　　Ⅱは長崎の出島で，**b**の江戸時代の禁教と組み合わ
　　される。

ミス注意

キリスト教の禁止の変化を理解しよう。
●豊臣秀吉…宣教師を追放したが，貿易は許可した。
●徳川氏…宣教師を追放し，布教を行うポルトガル
　などとの貿易を禁止した。

3 (1) Ｗ ア　　Ｘ エ　　Ｙ イ　　Ｚ ウ
　　(2) エ
　　(3) ア
　　(4) （例）**耕地面積が増加したことや，農書によっ
　　て進んだ技術が各地に伝わり，深く耕すことがで
　　きる備中ぐわなどの新しい農具の使用も広がった
　　ことで，農作物の収穫量が増加した。**

(1) Ｗ…少年使節が 8 年後に帰国したときには，豊臣秀
　　　吉による宣教師の追放がすでに始まっていた。
　　Ｘ…江戸幕府は最初，貿易のためにキリスト教を黙
　　　認していたが，キリシタンの抵抗を恐れて禁教令
　　　を出した。
　　Ｙ…キリシタンへの厳しい弾圧と重い年貢の取り立
　　　てに抵抗して，**島原・天草一揆**が起こった。
　　Ｚ…ポルトガル船の来航禁止で，貿易が許されたヨ
　　　ーロッパの国はオランダのみとなった。
(2) 朱印状の発行による**朱印船貿易**が行われていたのは，
　　鎖国体制が固まる前までのことである。1635 年の日
　　本人の海外渡航・帰国の禁止により，朱印船貿易は
　　終わった。

ミス注意

鎖国体制下の貿易を区別しよう。
●対馬藩…朝鮮との連絡や貿易

●薩摩藩…琉球王国を通して中国との貿易
●松前藩…アイヌの人々との交易
●長崎…オランダ・中国との貿易

(3) 藩主は 1 年おきに，領地と江戸を往復することとされ
　　た。江戸は「将軍のおひざもと」，京都は文芸の町，
　　大阪は「天下の台所」として栄えた。
(4) **資料 1** のような耕地面積の増加は，**資料 2** の「農業
　　全書」にみられる農業技術の進歩，**資料 3** の備中ぐ
　　わなどの開発による農作業の効率化，新田開発など
　　によってもたらされた。

4 (1) エ→イ→ア
　　(2) ａ イ　　ｂ オ
　　(3) ア
　　(4) （例）**寺子屋で学び，諸藩は藩校を設立し，武
　　士**

(1) **エ**の徳川綱吉，**イ**の徳川吉宗，**ア**の松平定信による
　　政治の順となる。**ウ**は幕末の 1860 年代に行われた。
(2) **ａ**家斉の治世は 50 年にわたり，化政文化もこのころ
　　栄えた。**ｂ**徳川吉宗のころは(139 ÷ 409)× 100 によ
　　り約 34％，徳川家重のころは(177 ÷ 463)× 100 によ
　　り約 38％で，家重のほうが年貢高の割合が高い。
(3) 上方は大阪や京都を指す。**イ元禄文化**のころ，町人
　　の生活を浮世草子に書いたのは井原西鶴である。**ウ
　　化政文化**のころ，江戸の風景を浮世絵に描いたのは
　　歌川広重である。尾形光琳は元禄文化のころ装飾画
　　を描いた。
(4) 文化や商工業の発達によって，庶民も本を読んだり
　　帳簿を付けたりする機会が増えたため，教育機関と
　　して**寺子屋**が開かれるようになった。これとは別に，
　　武士の子弟を文武両道できたえるため，藩ごとに藩
　　校が設けられた。

5 _{歴史} 近代ヨーロッパの発展と 日本の開国

STEP01 要点まとめ

本冊102ページ

1 01 名誉
02 人権〔フランス人権〕
03 独立〔アメリカ独立〕
04 蒸気
05 資本
06 アヘン
07 綿
08 南北

2 09 異国船〔外国船〕
10 大塩平八郎
11 天保
12 日米和親
13 関税自主権
14 尊王攘夷
15 井伊直弼
16 坂本龍馬
17 徳川慶喜
18 戊辰

解説 ▼

02 **人権宣言**には，市民社会の原理や個人の権利が示された。

04 蒸気機関は紡績機のほか，機関車などに取り入れられた。

05 **資本主義**を支える労働力は，農村から都市への人口移動によってもたらされた。

08 北部は保護貿易と奴隷制度の廃止を主張し，南部は自由貿易と奴隷制度の維持を唱えて対立した。

09 外国船を沿岸に近づけないようにする命令である。

10 **大塩平八郎**は天保のききんに苦しむ人々を救おうとしない役所や商人にいきどおり，挙兵した。

13 輸入品の関税率を決める権利である。

14 水戸藩（茨城県）や長州藩（山口県）が，**尊王攘夷運動**の中心となった。

15 井伊直弼が朝廷の許可なく**日米修好通商条約**を調印したことは，尊王攘夷派の反発を招いた。

16 1867年，大政奉還が行われた約1か月後，**坂本龍馬**は暗殺された。

STEP02 基本問題

本冊104ページ

1 (1) イ
(2) イ
(3) 1 資本主義　2 労働組合

---

3 社会主義

解説 ▼

(1) 名誉革命後に制定された**権利章典**である。オランダから招いた国王が，国民の自由と権利を守ることを議会に約束した。

(2) 奴隷制をめぐる南北戦争は，アメリカの北部の諸州と南部の諸州の間で起こった。

(3) **3**…**社会主義**を主張した思想家として，マルクスやエンゲルスが挙げられる。**資本主義**との間に対立を強め，のちに第二次世界大戦後の冷たい戦争（冷戦）の背景となった。

2 (1) エ
(2) ウ
(3) ① 日米修好通商条約　② 井伊直弼
③ ウ
(4) 王政復古の大号令

解説 ▼

(1) 資料は**異国船打払令**である。外国の実情について学んだ高野長英や渡辺崋山が，この法令を批判したため処罰を受けた。この2年前に当たる1837年，**ア**の人物が大阪で乱を起こした。

(2) 下田にはアメリカの総領事館が置かれ，のちの日米修好通商条約の締結で港は閉鎖された。

(3) ①…資料は，**領事裁判権**(治外法権)と**関税自主権**について書かれている条文である。
②…**井伊直弼**は，幕府の外交方針を批判して尊王攘夷を唱えた大名や公家を処罰した。この弾圧は反発をかい，直弼は桜田門外の変で暗殺された。
③…**A**日本では金銀の交換比率が外国と大きな差があったため，外国人は日本の金貨を海外へ持ち出して銀貨と交換して利益を得た。この結果，経済は混乱し，物価が上昇した。

(4) **徳川慶喜**が朝廷の中で引き続き政治を動かそうしたため，西郷隆盛や岩倉具視が朝廷を動かして**王政復古の大号令**を出した。

STEP03 実戦問題

本冊106ページ

1 (1) ① イ　② ウ　③ ア
(2) 平等
(3) （例）イギリスとの衝突を避けようとした
(4) Ⅲ→Ⅰ→Ⅱ

解説 ▼

(1) ①…イギリス国王を議会が追放して新しい国王を迎えた革命で，血を流さずに終えたことから「**名誉革命**」と呼んだ。

②…北アメリカの13植民地がワシントンを総司令官としてイギリスに対する独立戦争を起こし，翌年，**独立宣言**を発表した。

③…パリの民衆や農民たちが暴動を起こすと，国民議会が身分の特権を廃止する**人権宣言**を発表した。

(2) 独立宣言と人権宣言では，ともに法の下の平等の原則が打ち出されている。

(3) **図1**は，イギリス艦の蒸気船(右側)による砲撃を受けている中国(清)の帆船が描かれている。**図2**のように，イギリスは清との貿易の赤字を埋めるため，インド産のアヘンを清へ密輸して利益を得ていた。この**アヘン戦争**はイギリスの勝利に終わり，イギリスの軍事力を恐れた江戸幕府は異国船打払令を撤回した。

(4) Ⅲは1804年，Ⅰは1837年，Ⅱは1842年。

2 (1) エ
(2) ウ→エ→イ→ア
(3) (例)産業革命が進んだ欧米諸国で機械を用いて生産された綿製品が，安く大量に日本に輸入されたから。
(4) (例)長州藩が欧米諸国との戦いに敗北したことで，攘夷の実現は困難だとさとったから。
(5) ア

解説 ▼

(1) **ア**は田沼意次，**イ**は徳川吉宗，**ウ**は松平定信，**エ**は水野忠邦の政策である。

(2) **ウ**は1860年，**エ**は1863年，**イ**は1866年，**ア**は1868年のできごとである。

くわしく 🔍

鳥羽・伏見の戦いは，王政復古の大号令に不満をもつ旧幕府軍が京都で起こした戦いで，新政府軍の勝利に終わった。

(3) 綿織物業で生産される綿織物や綿糸の輸入額が急増していることを読み取る。**産業革命**を経て良質で安い綿織物を大量生産していたイギリスは，日本へ綿製品を輸出し，日本の綿織物業に打撃を与えた。

(4) 長州藩が攘夷を実行するため，下関海峡を通る外国船を砲撃した。これに対し，イギリス・フランス・アメリカ・オランダの4か国の艦隊が長州藩の下関砲台を砲撃した。**資料2**には連合軍が砲台を占領した様子が撮影されている。

(5) **大政奉還**で政権を朝廷に返上した徳川慶喜だが，天皇のもとに大名を集めて議会をつくり，自分がその議長となろうと考えた。この動きは王政復古の大号令によってはばまれた。

STEP01 要点まとめ　　本冊108ページ

1
01 五箇条の御誓文
02 版籍奉還
03 平民
04 地租改正
05 富岡
06 文明開化
07 岩倉
08 民撰議院設立
09 大日本帝国

2
10 陸奥宗光
11 小村寿太郎
12 下関
13 三国干渉
14 イギリス
15 辛亥
16 八幡
17 足尾

解説 ▼

03 平民とほかの身分との間の結婚や，職業・住所の自由な選択も許されるようになった。

04 土地所有者に地券を与えて所有権を認めるとともに，地租の税率を地価の3％とし，それまでの米ではなく現金で納めさせた。

06 欧米の文化を取り入れたことで，東京をはじめとする都市を中心に，それまでの伝統的な生活が変化した。

07 岩倉使節団には，木戸孝允・大久保利通・伊藤博文など政府の有力者，津田梅子らの留学生が参加した。

08 **板垣退助**らが政府に提出した国会の設立を求める意見書は，受け入れられなかった。

09 **大日本帝国憲法**は君主権の強いプロイセン憲法を参考にしてつくられ，天皇は国家の元首と定められた。

10 日清戦争の直前に陸奥宗光が結んだ日英通商航海条約により，**領事裁判権**が撤廃された。

12 下関条約では領土・賠償金のほか，清が朝鮮の完全な独立を認めること，清が4港を開くことが定められた。

13 日本が大陸に勢力を伸ばすことを恐れたロシアは，ドイツ・フランスとともに，**遼東半島**を清へ返還するよう日本に求めた。日本はこれらの国々の軍事力を恐れ，この要求を受け入れた。

14 イギリスが1894年に日本との条約改正に応じていた

ことから考える。

15 民族の独立や民主政治の実現を目指す三民主義を唱える孫文は，中国の革命運動を指導した。辛亥革命によって，アジア最初の共和国となる**中華民国**がつくられた。

16 原料の鉄鉱石の輸入先である中国に近いこと，近くの筑豊炭田で石炭を産出することから，北九州に製鉄所が建設された。

17 足尾銅山の有毒な廃水が渡良瀬川流域に流れ込み，稲が枯れたり魚が死んだりした。

STEP02 基本問題　　本冊110ページ

1 (1) ① **中央集権**　② **福沢諭吉**
　　　　③ **ウ**　④ **衆議院**
　　(2) a **地価**　b **現金**
　　(3) **殖産興業**

解説 ▼

(1) ①…1871 年の**廃藩置県**によって，倒幕後もそのまま残っていた藩を廃止し，中央政府に権力を集めた。

ミス注意 !

中央集権国家を目指すための政策を区別しよう。
●版籍奉還…土地や人民を天皇に返させた。
●廃藩置県…藩を廃止し，代わりに府・県を置いた。

　　②…**福沢諭吉**は封建制度を批判し，人は生まれながらに平等であると説いた。
　　③…国会開設の勅諭が出された 1881 年の翌年，大隈を党首に**立憲改進党**が結成された。**ア**は 1868 年，**イ**は大正時代，**エ**は 1901 年。
　　④…一方の**貴族院**は，皇族・華族，天皇から任命された議員などから構成された。

(2) それまでの政府の収入は，農民が米で納める年貢が大半だったが，米価の変化に左右されて不安定だった。地価を基準に一定割合の税を現金で集めることにより，一定の税収を得られるようになった。

(3) 明治政府は西洋の知識や技術を取り入れ，近代産業の育成を目指した。この政策として官営工場の建設，鉄道や郵便，電信の整備が挙げられる。

2 (1) ① **A イ**　**B ロシア**
　　　　② **三国干渉**
　　(2) **イ**
　　(3) **ウ**
　　(4) **エ**

解説 ▼

(1) ①…**A**東学という宗教を信仰する朝鮮の農民たちが，

政治の改革と外国勢力の排除を求めて反乱を起こした。これが**甲午農民戦争**である。**B**釣りをしている左側の人が日本，右側の人が中国(清)を表している。どちらかが釣り上げた魚(朝鮮)を，橋の上のロシアが横取りしようとしている。
　　②…日本と清の対立は，甲午農民戦争をきっかけに**日清戦争**へ発展し，1895 年に日本の勝利に終わった。しかし，日本が大陸に勢力を広げることを警戒したロシアは，ドイツ・フランスとともに，遼東半島を清に返還するように要求した。これを**三国干渉**という。

(2) 日清戦争で得た賠償金の一部を使って，1901 年に**八幡製鉄所**がつくられた。また，1900 年の義和団事件をきっかけに満州へ勢力を広げたロシアに対抗しようとしたイギリスが日本に近づき，1902 年に**日英同盟**が結ばれた。これが日露戦争の開戦(1904年)までの間のできごとである。**イ**は 1910 年。

(3) **辛亥革命**後まもなく，孫文に代わって実権を握った**ア**の袁世凱とまちがえないようにする。

(4) 破傷風の血清療法を発見した北里柴三郎は，2024年度に発行される千円札の肖像として使用される予定である。**ア**は石川啄木など，**イ**は志賀潔，**ウ**は岡倉天心やフェノロサの業績である。

STEP03 実戦問題　　本冊112ページ

1 (1) **ア・ウ・エ**
　　(2) （例）**世論を大切にし，外国の文化や制度，技術などを取り入れる。**
　　(3) ① **領地と領民を天皇に返す**
　　　　② **エ**　③ **1899 年 A**　**理由 イ**

解説 ▼

(1) 全体の就学率が 50％に達したのは 1885 年のことなので，**イ**が誤りである。**ア** 1875 年の就学率は男子が 50％以上，女子が 20％以下なので，女子は半分以下となる。**ウ** 1890 年の約 30％から 1900 年の約 70％へ 2 倍以上になっている。**エ** 1905 年に男女とも就学率が 90％を超えた。

(2) **資料2**の1行目は「広く会議を開いて，政治のことは多くの人々が意見を述べ合ったうえで決定しよう。」という意味で帝国議会の設置，2行目は「新しい知識を世界から学び，天皇中心の国を栄えさせよう。」という意味で岩倉使節団の派遣につながる。

(3) ①…**版籍奉還**はまず薩摩・長州・土佐・肥前の4藩主により行われ，ほかの藩も続いて土地や人民を天皇に返した。
　　②…1881 年に板垣退助がつくった**自由党**が，日本初の政党である。立憲政友会は 1900 年に，伊藤博文を総裁として結成された。

③…綿花を原料に綿糸をつくる工業を紡績業，蚕の糸を原料に生糸をつくる工業を製糸業という。1880年代から軽工業を中心とした産業革命が進み，原料である綿花の輸入割合が増えた。いっぽうで製品である綿糸の輸出が増えて，輸入割合は減った。

2 (1) **ア**
(2) **西郷隆盛**（さいごうたかもり）
(3) **エ**
(4) **ウ**

> 解説 ▼

(1) **a**「解放令」（かいほうれい）の後，それまでえた・ひにんとされていた人々は職業上の権利を失ったうえ，兵役の義務などを負わされたため，生活は厳しくなった。**b**一家の主人やあとつぎの者，決められた金額を納めた者などは，兵役を免除（めんじょ）された。**c**明治（めいじ）政府は，フランスの教育制度をもとにして**学制**（がくせい）を発布した。**d**江戸幕府（どばくふ）が欧米（おうべい）の国々と結んだ不平等条約で定められた領事裁判権（りょうじさいばんけん）（治外法権（ちがいほうけん））が，まだ適用されていた。

(2) **征韓論**（せいかんろん）は鎖国政策をとっていた朝鮮（ちょうせん）を，武力をもってでも開国させるべきだという主張で，西郷隆盛や板垣退助が唱えた。このうち鹿児島出身の西郷隆盛が，士族におし立てられて**西南戦争**（せいなん）を起こした。

(3) **岩倉使節団**（いわくらしせつだん）は，不平等条約の改正などを目的に派遣された。アメリカでの条約改正の交渉（こうしょう）は失敗に終わったが，欧米の進んだ制度や文化を学んだ。

(4) **ア** 25円以上は15円以上の誤り。**イ** 華族（かぞく）（もとの公家（くげ）や大名（だいみょう））が議員の多数を占めたのは貴族院。**エ** 衆議院（しゅうぎいん）と貴族院の二院制だった。

> **ミス注意** ❗

帝国議会の二院を区別しよう。
●衆議院…選挙で議員を選んだ。
●貴族院…皇族・華族，天皇から任命された議員などからなった。

---

3 (1) ① **富岡製糸場**（とみおか）
② （例）最新式の機械を設置した工場で，輸入した綿花を加工して綿糸を大量に生産し，輸出するようになった。
③ **下関条約**（しものせき）
(2) ① **小村寿太郎**（こむらじゅたろう）
② （例）ロシアの南下（たいこう）に対抗するため。
(3) **イ**

> 解説 ▼

(1) ①…**富岡製糸場**は実業家である渋沢栄一（しぶさわえいいち）などの力でつくられた官営工場で，フランス人技師の指導の

もと，フランスの機械を使って生糸を生産した。
②…**資料1**から，1880年代から最新式の機械による紡績業が始まり，**資料2**から，1900年には輸入した綿花を使って生産した綿糸を輸出していることがわかる。
③…日清戦争（にっしん）の下関条約で得た清からの賠償金（ばいしょうきん）は約3.6億円で，その一部が八幡製鉄所（やはた）の建設に使われた。

(2) ①…**小村寿太郎**は外務大臣として，日英同盟（にちえい）の締結（ていけつ）やポーツマス条約にも関わった。1894年に領事裁判権を撤廃（てっぱい）したのは**陸奥宗光**（むつむねみつ）。
②…中国（ちゅうごく）での勢力を守ろうとしたイギリスは，ロシアの進出をおさえるために日本に接近し，**日英同盟**を結んだ。

(3) **f** 与謝野晶子（よさのあきこ）は「みだれ髪」（がみ）などの歌集でも知られる。のちには，平塚らいてう（ひらつか）とともに，女性の権利の拡大を求める運動を進めた。

---

4 (1) **ア**
(2) （例）多くの人が犠牲（ぎせい）になったり，多額の戦費を調達するために増税が行われたりするなど，国民への負担が大きかったにもかかわらず，賠償金（ばいしょうきん）が得られなかったから。
(3) 県 **栃木県**（とちぎ） 人物 **田中正造**（たなかしょうぞう）
(4) A **黒田清輝**（くろだせいき） B **ア**

> 解説 ▼

(1) 日露戦争（にちろ）の**ポーツマス条約**では，ロシアは北緯（ほくい）50度以南の樺太（からふと）を日本に譲った。**イ** 樺太全土とウルップ島以北の千島列島を日本が失ったサンフランシスコ平和条約。**ウ** 樺太の全土をロシアに譲り，その代わりに千島列島を日本領にした1875年の樺太・千島交換条約（こうかん）。**エ** 樺太はロシアとの混住地，ウルップ島以北の千島列島はロシア領となった1855年の日露通好条約。

(2) **資料1**から，死者数・戦費とも日清戦争を上回ったにもかかわらず，賠償金が得られなかったこと，**資料2**から，国民が重い税に苦しんだことが読み取れる。

(3) **田中正造**は衆議院議員を辞職して，天皇に足尾銅山（あしお）鉱毒事件（こうどく）の損害賠償や銅山の操業停止を直訴（じきそ）しようとした。

(4) **A** 黒田清輝を，大日本帝国憲法が発布されたときの内閣総理大臣である黒田清隆とまちがえないようにする。

7 歴史 二度の世界大戦と日本

STEP01 要点まとめ

本冊116ページ

1
01 三国同盟（さんごく）
02 日英（にちえい）
03 二十一か条
04 レーニン
05 ベルサイユ
06 国際連盟（こくさいれんめい）
07 シベリア
08 原敬（はらたかし）
09 治安維持法（ちあんいじ）
10 全国水平社（すいへいしゃ）

2
11 ルーズベルト
12 五・一五（ご いちご）
13 国家総動員法（ちょうこく）
14 真珠（しんじゅ）
15 集団疎開〔疎開〕（そかい）
16 ポツダム

解説 ▼

01 三国同盟を結んだ3か国のうち，イタリアは第一次世界大戦で連合国(協商国)側に付いた。

03 要求の大部分を認めさせた日本は，満州（まんしゅう）などで利権を広げた。

04 **レーニン**はソビエト政府を樹立し，共産党の一党独裁（きょうさんとう）による共産主義社会の実現を目指した。

05 ベルサイユ条約によって，ベルサイユ体制と呼ばれるヨーロッパ諸国の新しい関係が成立した。

06 **国際連盟**が成立すると，イギリス・フランス・イタリア・日本が常任理事国（じょうにんりじこく）となった。

07 日本やアメリカなどはソビエト政府を敵視し，ロシア革命（えいきょう）の影響で労働運動などが広がるのを恐れて（おそ）シベリア出兵を行った。

08 米騒動（こめそうどう）によって退陣した寺内正毅首相（てらうちまさたけしゅしょう）に代わって，原敬が内閣を組織した。

09 労働争議や小作争議を行った人々も，治安維持法で取り締まられた。

10 **全国水平社**は，「人の世に熱あれ，人間に光あれ」の結びで知られる水平社宣言を発表した。

11 **ルーズベルト**大統領は農業や工業の生産を調整し，大規模な公共事業を起こした。

12 中国との話し合いで満州事変後の問題を解決しよう（ちゅうごく）としていた犬養毅（いぬかいつよし）は，軍部の反発を買い，海軍の将校らに暗殺された。

13 この法律によって，政府は議会の同意なしに，物資や労働力を動員できるようになった。

14 日本軍は**真珠湾**（わん）のアメリカ海軍基地を奇襲攻撃する（きしゅうこうげき）とともに，イギリス領のマレー半島に上陸した。

15 空襲（くうしゅう）（き）を避けるため，都市の小学生は，農村の寺や旅館などで集団生活をした。

16 アメリカ・イギリス・ソ連が日本に対する降伏条件（こうふく）をまとめ，アメリカ・イギリス・中国の名で**ポツダム宣言**として発表した。

STEP02 基本問題

本冊118ページ

1 (1) ア
(2) ウ
(3) a ウ b エ
c 治安維持法（ちあんいじほう）

解説 ▼

(1) オーストリアとロシアは，バルカン半島へ勢力を伸（の）ばそうとして対立を深めていた二国である。ドイツ・オーストリア・イタリアの**三国同盟**と，イギリス・フランス・ロシアの**三国協商**の対立が，第一次世界大戦の原因となった。

(2) ①新渡戸稲造（にとべいなぞう）は，かつてその肖像（しょうぞう）が5千円札に使われていた。②アメリカ大統領**ウィルソン**は，1918年の十四か条の平和原則の中で，国際連盟の設立とと（こくさいれんめい）もに民族自決の原則，軍備縮小などを打ち立てた。陸奥宗光（むつむねみつ）（りょうじ）は領事裁判権を撤廃した外務大臣（てっぱい），リンカンは南北戦争のときの北部の大統領。

(3) a…平塚らいてう（ひらつか）は，明治時代の1911年に，女性だ（めいじ）けで構成される文芸集団「青鞜社」（せいとうしゃ）を結成し，女性差別からの解放を目指した。
b…**原敬**（はらたかし）は陸軍，海軍，外務の3大臣以外がすべて衆議院第一党（しゅうぎいん）の立憲政友会（りっけんせいゆうかい）の党員で構成される，本格的な政党内閣をつくった。**ア**は岩倉使節団（いわくら）に同行した留学生，**イ**は第一次護憲運動（ごけん）の指導者。
c…1922年にソビエト社会主義共和国連邦(ソ連)が（えいきょう）成立した影響などで，社会を変革する運動が高ま（おそ）るのを恐れた政府が，1925年に**治安維持法**を制定した。

2 (1) ① ア ② ブロック経済〔政策〕
(2) ウ
(3) A イギリス C 日本 E ドイツ

解説 ▼

(1) ①…ソ連ではスターリンの独裁体制のもと，重工業を中心とした工業化と農業の集団化(五か年計画)が進められていた。
②…**ブロック経済**を行ったイギリスとフランスは，いずれも世界各地に広い植民地をもっていた国である。この結果，自由貿易は行われなくなった。

世界恐慌のときの主要国の対策を区別しよう。

●アメリカ…ニューディール政策
●イギリス・フランス…ブロック経済
●ソ連…五か年計画
●ドイツ・イタリア…ファシズム

(2) 1932 年に日本は「満州国」を建国し，その実権は日本が握っていたが，国際的な承認は得られなかった。調査の結果，国際連盟は日本の満州からの撤退を勧告したため，日本は国際連盟を脱退した。**ア**は 1936 年，**イ**は 1910 年，**エ**は 1915 年。

(3) 第一次世界大戦の戦勝国はアメリカ・イギリス・日本，国際連盟発足時の加盟国はイギリス・日本，第二次世界大戦の戦勝国はアメリカ・イギリス・ソ連であるから，3 つとも当てはまる**A**はイギリス，2 つの大戦の戦勝国の**B**はアメリカ，国際連盟発足時の加盟国のうち第二次世界大戦の敗戦国である**C**は日本，第一次世界大戦の勝敗に関係なく，第二次世界大戦の戦勝国である**D**はソ連である。いずれにも当てはまらない**E**はドイツ。

STEP03 実戦問題　　本冊120ページ

1 (1) （例）シベリア出兵を見越した米の買い占めにより，米の価格が上がったから。
　　(2) （例）国際協調によって，軍備縮小が行われたから。
　　(3) **ア，吉野作造**

解説 ▼

(1) 全国各地の米屋などが襲われる**米騒動**が起こったのは 1918 年。**資料 1** を見ると，前年から米の価格が徐々に上がり，1918 年の夏には急上昇したことがわかる。社会主義の影響の拡大を恐れたイギリス・フランス・アメリカ・日本などが起こした，ロシア革命への干渉戦争を**シベリア出兵**という。派遣される兵士の食料が必要になるという見込みから米が買い占められ，米の価格が上がった。

(2) これは，軍備縮小の方針を打ち出したアメリカの呼びかけで，1921 年から**ワシントン会議**が開かれ，海軍の軍備の制限が行われた影響である。1930 年代から軍国主義が高まると，軍事費の割合は再び増えていった。

(3) **吉野作造**は，デモクラシーを「民主主義」と訳すと主権が国民にあるようにみえ，当時の天皇主権の体制を否定してしまうと考え，「民本主義」という言葉を用いた。幸徳秋水は日露戦争のときに非戦論を唱えた社会主義者で，1910 年の大逆事件で処刑された。

2 (1) **A　ベルサイユ条約　　B　ドイツ**
　　(2) （例）物価が大きく上がり，貨幣の価値が低下した。
　　(3) **エ**
　　(4) （例）ラジオなどのメディアが，情報や文化を大衆に広く普及させた。

解説 ▼

(1) 第一次世界大戦は三国協商側の勝利で終わり，敗戦国のドイツに対する講和条約として**ベルサイユ条約**が結ばれ，ドイツは軍備の制限や巨額の賠償金の支払いを課せられた。

(2) 賠償金の支払いなどで多額の支出を要したドイツは，紙幣を大量に発行したため，**資料 1** にあるように通貨の価値が暴落するインフレーションにみまわれた。こうした経済の混乱や世界恐慌による不況は，のちに**ヒトラー**のナチスの台頭をもたらした。

(3) **資料 3** から，第一次世界大戦中の物価が急上昇しているいっぽうで，労働者の賃金は下落傾向にあり，労働者の生活は苦しくなった。このことが**資料 2** の労働争議の増加を招いた。また，**資料 4** にあるロシア革命も，労働者の権利を求める運動に影響を与え，社会主義を目指す動きも活発になった。

(4) 背後にある機械が，1925 年に放送が始まったラジオである。ラジオは新聞と並ぶマス・メディアとなり，相撲・落語・音楽などの娯楽を広め，文化の大衆化をもたらした。

3 (1) **エ**
　　(2) **イ**
　　(3) **エ→イ→ウ→ア**
　　(4) **X　(中国)国民党　　Y　毛沢東**
　　(5) （例）数多くの人が兵士として動員され，労働力が不足したから。

解説 ▼

(1) 1923 年に起こった関東大震災は当てはまらない。

くわしく 🔍

1924 年成立の加藤高明内閣のもとで治安維持法と普通選挙法が制定→ 1926 年成立の若槻礼次郎内閣のもとで金融恐慌→ 1929 年成立の浜口雄幸内閣のもとでロンドン海軍軍縮条約に調印。

(2) **ア**農業の集団化が行われたのはソ連。**ウ**アメリカの**ニューディール政策**について述べている。**エ**五か年計画を進めたのはソ連。**オ**日本で財閥解体が行われたのは第二次世界大戦後。

(3) **エ**のロンドン海軍軍縮条約は 1930 年，**イ**の五・一五事件は 1932 年，**ウ**の国際連盟脱退は 1933 年，**ア**の

二・二六事件は 1936 年である。

(4) 孫文の死後，蔣介石が中国国民党を率いていた。満州事変で日本の侵略が進むと，毛沢東の率いる中国共産党が力を付けていった。中国国民党は資本主義社会を，中国共産党は社会主義の実現を目指し，対立した。

(5) **太平洋戦争**は 1941 年に始まり，**資料2**にあるように，軍隊に召集される兵士の数が急増していった。このため，工場などで男性の労働力が不足し，**資料1**のような**勤労動員**が行われた。

4 (1) a ウ
　　　b （例）輸出の禁止
　　(2) ウ
　　(3) エ
　　(4) （例）国際連盟の常任理事国となった国〔世界恐慌のときブロック経済を実施した国〕

【解説 ▼】

(1) 日本が石油を手に入れるため進出した地域は，**資料1**中のオランダ領インドネシアである。最大の石油輸入相手国であったアメリカが日本への石油輸出を禁止したことで，追いつめられた日本はアメリカとの戦争へ踏み切った。

(2) 1937 年に日独伊防共協定，1939 年に独ソ不可侵条約，1940 年に日独伊三国同盟，1941 年に日ソ中立条約が結ばれた。よって I が誤りである。

(3) 1944 年にアメリカ軍による本土空襲が激しくなると，**エ**の**集団疎開**が行われるようになった。**ア・ウ**は明治時代初め，**イ**は日露戦争後。

(4) 三国同盟の**A・B・C**はドイツ・オーストリア・イタリアのいずれか，三国協商の**D・E・F**はイギリス・フランス・ロシアのいずれかである。三国同盟のうち第二次世界大戦の枢軸国である**A**はドイツ，第一次世界大戦で連合国側についた**B**はイタリア。三国協商のうち三国干渉を行った**E・F**はフランス・ロシアのいずれか。第一次世界大戦の連合国のうち第二次世界大戦の枢軸国となった**H**は日本。残る**G**はアメリカである。フランス・ロシアを区別するには，フランスが国際連盟の常任理事国となった点，フランスが世界恐慌のときブロック経済を実施した点，独ソ不可侵条約を結んだ点などを追加するとよい。

8 歴史 **現代の日本と世界**

STEP01 **要点まとめ**　本冊124ページ

1 01 マッカーサー
　　02 農地改革
　　03 国際連合〔国連〕
　　04 ソ連
　　05 朝鮮
　　06 吉田茂
　　07 日米安全保障〔日米安保〕
2 08 アジア・アフリカ
　　09 ベトナム
　　10 沖縄
　　11 高度経済成長
　　12 公害
　　13 石油危機〔オイル・ショック〕
　　14 ゴルバチョフ
　　15 同時多発

【解説 ▼】

01 連合国軍最高司令官の**マッカーサー**は，5 年半にわたり日本を統治した。

02 政府が地主の農地を買い上げ，小作人に安く売りわたした。

03 **国際連合**では，アメリカ・イギリス・フランス・ソ連・中国が常任理事国になった。

07 日本に対して，「資本主義陣営の防波堤」としての役割を求めるアメリカが，日本との講和を急ぐとともに日米安全保障条約を結んだ。

08 アメリカ・ソ連のいずれの陣営にも加わらず，植民地主義に反対する国々が集まって開かれた。

09 アメリカが支援する南ベトナムと，ソ連や中国に支援される北ベトナムが戦った戦争である。

11 高度経済成長のさなかの 1968 年には，GNP(国民総生産)が資本主義国で第 2 位となった。

12 水俣病・四日市ぜんそく・イタイイタイ病・新潟水俣病は，四大公害病と呼ばれた。

14 市場経済の導入や情報公開による改革を行った。

15 アメリカ同時多発テロの影響で，アフガニスタン攻撃やイラク戦争が起こった。

STEP02 **基本問題**　本冊126ページ

1 (1) エ
　　(2) イ
　　(3) X ウ　　Y ア

1 文明のおこりと日本

2 古代国家の歩み

3 中世社会の展開

4 近世社会の展開

5 近代ヨーロッパの発展と日本の開国

6 近代日本の成立

7 二度の世界大戦と日本

8 現代の日本と世界

(4)　イ
(5)　ウ

解説 ▼

(1) 戦争へ協力したとして，多数の企業を支配する三井・三菱などの大資本を解体させた。**ア**は1890年，**イ**は1938年，**ウ**は1869年。

(2) 連合国との取り決めであること，日本の領域について定めていることから，1951年の**サンフランシスコ平和条約**である。

(3) 日本に駐留するアメリカ軍が朝鮮に出兵している間，治安を守るために**警察予備隊**が設立された。

(4) **日ソ共同宣言**で国交を回復したことで，それまで反対していた安全保障理事会常任理事国のソ連が日本の国際連合加盟を支持するようになった。

(5) 田中角栄首相が中華人民共和国を訪れ，**日中共同声明**に調印して国交を正常化した。

2 (1)　**ア**
　(2)　**イ**
　(3)　**ウ**
　(4)　**エ**
　(5)　**ウ**
　(6)　**アメリカ**

解説 ▼

(1) **ウ**は1949年，**イ**は1955年，**ア**は1965年，**エ**は1979年。

(2) **高度経済成長**は1955年〜1973年なので，1971年の**イ**が当てはまる。**ア**は1980年代後半〜1990年代初め，**ウ**は1945年，**エ**は1975年。

(3) 1973年の**石油危機**による経済の混乱を解決するため，1975年に主要国首脳会議（サミット）が開かれた。**ア**は1962年，**イ**は1989〜90年，**エ**は2001年，**オ**は1954年。

(4) アメリカとソ連の対立を背景に東西に分断されたドイツが，1989年の冷戦終結宣言を受けて1990年に統一された。

(5) 1989年の**ベルリンの壁**の崩壊は，冷戦終結の引きがねとなった。東ヨーロッパでは共産党政権が次々とたおれ，1991年にソ連が解体した。

(6) イスラム過激派にハイジャックされた旅客機が，ニューヨークの高層ビルなどに激突した**アメリカ同時多発テロ**について述べている。

STEP03 実戦問題　　　　本冊128ページ

1 (1)　**ア**
　(2)　**エ**
　(3)　**イ**

解説 ▼

(1) （自作農の農家数÷農家総数）×100で計算すると1944年は約31％，1946年は約33％，1949年は約57％，1955年は約69％となる。

(2) 明治時代の始まりは1868年なので，「明治100年」は1968年で，1965年の**b・c**が近い。**a**は1992年，**d**は1945年。

(3) 紛争の沈静化や再発防止，武装解除，選挙の支援などを行う国際連合の活動を**PKO**という。1991年にソ連が解体すると，国家間の紛争よりも内戦が増えるようになったことから，PKOの数も増えていった。**ア**核実験は冷戦の時代に多数行われたが，さまざまな軍縮条約を経て，冷戦終結後は激減した。**ウ**EUの発足は1993年なので，それ以前はゼロとなる。**エ**日本の自衛隊の海外派遣は1992年の国際平和協力法成立以後なので，それ以前はゼロ。

2 (1)　①　**イ**
　　　②　（例）**石油価格が大幅に値上がりした**
　　　③　**ア**
　(2)　（例）**沖縄がアメリカから日本に返還された**から。

解説 ▼

(1) ①…高度経済成長のころ普及した家庭電化製品は，「三種の神器」や「新三種の神器（3C）」と呼ばれ，国民の必需品となった。**ア**は1871年，**ウ**は1990年代，**エ**は1925年。

　②…1973年10月の開戦後から3か月で，石油価格が3倍以上値上がりしていることを読み取る。第四次中東戦争が起こると，西アジアの石油輸出国が原油の値上げと輸出制限を行い，燃料や工業製品の原料を石油の輸入に頼る先進国の経済に大きな打撃を与えた。

　③…1990年代初めの**バブル崩壊**以後，平成不況となって日本経済は低成長を続け，2008年には世界金融危機の影響で経済成長率は大きく落ち込んだ。

(2) **資料3**の1972年以前の沖縄の切手は，単位がアメリカの通貨であるドル（$）になっている点に着目する。1960年代後半にベトナム戦争が激しくなると，アメリカの統治下にあった沖縄で祖国復帰を求める運動が高まった。そこで佐藤栄作内閣がアメリカと沖縄返還の交渉を行い，**資料4**の沖縄返還協定を結んだ。

くわしく 🔍

返還前の沖縄については，通貨のほか，右側通行だった自動車道路の写真などを用いて問われやすい。

公民編

1 公民 現代社会と 日本国憲法

STEP01 要点まとめ
本冊132ページ

1 01 グローバル化
　　02 国際分業
　　03 少子高齢化
　　04 年中行事
2 05 効率
　　06 核家族
3 07 権利の章典〔権利章典〕
　　08 フランス人権宣言〔人権宣言〕
　　09 ワイマール
4 10 立憲主義〔立憲政治〕
　　11 最高
　　12 国民主権
　　13 国民投票
　　14 象徴（しょうちょう）
　　15 国事行為（こくじこうい）
　　16 公共の福祉
　　17 プライバシー

解説 ▼

01 交通や通信技術の発達によって**グローバル化**が進んだ。

05 対立を解決するためには，時間やお金，労力などが無駄（むだ）なく使われ，だれもが納得できるようにする，**効率**の考え方が必要となる。

06 かつては大家族で暮らしていたが，現在では**核家族**世帯が全体の約6割を占めている。

07 イギリスでは，国王の専制政治に対して1688年に名誉革命が起こり，翌年，国民や議会の権利を確認（かくにん）する**権利の章典**が制定された。

08 **フランス人権宣言**では基本的人権，国民主権，所有権の不可侵（ふかしん）などが唱えられた。

11 憲法は，**国の最高法規**であり，憲法に違反（いはん）するすべての法律や命令などは無効となる。

13 憲法の改正は，内閣または国会議員が憲法改正原案を国会に提出すると，各議院の総議員の3分の2以上の賛成で憲法改正の発議が行われ，**国民投票**によって有効投票の過半数の賛成を得たときに承認される。

16 日本国憲法第13条では，国民の権利は**公共の福祉**に反しない限り，最大限に尊重されると定めている。

17 日本国憲法第13条の「幸福追求の権利」などを根拠として，自分の情報をみだりに公開されない**プライバシーの権利**が主張されるようになった。

STEP02 基本問題
本冊134ページ

1 (1) ウ
　　(2) イ
　　(3) ウ

解説 ▼

(1) 全体の約6割を占める**a**が核家族であることから，**b**は一人世帯である。一人世帯の割合が増加しているⅡが2015年のグラフと判断できる。

(2) 成人式は1月，端午（たんご）の節句（せっく）は5月，盆おどりは8月，七五三（しちごさん）は11月に行われる**年中行事**である。

(3) 「公正」とは，手続きや結果に不公平が生じないようにする考え方。**ア**は時間，**イ**は土地，**エ**は技術を効率よく使うための考え方である。

2 (1) （例）憲法によって，国家の権力を制限し，人々の権利を守る考え方のこと。
　　(2) イ
　　(3) X イ
　　　　Y エ
　　(4) （例）知る権利は，国や地方公共団体などの情報を対象としており，プライバシーの権利は，個人の情報を対象としている。〈53字〉

解説 ▼

(1) 法は国家を規制し，社会の機能を維持するための手段だけでなく，政治権力も従わせなければならない。

(2) **イ**…憲法改正の国民投票は，「有権者」ではなく，「有効投票」の過半数。
日本のように，改正手続きが厳格な憲法を硬性憲法といい，法律と同様に改正できる憲法を軟性憲法という。

(3) **X**…社会権に含まれる**勤労の権利**について述べている。
Y…請求権に含まれる**裁判請求権**について述べている。

ミス注意 ！

基本的人権の内容をしっかりおさえよう。
● 自由権
　・身体の自由
　・精神の自由
　　→思想及（およ）び良心の自由／信教の自由／学問の自由／表現の自由／集会・結社の自由／通信の秘密
　・経済活動の自由
　　→職業選択（せんたく）の自由／財産権の不可侵
● 平等権
　・法の下の平等
　・個人の尊厳と両性の本質的平等
　・政治上の平等

●社会権
・生存権
・教育を受ける権利
・勤労の権利
・労働基本権（労働三権）
●請求権
・裁判請求権
・国家（損害）賠償請求権
・刑事補償請求権
●参政権
・選挙権
・公務員の選定・罷免権
・国民審査権

(4) 知る権利は，国や地方公共団体の行政機関が持っている情報の開示を求める権利，**プライバシーの権利**は個人情報がみだりに公開されない権利である。

STEP03 実戦問題

本冊136ページ

1 (1) （例）さまざまな国（地域）から訪日する外国人旅行客（観光客）が増加しているので，外国人旅行客（観光客）が困らないように多くの国の言語で表記することにした。

(2) 国際分業

(3) （例）単独世帯の割合が高くなり，中でも65歳以上の単独世帯数の増え方が大きい。

(4) X （例）クラスごとに見ると，玉入れが多数になったクラスが最も多い

   Y （例）全校生徒で見ると，綱引きと答えた生徒が最も多い

解説 ▼

(1) **資料2**から，訪日外国人旅行客数が増加していることがわかる。また，**資料3**から，訪日外国人観光客はさまざまな国から来ていることがわかる。このことから，国や地方公共団体は，**資料1**のようにさまざまな国の言語での表示を推進している。

(2) グローバル化が進んだことで，国際分業も発達してきた。

(3) **資料4**より，単独世帯の割合が増加していることがわかる。**資料5**より，単独世帯の中でも，65歳以上の数が増加している。

(4) X…クラスごとに見ると，玉入れを選んだ生徒が最も多かったクラスは1年2組，2年1組，2年2組，3年2組の4クラスであるのに対し，綱引きを選んだ生徒が最も多かったクラスは1年1組，3年1組の2クラスである。

   Y…全校生徒で見ると，玉入れを選んだ生徒は70人，長縄跳びを選んだ生徒は20人，綱引きを選んだ

生徒は90人である。

2 (1) （ジョン・）ロック

(2) エ

(3) （例）資本主義経済の発展により貧富の差が拡大し，人間らしい生活が求められるようになったから。

(4) 保障されること **国民の権利**
   制限されること **国王（政府）の権力**

解説 ▼

(2) **ア**…「すべての人は…」の条文はアメリカ独立宣言である。また，フランス人権宣言は1789年，アメリカ独立宣言は1776年に出されたことから，フランス人権宣言はアメリカ独立宣言に影響を与えていない。

イ…「人権は侵すことのできない永久の権利である」と規定したのは日本国憲法である。大日本帝国憲法では，人権は法律の範囲内で認められた。

ウ…ワイマール憲法が世界で初めて取り入れたのは**社会権**である。

(3) 社会権は，人間らしい豊かな生活を保障する権利で，19世紀に経済活動の自由が広がり，貧富の差が拡大したことがきっかけとなって生まれた。

3 (1) ウ

(2) エ

(3) ア

(4) イ

(5) エ

解説 ▼

(1) **ア**…現行犯逮捕のときには逮捕状は不要である。また，急を要する場合には，逮捕した後で逮捕令状を取る緊急逮捕も認められている。

イ…憲法第29条2項により，正当な補償を行えば，国は私有財産を公共のために用いることができる。

エ…日本に永住する外国人であっても，国政選挙に関する選挙権は認められていない。

(2) 天皇は，内閣の指名に基づいて最高裁判所長官を任命する。

(3) 条文中の□□□には「公共の福祉」が当てはまる。日本国憲法では，自由や権利の濫用を認めず，国民は常にそれらを公共の福祉のため利用する責任があるとしている。

(4) **イ**の居住・移転・職業選択の自由は経済活動の自由に分類される。それ以外の**ア・ウ・エ**は精神の自由に分類される。

(5) **インフォームド・コンセント**とは，十分な説明を行い，患者の同意のもとで治療を進めていくことである。

エの「患者に代わって」決定することは，患者の同意を得ていないことになる。

4 (1) ウ

(2) （例）日本国憲法は，主権者である国民が自身の自由や権利を守るために，国家権力を持つ国政担当者の暴走に歯止めをかける目的でつくられたものだから。

解説 ▼

(1) 日本国憲法第99条では，「天皇又は摂政及び国務大臣，国会議員，裁判官その他の公務員は，この憲法を尊重し擁護する義務を負ふ。」と定めており，国民はこれに含まれない。

(2) 憲法には国民の自由や権利を守る役割があり，そのために国家を規制し，政治権力も従わせている。このような立憲主義の精神により，第99条の条文に国民は含まれないと考えられる。

---

2 公民 国会・内閣 裁判所のしくみ

STEP01 要点まとめ
本冊140ページ

1 01 立法

02 内閣総理大臣

03 先議

04 30

05 3分の2

06 国会議員

07 両院協議会

2 08 国務大臣

09 議院内閣制〔責任内閣制〕

10 10

3 11 司法

12 最高

13 検察官

14 原告

15 裁判員

16 違憲立法審査権〔違憲審査権，法令審査権〕

17 モンテスキュー

18 立法権

19 行政権

20 司法権

解説 ▼

01 日本国憲法第41条で，国会は「**国の唯一の立法機関**」であると定められている。

02 内閣総理大臣の指名について，両議院の指名が一致しない場合などには，衆議院の指名の議決が優越される。

03 予算の作成と提出は内閣が行い，予算は先に衆議院に提出しなければならない。

04 特別会（特別国会）は，衆議院の解散に伴う総選挙後**30日以内**に召集され，召集とともに内閣は総辞職する。

07 衆議院と参議院の議決が異なる場合，意見を調整するために**両院協議会**が開かれる。協議の結果，意見が一致しないときには，衆議院の議決が国会の議決となる。

08 **国務大臣**は内閣総理大臣によって任命され，過半数は必ず国会議員から選ばれる。

12 裁判の第一審は，内容によって地方裁判所，家庭裁判所，簡易裁判所のいずれかで行われる。

13 **刑事裁判**では，裁判官が検察官と被告人の言い分を聞き，刑法などの法律を適用して有罪か無罪の判決を下す。

14 **民事裁判**では，訴えた原告と訴えられた被告が対等な立場で自分の言い分を主張し，裁判官は法律を適用してどちらの言い分が正しいのかを判断する。

15 **裁判員制度**は，2009年5月に始まった「国民の司法参加」を実現する制度である。

17 **モンテスキュー**は，著書『法の精神』の中で，立法権，行政権，司法権を対等なものとし，お互いに抑制し合うことで国民の自由を守ることを主張した。

20 法に基づいて争いを解決することを司法といい，司法権は裁判所が持っている。また，国会や内閣は裁判所の活動に干渉することは禁じられており，裁判官は自らの良心に従い，憲法と法律にのみ拘束される。この原則を「**司法権の独立**」という。

STEP02 基本問題
本冊142ページ

1 (1) 立法機関

(2) （例）衆議院の行きすぎをおさえる〔慎重に審議を行う〕

(3) ① A ウ　B ア

② a 30　b 1

③ ウ

解説 ▼

(2) 衆議院は参議院よりも任期が短く，解散があることから，国民の意思をより的確に反映すると考えられている。一方，参議院には，衆議院の行きすぎを抑制することなどが求められている。

(3) ①② 常会（通常国会）は毎年1回，1月中に召集される。臨時会（臨時国会）は内閣が必要と認めたときや，いずれかの議院の総員の4分の1以上の

要求があった場合などに召集される。**特別会（特別国会）**は衆議院解散後の総選挙の日から30日以内に召集される。**参議院の緊急集会**は，衆議院の解散中，緊急の必要があるときに内閣の求めによって開かれる。
(3) 特別会（特別国会）は，**内閣総理大臣の指名**の議決が主要な議題となる。

2 (1) 議院内閣制
(2) ア，エ

<u>解説 ▼</u>
(1) 内閣は，国会の信任に基づいて成立する。また，衆議院の内閣不信任の決議と，内閣の衆議院解散によって，国会と内閣は互いに抑制し合っている。
(2) 政府の仕事をできるだけ企業などに任せようという考え方を「**小さな政府**」，政府に多くの仕事を任せようという考え方を「**大きな政府**」という。

3 (1) エ
(2) **違憲立法審査権〔違憲審査権，法令審査権〕**

<u>解説 ▼</u>
(1) A…裁判員は，裁判官とともに有罪か無罪かを判断する。
B…裁判員制度は，刑事裁判のみで行われている。
(2) 日本では，すべての裁判所が違憲審査を行う権限を持っている。

STEP03 実戦問題
本冊144ページ

1 (1) （例）主権者である国民が選ぶ議員で構成されているから。
(2) 記号 **b議員**
理由 （例）**衆議院の優越により，衆議院の指名が優先されるから。**
(3) エ

<u>解説 ▼</u>
(2) **資料**の投票結果より，衆議院では**b議員**，参議院では**a議員**が指名される。両議院の指名が異なり，両院協議会を開いても意見が一致しなかった場合には，衆議院の指名が優越することから，内閣総理大臣として指名されるのは**b議員**である。
(3) A…衆議院解散による総選挙後に開かれ，内閣総理大臣を指名するのは**特別会（特別国会）**である。
B…弾劾裁判所で辞めさせるかどうかを判断されるのは**裁判官**である。

2 (1) イ
(2) イ

<u>解説 ▼</u>
(1) 国会では衆議院の優越が認められており，法律案の議決において，衆議院と参議院が異なる議決をした場合，衆議院が出席議員の3分の2以上の賛成で再可決すると，法律となる。
(2) 国会議員や内閣から出された法律案は，委員会で審議された後，本会議で議決され，もう一方の議院に送られる。

3 (1) エ
(2) 国土交通省
(3) （例）**内閣が国会に対し，連帯して責任を負う制度。**
(4) ウ

<u>解説 ▼</u>
(1) 内閣総理大臣は国会が指名し，天皇が任命する。内閣総理大臣は**国務大臣**を任命するが，その過半数は国会議員でなければならない。
(3) 内閣の仕事が信頼できない場合，衆議院は内閣不信任の決議を行い，可決されると内閣は**10日以内**に衆議院の解散を行うか，総辞職しなければならない。
(4) **ア，イ，エ**は行政機関の許認可権を見直し，新たな民間企業が参入しやすくなったことで，経済が活発になった例である。**ウ**は景観条例について述べた文である。

4 (1) （例）やりたくなかった人の多くが，裁判に参加してよい経験と感じているように，裁判員制度は，司法に対する国民の理解を深めることにつながるため。
(2) ① えん罪
② （例）（人口10万人当たりの）裁判官，検察官，弁護士の数が少ない
③ 法テラス〔日本司法支援センター〕
(3) ア

<u>解説 ▼</u>
(1) 裁判員に選ばれる前の気持ちでは，「あまりやりたくなかった」「やりたくなかった」と答えた人が約50%いるが，裁判員として裁判に参加した感想では「非常によい経験と感じた」「よい経験と感じた」と答えた人が約96%いることから，裁判員制度によって，司法に対する理解が深まっていると判断できる。
(2) ② **資料2**より，日本はアメリカ，フランスと比べて人口10万人当たりの裁判官，検察官，弁護士の人数が少ないことがわかる。

③ 法テラス（日本司法支援センター）は，法的トラブルが起こったとき，解決するための情報やサービスを全国のどこででも受けられる社会を実現するために，「総合法律支援法」に基づいて設立された。紛争解決に役立つ法制度を紹介したり，貧しい人には裁判代理援助費用や書類作成費用の立て替え，弁護士・司法書士の紹介をしたりする法的トラブル解決のための「総合案内所」である。

(3) あ…**令状**を出すのは裁判官である。検察官は刑事裁判を起こすかどうかを判断し，裁判を起こした場合には証拠を提出し，求刑を行う。

い…**検察審査会**とは，国民の中から選ばれた11人の検察審査員が，不起訴となったことが妥当かどうかを審査するものである。

5 (1) Ⅰ ウ　Ⅱ ア　Ⅲ イ
(2) **国民審査**

解説 ▼

(1) ア…命令，規則，処分を決めるのは内閣で，その**違憲・違法審査**を行うのは裁判所である。

イ…**弾劾裁判所**は国会に設置され，裁判官を辞めさせるかどうかについて決めるものである。

ウ…内閣は，衆議院の解散権により，国会の権力と均衡を保っている。

(2) **国民審査**は，最高裁判所裁判官に対する国民の信任投票である。任命後に初めて行われる衆議院議員総選挙後のときに投票によって審査され，その後も10年ごとに審査される。

3 公民 国民の政治参加と地方自治

STEP01 要点まとめ
本冊148ページ

1 01 普通
02 平等
03 小選挙区
04 比例代表
05 小選挙区比例代表並立
06 世論
07 与党
08 野党
2 09 条例
10 歳入
11 自主
3 12 50分の1
13 3分の1

解説 ▼

01 2015年6月に公職選挙法等の一部を改正する法律が成立し，2016年6月から選挙権年齢が20歳以上から18歳以上に引き下げられた。

03 小選挙区制では，各政党はそれぞれの選挙区に1名しか候補者を立てないため，有力な候補者のいる大政党に有利となる。

04 死票が少なく，国民のさまざまな意見が反映されるが，小政党が分立し，政権が不安定になりやすい。

05 衆議院議員の選挙では，289人を小選挙区制で選び，残り176人を比例代表制で選ぶ。

06 政治は世論を吸収して行われる。

08 野党には，与党の数による議会支配を防ぎ，議会を民主化する働きがある。

09 条例は，法律の範囲内で定められ，罰則を設けることもできる。

10 1年間の収入である歳入に対し，1年間の支出を歳出という。地方財政の歳出は，福祉関連の費用である民生費の割合が増加している。

11 自主的に徴収できる自主財源に対し，地方債などの財源を依存財源という。

13 有権者数が40万人を超える場合，40万人を超える人数の6分の1と，40万人の3分の1を合計した数以上の署名が必要となる。また，有権者数が80万人を超える場合，80万人を超える人数の8分の1と，40万人の3分の1に40万の6分の1を合計した数以上の署名が必要となる。

STEP02 基本問題
本冊150ページ

1 (1) エ
(2) ア
(3) ウ

解説 ▼

(1) 都道府県知事の被選挙権は**30歳以上**で，住民の直接選挙によって選ばれる。

(2) 条例の制定の請求には，有権者の50分の1以上の署名を首長に提出する必要がある。有権者60,000人の50分の1は1,200人である。

(3) 選挙権年齢は，2015年の公職選挙法の一部改正で**18歳以上**に引き下げられた。

2 (1) イ
(2) （例）選挙区により議員1人当たりの有権者数に差があることで一票の**格差**が生じ，平等権を侵害しているということ。

解説 ▼

(1) ドント式は，各政党の得票数÷整数の，商の数字の

大きい順から当選する議席を配分する方法である。

ミス注意 ❗

政　党	A党	B党	C党	D党
得票数	15,000	12,000	6,000	3,000
÷1	⦅15,000⦆	⦅12,000⦆	⦅6,000⦆	3,000
÷2	⦅7,500⦆	⦅6,000⦆	3,000	1,500
÷3	5,000	4,000	2,000	1,000

(2) Aの選挙区では，議員1人当たりの有権者数が115万人であるのに対し，Dの選挙区では議員1人当たりの有権者数が24万人と，一票の価値に約5倍の差がある。このように，有権者の一票の価値が選挙区によって異なる状況は，日本国憲法第14条の「法の下の平等」に違反している恐れがある。

STEP03　実戦問題

1 (1)　**住民投票**
　　(2)　**ア**

解説 ▼
(1) 近年では，地方議会の解散や首長・議員の解職請求などだけではなく，そのほかの重要な問題についても住民が賛成・反対の意思を示す**住民投票**が行われることがある。
(2) 地方譲与税とは，国税として徴収され，一定の基準に基づいて地方公共団体に譲与するものである。地方道路譲与税などがある。

2 (1)　**イ**
　　(2)　**ア，イ**
　　(3)　（例）**有権者数が多く投票率も高い世代は年金などの充実を望んでおり，社会保障関係費の増加に影響している。一方，若い世代の要望は，反映されにくい状況にある。**（73字）

解説 ▼
(1) 衆議院議員の被選挙権は**満25歳以上**である。
(2) **ア**…**平等選挙**は，1人1票で，投票の価値をすべて等しくする原則である。財産や性別による差別なしに選挙権が認められることは**普通選挙**である。
　　イ…東京1区の議員1人当たりの有権者数が約50万人，宮城5区の有権者数が約20万人であり，東京1区の方が議員1人当たりの有権者数が多いことから，一票の価値は宮城5区よりも軽くなる。
(3) **グラフ1**より，世代が上がるにつれて有権者数と投票者数が多いことがわかる。**グラフ2**より，2005年度から2015年度にかけて，社会保障関係費の割合

が増加している。また，**表**より，60歳以上の有権者の多くが，選挙の際に年金，医療・介護を考慮している。**社会保障関係費**は，年金や医療・介護などに費やされることから，有権者数，投票数がともに多い高齢者世代の意見が，より政治に反映されていることがわかる。また，20〜30歳代が希望する景気対策や子育て・教育などに費やされる**公共事業関係費**や**文教・科学振興費**の割合は減少している。

4 公民　経済と生産・財政

STEP01　要点まとめ

1 01　循環
　　02　消費支出
　　03　消費者基本法
2 04　株主
　　05　配当〔配当金〕
　　06　株主総会
　　07　労働組合法
　　08　男女雇用機会均等法
　　09　男女共同参画社会基本法
3 10　均衡価格
　　11　独占禁止法
　　12　公正取引委員会
　　13　公共料金
　　14　間接金融
　　15　発券銀行
　　16　政府の銀行
　　17　銀行の銀行（15〜17 順不同可）
　　18　インフレーション〔インフレ〕
　　19　デフレーション〔デフレ〕
4 20　社会保障関係費
　　21　累進課税（制度）
　　22　財政政策
　　23　国債

解説 ▼
02　**消費支出**は，食料費や住居費，光熱・水道費など，消費のために支出される費用である。
06　株主によって組織される株主総会は，経営方針の決定や取締役の選出などを行う，株式会社の最高機関である。
07　労働組合法では，労働者の**団結権，団体交渉権，団体行動権（争議権）**を保障している。
08　採用や賃金に関して，男女を平等に扱うことが義務づけられた。
09　男女が対等な立場であらゆる社会活動に参画するこ

11 **独占禁止法**は，消費者の利益を守るため，企業の自由な競争を促進することを目的として，1947年に制定された。

13 **公共料金**は，国会や政府，地方公共団体が決めたり認可したりする。

15 **発券銀行**として，日本銀行券（紙幣）を発行している。

16 **政府の銀行**として，政府のお金の出し入れを行っている。

17 **銀行の銀行**として，一般の金融機関から資金を預かったり，貸し出したりしている。

18 **インフレーション（インフレ）**は，好景気のときに起こりやすい。

19 **デフレーション（デフレ）**は，不景気のときに起こりやすい。

20 **社会保障関係費**は，国民の生活の保障に必要な経費で，生活保護費，社会福祉費，社会保険費などが含まれる。

21 **累進課税**によって所得の格差が調整されている。

22 増税や減税など，政府（国）によって行われる経済政策を**財政政策**という。また，日本銀行が通貨量などを調節して行う経済政策を**金融政策**という。

23 **国債**や**地方債**などの公債は，歳入の不足を補うために発行されるもので，大量に発行すると，将来世代の負担となる。

STEP02 基本問題　　　本冊156ページ

1
(1) エ
(2) 消費支出
(3) 人物名 **ケネディ**　　記号 **ウ**
(4) ア
(5) A **労働基準法**　　B **男女雇用機会均等法**
　　C **エ**

解説 ▼

(2) 家計の支出は消費支出と非消費支出，貯蓄に分けられる。消費のために支出される費用を**消費支出**，消費以外に支出される費用を**非消費支出**，所得から消費支出と非消費支出を引いた残りを**貯蓄**という。貯蓄には，銀行預金や生命保険の掛け金などがある。

(3) **消費者の4つの権利**とは，安全を求める権利，正確な情報を知らされる権利，商品を選ぶ権利，意見を反映させる権利である。

くわしく 🔍

消費者保護の歴史

1962年　消費者の4つの権利（ケネディ大統領）

1968年　消費者保護基本法制定

1994年　製造物責任（PL）法制定

2000年　消費者契約法制定

2004年　消費者基本法制定（消費者保護基本法を改正）

2009年　消費者庁設置

(4) 株主は，会社に損失が出た場合，出資額の範囲内で損失を負担する。これを「株主の有限責任」という。

(5) 利益を上げることを目的とする**私企業**に対し，公共の利益のために国や地方公共団体が経営する企業を**公企業**という。

2 ウ

解説 ▼

資料中の**a**は，2000年から2019年にかけて最も割合が増加していることから社会保障関係費である。近年，少子高齢化で年金や医療費などの社会保障関係費が増加傾向にある。**b**は国債費，**c**は地方交付税交付金など，**d**は公共事業関係費である。

STEP03 実戦問題　　　本冊158ページ

1 （例）売場面積が比較的狭いため，POSシステムを用いてよく売れる商品を把握し，その商品を陳列・販売している。

解説 ▼

資料1から，コンビニエンスストアの売場面積は比較的狭いことと，**資料2**から，POSシステムによって，どの商品がよく売れているかを判断できることを結び付けて考える。

2 ウ

解説 ▼

企業は経済社会の一員として，労働者に働きやすい環境を整えることや，環境保全，情報の開示，企業行動に対する説明責任を果たすことも求められている。

3
(1) ウ
(2) （例）12月は，供給を上回るいちごの需要がある
(3) イ

解説 ▼

(1) **資料**より，需要と供給の関係から入荷量が多い時期には価格が低くなることがわかる。ただ，12月だけは入荷量が多いにも関わらず価格が高くなっている。

(2) 12月にはクリスマスがあることから，クリスマスケーキに使用するためのいちごの需要量が増加し，価格が高くなる。

(3) 不況（不景気）になると商品の売れ残りが増加し，企業の利益は減少する。また，労働力も余るようになり，賃金の上昇も停止する。企業は従業員の給与を下げたり，**イ**のような対策をとる。商品が売れなくなると，物価も下落することが多い。

4 ウ

解説 ▼

資料1から，車載用蓄電池（リチウムイオン電池）の市場価格が下がっていることがわかる。市場価格が下がるということは，多くの企業が競争していると考えられることから，**資料2はXからYへと変化した**と考えられる。**寡占**とは，少数の企業が商品の市場を支配している状態のことである。

5 (1) （例）**お金に余裕がある個人・企業から預金を集め，お金を必要としている個人・企業に貸し出す仲立ちをすること。**
(2) **ア**

解説 ▼

(1) **資料**のような金融を**間接金融**という。それに対し，株式などを発行して出資者から直接資金を借りることを**直接金融**という。
(2) **消費生活センター**は，消費者からの苦情・相談や，消費者啓発活動や生活に関する情報提供などを行う，地方公共団体が設置する行政機関である。

6 (1) ウ
(2) X　直接税　　Y　間接税

解説 ▼

(1) **ア**…紙幣を発行するのは日本銀行だけである。
　　イ…日本銀行は，不景気（不況）のときに国債を買い，市場に出回る通貨量を増やす金融政策を行っている。
　　エ…日本銀行は，政府の銀行として政府のお金の出し入れを行ったり，銀行の銀行として一般の金融機関から資金を預かったり，貸し出したりしている。一般の企業や個人とのやり取りは行われていない。

7 (1) ギリシャ
(2) ウ
(3) イ
(4) オ

解説 ▼

(1) 2009年に債務危機を起こしたギリシャは，EU（ヨーロッパ連合）やIMF（国際通貨基金）から金融支援を受

けた。そのため，増税や歳出削減などの財政緊縮策を行うことで，2018年8月にようやく金融支援から抜け出した。
(3) **ア**…消費税は，納税義務者と実際の税負担者が異なる間接税である。
　　ウ…防衛関係費は，2000年に入って減少傾向にあったが，近年は増加傾向にある。
　　エ…公共事業関係費を増大させると，景気が活発になることが多い。
(4) 社会保険は，加入者がふだんから掛け金を積み立て，老齢・傷病・失業などの場合に給付やサービスを受ける制度であり，年金保険や医療保険，雇用保険などが含まれる。社会福祉は，ひとり親家庭や高齢者，障がい者など，働くことが困難な人々を保護・援助する活動であり，児童福祉，障がい者福祉，高齢者福祉，母子・父子福祉などがある。公衆衛生は，病気の予防を図り，国民全体の健康を増進するために国が行う保健衛生対策のことで，医療施設の拡充や環境衛生の整備などが含まれる。

5 公民 今日の日本と国際社会

STEP01 要点まとめ　　本冊162ページ

2
01 領域
02 200
03 国際慣習法
04 ニューヨーク
05 拒否
06 平和維持活動
07 難民
08 フェアトレード〔公正取引〕
09 TPP
3
10 パリ
11 南北問題
12 南南問題
13 ODA
14 非核三原則
15 人間の安全保障

01 領域は領土，領海，領空から成る。
02 排他的経済水域内の海洋資源は，沿岸国が優先的に利用することができる。
03 国際慣習法とは，国際社会で広く行われてきた慣習を各国が法として認めたものである。
05 安全保障理事会の決議において，常任理事国の5大国が1か国でも反対した場合は議決できない。

06 国連は，紛争地域に国連平和維持軍（PKF）を派遣して停戦状態の監視を行うなどの平和維持活動（PKO）を行っている。

09 環太平洋経済連携協定(TPP)は，協定を結んだ国どうしでの関税をなくすなど，経済分野で自由な協力を目指している。

10 京都議定書の後の新たな枠組みとして採択されたパリ協定では，すべての国が自国で目標を作成・提出し，措置を実施するよう義務づけた。

11 主に地球の北側に先進国が多く，南側に発展途上国が多いことから南北問題と呼ばれる。

12 発展途上国の中でも，資源があったり，比較的工業化が進んでいたりする国と，資源や産業がない国との間の問題を南南問題という。

13 政府開発援助（ODA）は，発展途上国の経済の開発や，福祉の向上を目的として行われる。

15 人間の安全保障は，1994年に国連開発計画（UNDP）が提唱した。

STEP02 基本問題

本冊164ページ

1 (1) 領域
(2) ウ
(3) a 4　b ウ

解説 ▼

(1) 国家の主権が及ぶ範囲を領域という。国家の三要素は主権・領域・国民である。

(2) 公海自由の原則や外交官特権などは，国際社会で広く行われてきた慣習を各国が法として認めたものである。また，国際司法裁判所では，紛争当事国の双方が裁判所に提訴することに同意した場合のみ，裁判所は裁くことができ，一方だけの訴えでは，裁判は行われない。

(3) a…安全保障理事会で拒否権をもつ常任理事国は，アメリカ合衆国，イギリス，フランス，ロシア，中国の5か国である。
b…UNCTADは国連貿易開発会議，UNESCOは国連教育科学文化機関，UNHCRは国連難民高等弁務官事務所の略称である。

くわしく 🔍

国連の専門機関

UNESCO（国連教育科学文化機関）…教育・科学・文化面での国際協力を促進することを目的とする機関。世界遺産の登録などを行う。
ILO（国際労働機関）…国際社会での労働者の地位向上を図り，労働条件の最低基準を各国に勧告する機関。
WHO（世界保健機関）…各国の保健分野の研

究の促進と指導にあたる機関。
IMF（国際通貨基金）…国際通貨の安定と貿易の拡大を図る機関。
IBRD（国際復興開発銀行）…加盟国の経済復興や開発のための資金援助や，発展途上国の借金問題などに取り組む機関。

国連の関連機関

UNICEF（国連児童基金）…発展途上国の児童に対する長期援助や，災害地の子どもや母親への緊急援助を行う機関。
UNCTAD（国連貿易開発会議）…発展途上国の経済開発を促すことで南北問題の解決を目指す機関。

国連の活動

PKO（平和維持活動）…紛争地域に国連平和維持軍（PKF）を派遣し，停戦状態の監視などの活動を行う。
UNHCR（国連難民高等弁務官事務所）…地域紛争などで国を追われた難民の救済活動を行う。

2 (1) アメリカ，日本
(2) （例）ODAの支出額は先進国の中でも多く，アジアへの援助の割合が高い。

解説 ▼

(1) **APEC（アジア太平洋経済協力会議）**は，オーストラリアや日本，アメリカ合衆国など，太平洋を取り囲む21の国や地域で構成され，貿易の自由化や経済協力などを行っている。

(2) **資料1**より，日本の実績は，主な先進国29か国中の4番目であることがわかる。また，**資料2**より，日本のODA援助先はおよそ50%がアジアであることがわかる。

3 （例）発展途上国に温室効果ガスの排出削減が義務づけられなかったこと。

解説 ▼

資料より，アメリカ合衆国やEU諸国，ロシア，日本などの先進国の二酸化炭素排出量割合は減少しているが，中国やインドなどの発展途上国の二酸化炭素排出量割合は増加していることがわかる。京都議定書は，二酸化炭素などの温室効果ガスの排出量を先進国全体で平均5.2%減らそうという取り組みであり，発展途上国が含まれなかったことが，世界の二酸化炭素排出量割合が増加した原因の1つであると考えられる。

1 ウ

解説 ▼

1ドル＝100円から1ドル＝80円になるように円の価値が上がることを**円高**といい，1ドル＝100円から1ドル＝120円になるように円の価値が下がることを**円安**という。円高の場合，海外の品物を買うときに有利になり，海外に品物を売るときに不利になる。円安の場合，海外の品物を買うときに不利になり，海外に品物を売るときに有利になる。

2 (1) （例）**常任理事国であるアメリカ合衆国が反対したため否決された。**
　　(2) **ウ**

解説 ▼

(1) 国連の安全保障理事会では，**常任理事国**であるアメリカ合衆国，ロシア，イギリス，フランス，中国の5大国に**拒否権**が認められており，5か国のうち1か国でも議決に反対したときは決議することができない。
(2) **UNICEF**は国連児童基金の略称であり，飢えや病気，貧困などから子どもたちを守り，成長を守る活動を行っている。**ア**は国連の**PKO**（平和維持活動），**イ**は**UNHCR**（国連難民高等弁務官事務所），**エ**は**UNESCO**（国連教育科学文化機関）の活動である。

3 (1) **エ**
　　(2) （例）**現在の生活の質を落とさずに，将来の世代も快適な生活を送ることができる社会。**
　　(3) **中国，インド**
　　(4) 記号　**ア**
　　　　しくみ　（例）**発展途上国の生産者の生活を支えるために，発展途上国で生産された商品を一定以上の価格で取り引きするしくみ。**

解説 ▼

(1) **京都議定書**は，1997年に京都で開かれた地球温暖化防止京都会議で採択された，温室効果ガスの排出量を先進国全体で平均5.2％減らそうという取り組みである。地球温暖化が進むと，北極付近や南極大陸の氷がとけて海面が上昇したり，作物の生育に悪影響をおよぼしたりすることが懸念されている。
(2) 1992年にブラジルのリオデジャネイロで開催された国連環境開発会議(地球サミット)で採択された「環境と開発に関するリオ宣言」で「**持続可能な開発**」という原則が盛りこまれ，将来の世代の生活を損なわない開発が主張された。
(3) **BRICS**は，ブラジル（Brazil），ロシア（Russia），インド（India），中国（China），南アフリカ共和国（South Africa）の5か国の頭文字をつなげたものである。
(4) **フェアトレード**とは，発展途上国の生産物が不当に低い金額で取り引きされることがないように，公正な報酬を支払うしくみである。よって，コーヒー豆の価格変動が少なく，一定の価格で取り引きされているグラフになっている，**ア**が正解。

入試予想問題

本冊 170 ページ

1 (1) エ
(2) OPEC（オペック）
(3) ① アボリジニ（アボリジニー）
② （例）輸出品の中心が羊毛や食料品から，鉄鉱石や石炭などの工業の原料に変わった。

解説 ▼

(1) まず，**X** の地点が経度何度の経線上にあるかを知るために，経度 0 度の経線である**本初子午線**の位置を明らかにする。**X** の地点を通る経線より 3 本左の経線がイギリスを通っていることから，本初子午線であることがわかる。**地図1，2** の経線が 20 度ごとに引かれているので，**X** の地点は東経 60 度の経線上に位置していることがわかる。
東経 60 度の経線に沿って北へ進み，北極点を通ったあとは西経 120 度の経線を通るので，まず経度 180 度の経線の位置を明らかにする。経度 180 度の経線はニュージーランドのすぐ東を通っていることから，そこから 3 本右の**エ**の経線が西経 120 度の経線であることがわかる。
(2) OPEC は石油輸出国機構の略称である。加盟国の石油に関する政策の調整や利益の確保，国際石油市場における価格安定のための政策の実施などを目的に，1960 年に設立された。2019 年 1 月にカタールが脱退したが，西アジアの産油国のほかに，アルジェリアやナイジェリア，エクアドルなど，2020 年 4 月現在14 か国が OPEC に加盟している。
(3)② オーストラリアは鉄鉱石や石炭などの鉱産資源が豊富である。

2 (1) ア
(2) 大阪府—**イ**　　宮崎県—**エ**

解説 ▼

(1) 県内総生産に占める製造業・建設業の割合が高ければ，その県の産業の中心が工業であると推察できる。**イ**…ほかの産業の就業者と比較せず，第二次産業就業者の推移だけではその県の産業の中心が工業かどうかは判断できない。**ウ**…小売業は第三次産業に分類されるので，根拠にはならない。
(2) まず，電子部品等出荷額が多い**ウ**は，1980 年代に高速道路が整備されて以降，電子部品や情報通信機器の工場が進出した長野県，豚の飼養頭数が多い**エ**は畜産がさかんな宮崎県が当てはまる。**ア・イ**のうち，1980 年から 2018 年にかけて面積が大きくなっている**イ**は，近年工業用地や商業用地を確保するために臨海部の埋め立てが行われてきた大阪府，残った**ア**は香川県に当てはまる。

3 (1) レアメタル
(2) （例）都市鉱山備蓄量が多いことをいかして，家電製品や携帯電話などのリサイクルを進める

解説 ▼

(2) **グラフ**から，日本の都市鉱山備蓄量は，インジウムの埋蔵量が多い国に匹敵するほどの量であることが読み取れる。また，資料から，日本では，レアメタルが使われている使用済み家電製品や携帯電話などのリサイクルを積極的に進めていることがわかる。

4 (1) 世界 **イ**　　日本 **エ**
(2) **イ**
(3) **ウ**
(4) **ウ**

解説 ▼

(1) **地図1**は漢の時代。紀元前 3 世紀に中国を統一した漢（前漢）は，その後，朝鮮半島から中央アジアにまで領土を広げ，後漢は紀元 3 世紀まで続いた。**イ**…ローマ帝国の支配下にあった西アジアのパレスチナで，イエスがキリスト教をおこしたのは 1 世紀のこと。**エ**…現在の福岡平野にあった倭の**奴国**の王が後漢に使いを送り，皇帝から「漢委奴国王」と刻まれた金印を授けられたのは 1 世紀の半ば。**ア**は 7 世紀，**ウ**は紀元前 2500 年ごろ。**オ**は紀元前 3500〜2000 年ごろ，**カ**は 5 世紀。
(2) 3 世紀，**卑弥呼**は三国時代の中国で北部にあった魏という国へ使いを送った。弥生時代の日本の国々は，中国の皇帝の権威を借りて国どうしの争いで優位に立とうとした。奴国の王に授けられた「漢委奴国王」や，卑弥呼が授けられた「親魏倭王」の称号は，中国の皇帝の後ろだてを得たことを表している。
(3) 隋は 6 世紀末におこり，30 年ほど続いた。この期間，日本から遣隋使が送られたことから，聖徳太子が定めた**十七条の憲法**とわかる。唐は 7 世紀初めにおこり，10 世紀まで続いた。唐との交流がさかんだった奈良時代，口分田の不足を解消するため**墾田永年私財法**が出された。大宝律令は 701 年で唐の時代，御成敗式目は 1232 年で宋の時代に当たる。
(4) **地図3**から**地図4**までの時期，唐が滅んで明がおこるまでの間，中国は宋，続いて元などにより統治されていた。**平清盛**は瀬戸内海の航路や兵庫の港を整えて宋との貿易（日宋貿易）を進めた。**ア**…**地図2**の中国の三国時代は 3 世紀に終わる。日本に，漢字や仏教が公式に伝えられたのは，それ以後の古墳時代ごろ。**イ**…藤原氏による政治（**摂関政治**）が最も安定したのは藤原道長と子の頼通のころで，11 世紀前半。**地図3**にある唐の滅亡は 10 世紀の初め（907 年）。**エ**

…「中国と朝鮮半島の〜」は鎌倉時代の元寇のこと。地図4の明は，元のあとに中国を統一した王朝。

5 (1) （例）検地帳に登録された農民だけが，土地の所有権を認められ，年貢を納める義務を負うことになった。
(2) イ
(3) 記号　**E**　語句　**農地改革**
(4) エ

解説 ▼

(1) 検地帳に登録され，土地の所有権が認められた農民は，土地の石高(その土地で予想される収穫量)に応じて年貢を納めることが義務付けられ，耕作をやめて土地を離れることを禁止された。
(2) 江戸幕府の財政は年貢米に依存していた。
　　B…幕府は，安定して年貢をとるために田畑の売買を禁止したり，米以外の作物の栽培を制限したりした。
　　C…享保の改革を行った徳川吉宗の政策。**新田開発**がさかんに進められ，米の増産を図った。
(3) グラフは太平洋戦争の敗戦後に行われた**農地改革**の成果を示している。地主がもつ小作地を政府が強制的に買い上げて，小作人に安く売りわたした。この結果，多くの自作農が生まれた。
(4) ①…ラジオ放送が始まったのは1925年である。大正時代の文化の大衆化に関連がある。
　　②…資料は菱川師宣の「見返り美人図」。17世紀末から18世紀初めに栄えた元禄文化を代表する浮世絵。

6 (1) **小選挙区比例代表並立制**
(2) **A** オ　**B** カ　**C** ウ
(3) ウ
(4) イ
(5) エ

解説 ▼

(1) 日本の衆議院議員総選挙では，小選挙区制と比例代表制を組み合わせた，**小選挙区比例代表並立制**がとられている。衆議院議員の定数は465人で，そのうち289人が小選挙区選出議員，176人が比例代表選出議員である。
(2) 三権分立は，国の権力を立法権，行政権，司法権の3つに分ける考え方で，フランスの思想家モンテスキューが『法の精神』で唱えた。**三権分立**によって，3つの機関がそれぞれ抑制し合い，権力が1つの機関に集中することを防いでいる。
　　ア…国会が裁判所を抑制している。
　　イ…内閣が国会を抑制している。

エ…裁判所が内閣を抑制している。
(3) **X**…東京都がもっとも多く，続いて大阪府，島根県はもっとも少ないことから，人口によって税収に大きく差が出る**地方税**である。
　　Y…東京都が0であることから，地方公共団体の財源不足を補い，地方公共団体間の収入の格差を調整するために国から配分される**地方交付税交付金**と判断できる。地方交付税交付金の使いみちは自由である。
　　Z…国から地方公共団体に支給される**国庫支出金**である。義務教育や道路整備など，国庫支出金の使いみちは指定されている。
(4) **X**は**需要曲線**，**Y**は**供給曲線**を示しており，**X**と**Y**の交点は，**均衡価格**と呼ばれる。**Y**が**Y'**へ移動したということは，供給量が増加したということを意味している。均衡価格で比べると，**X**と**Y**の均衡価格よりも**X**と**Y'**の均衡価格は取引量が増加し，価格が下落していることがわかる。
(5) ア…**公的扶助**とは，経済的に生活が困難な人に対し，生活保護法に基づいて生活費や教育費などを支給することである。
　　イ…**社会保険**とは，人々があらかじめ保険料を支払い，病気をしたり高齢になったりしたときに保険金の給付やサービスの提供を受けることである。
　　ウ…**公衆衛生**とは，人々が健康で安全な生活を送れるように，感染症の予防などを行うことである。

7 (1) ① ア
　　② （例）常任理事国の5か国のうち，1か国でも反対すると決議できないという権利。
(2) イ

解説 ▼

(1) ① 常任理事国は，アメリカ，ロシア，イギリス，フランス，中国の5か国である。また，非常任理事国は総会で選出された任期2年の10か国である。
　　② 「常任理事国が1か国でも反対すると決議できない」という内容が書かれていれば可。
(2) ア…UNCTAD(国連貿易開発会議)は，南北問題と呼ばれる発展途上国と先進国の経済格差を討議する機関である。
　　ウ…UNHCR(国連難民高等弁務官事務所)は，地域紛争などで国を追われた難民に対して救済活動を行う機関である。
　　エ…UNESCO(国連教育科学文化機関)は，教育・科学・文化面での国際協力を促進することを目的とする機関である。

GAKKEN

PERFECT

COURSE